广视角·全方位·多品种

权威·前沿·原创

皮书系列为
“十二五”国家重点图书出版规划项目

茶业蓝皮书

BLUE BOOK OF
TEA INDUSTRY

中国茶产业发展报告
（2014）

ANNUAL REPORTS ON CHINA'S TEA INDUSTRY
(2014)

主　编／杨江帆　李闽榕
副主编／黎星辉　管　曦　宗庆波　肖力争

社会科学文献出版社
SOCIAL SCIENCES ACADEMIC PRESS (CHINA)

图书在版编目（CIP）数据

中国茶产业发展报告．2014/杨江帆，李闽榕主编．—北京：社会科学文献出版社，2014．10
（茶业蓝皮书）
ISBN 978－7－5097－6470－1

Ⅰ．①中… Ⅱ．①杨… ②李… Ⅲ．①茶叶－产业发展－研究报告－中国－2014 Ⅳ．①F326．12

中国版本图书馆 CIP 数据核字（2014）第 207384 号

茶业蓝皮书
中国茶产业发展报告（2014）

主　　编／杨江帆　李闽榕
副 主 编／黎星辉　管　曦　宗庆波　肖力争

出 版 人／谢寿光
项目统筹／王　绯
责任编辑／赵慧英

出　　版／社会科学文献出版社·社会政法分社（010）59367156
地址：北京市北三环中路甲 29 号院华龙大厦　邮编：100029
网址：www．ssap．com．cn
发　　行／市场营销中心（010）59367081　59367090
读者服务中心（010）59367028
印　　装／北京季蜂印刷有限公司

规　　格／开　本：787mm×1092mm　1/16
印　张：19．25　字　数：301 千字
版　　次／2014 年 10 月第 1 版　2014 年 10 月第 1 次印刷
书　　号／ISBN 978－7－5097－6470－1
定　　价／78．00 元

皮书序列号／B－2010－140

茶业蓝皮书编委会

摘　要

中国茶叶已经连续十年增产增收，茶园总面积和可采摘茶园面积连年扩大，茶叶产量逐年提高，茶叶产值连年增加。中国茶园总面积、茶叶总产量位居世界第一，茶叶市场消费持续向好，茶叶生产继续保持增产增收的态势。

2012 年，中国茶叶生产虽然经过气候恶化、国际金融危机、国内政策调整等的影响，但仍然产销两旺，蓬勃发展。

纵观 2012 年，中国茶产业发展的主要特点如下。

1. 新茶园特别是无公害和无性系茶园面积继续增加。

由于茶叶效益明显提升，茶农及企业发展新茶园的积极性提高，茶园面积增加。据中国农业部种植业管理司统计，2012 年中国无公害茶园面积达到 148.87 万公顷，同比增长 8.2%；无性系茶树良种面积达到 119.87 万公顷，同比增长 15.7%。

2. 茶叶产品呈现多元化发展趋势。

消费者对茶叶需求不同，茶类需求出现多样化，各茶类发展差异更加明显，茶叶产品百花齐放。与此同时，高价礼品茶产值所占比重下降，大宗茶产值逐步提高。

3. 茶叶质量安全水平全面提高。

随着人们对健康的追求，以及茶业营销竞争的日益激烈与残酷，“茶叶产品质量安全是第一要素”的理念更加深入人心。我国茶叶质量安全标准在全世界几个主要产茶国中是最高的。

4. 茶叶深加工方兴未艾。

综合利用茶资源，延伸茶叶生产链，应用高科技手段，给企业带来了良好效益，促使茶产业的从业者进行了茶叶深加工产品的生产。

5. 科技创新推动作用显著。

重视科技创新作用，茶叶科研项目显著增加，在茶树新品种培育、茶树栽培、茶树病虫害防控、茶叶加工和深加工等方面形成了一大批具有国际先进水平的科研成果。

6. 市场流通呈现新的发展态势。

茶叶电子商务营销发展迅猛，展示了市场发展的巨大空间。茶叶交易场所呈现多元化发展趋势，全产业链的流通新模式开始形成，茶叶内销市场消费量保持上升趋势，国际贸易在出口数量小幅下降的同时，出口金额显著增加。

7. 茶文化产业和涉茶服务业不断壮大。

茶文化研究机构和学术团体迅速增多，学术活动和对外交流日趋活跃和频繁，茶文化作品不断涌现，茶楼茶馆数量多，规模扩大，茶艺表演丰富多彩。

关键词： 茶产业　茶园　茶叶深加工

Abstract

As a whole, the production of Chinese tea has increased continuously for ten years. The total area of tea plantations and picking have expanded in successive years. The production and output value of the tea are growing steadily, ranking first in the world of tea planted countries. Hence, the tea production remained a promising trend.

Although influenced by climates, international financial crisis and domestic policy adjustment in 2012, both the production and marketing of Chinese tea thrived and developed prosperously.

Making a comprehensive survey of 2012, there were seven main characteristics in the developing of Chinese tea industry as follows.

Firstly, there was an increasing amount of new tea plantation areas, especially in pollution-free regions.

Owing to the obvious promoting of tea benefits, tea farmers and enterprises promoted their positiveness in developing new tea gardens and areas of the tea plantation. According to the statistics of China's Ministry of Agriculture Planting Administration, the pollution-free tea plantation areas in 2012 reached 1. 4887 million hectares, up 8. 2% compared to the same period of the previous year. And that of clone has been raised up 1. 1987 million hectares, up 15. 7% .

Secondly, the products of tea presented a trend of diversification.

With a variety of tea demanding of consumers, there was a growing demanding of tea categories and apparent discrepancy in the development of each tea. Therefore, the tea products flourished of all forms and styles. In the meantime, the percentage of the output value in high-price gift tea decreased, while the output value of popular tea enhanced steadily.

Thirdly, the quality and security level of tea has accelerated comprehensively.

With the pursuing of health and increasingly fierce and cruel competition in tea marketing, the concept that the quality and security is the first factor that got deeper into the hearts of the people. The quality and security standard of China's tea was highest in a few main tea-growing countries.

Fourthly, the tea refining processing was in the ascendant.

Utilizing tea resources comprehensively, extending the producing chains of tea as well as employing high-technical measures, enterprises has achieved a good benefit, which facilitated the tea industry practitioners to produce tea products with refining processing.

Fifthly, the effect of attaching great importance to scientific and technological innovation was remarkable.

The effect of innovation in science and technology was attached much attention. The projects of scientific research in tea has enhanced obviously. It has come into being a large number of scientific research achievements of international level, including the cultivation of new brands of tea trees, growing tea trees, the prevention of worm in tea trees and processing as well as refining processing of tea.

Sixthly, there appeared a new developing trend in market circulation.

The e-commerce marketing of tea boomed rapidly, showing a great space of marketing development. Furthermore, there appeared a diversification trend in the tea trading places. And it has come into being a new mode in the circulation of the chains of tea industry. The domestic market consumption of tea remained in a rising trend and the export quantity in international trade dropped slightly, while the export amount of tea accelerated significantly.

Seventhly, the industry of tea culture and serving industry involving in tea expanded steadily.

There was a growing number of researching institutes of tea culture and academic communities. In addition, activities and communications were active and frequent increasingly, springing up products involving in tea culture. The amount of tea-stalls and tea houses was boosting and that of scale was expanding. The tea ceremonies were also rich and colorful.

Keywords: Tea Industry; Tea Garden; Tea Refining Processing

目 录

𝔹Ⅰ 第一部分 中国茶产业总报告

𝔹Ⅱ 第二部分 中国茶产业发展专题报告

𝔹Ⅲ 第三部分 中国茶产业发展区域报告

BⅣ 第四部分 中国茶叶茶类专题报告

BⅤ 第五部分 中国茶叶案例

CONTENTS

Ⅰ Part Ⅰ General Report of the Chinese Tea Industry

Ⅱ Part Ⅱ Thematic Reports of the Development of Chinese Tea Industry

Ⅲ Part Ⅲ Regional Reports of the Development of Chinese Tea Industry

第一部分 中国茶产业总报告

Part Ⅰ General Report of the Chinese Tea Industry

B.1

中国茶产业总报告

杨江帆 管曦 李远华*

一 中国茶叶生产与加工

（一）中国茶叶生产持续增产增收

虽然受到国际金融危机和国内政策调整的双重影响，2012 年中国茶产业依然保持平稳增长，茶叶产量和产值的增幅都高于茶园面积的增幅，茶类结构也根据市场需求进一步优化，市场在茶产业中的作用不断凸显。另外，三公消费的限制促使茶叶生产回归理性，茶叶生产成本高企则影响了茶叶生产的积极性，并可能对未来我国茶产业转型产生深远影响。

* 杨江帆、管曦，福建农林大学；李远华，武夷学院。

1. 茶叶产量和产值增幅大于茶园面积增幅

2012 年，中国内地茶产业仍保持快速增长态势。根据农业部种植业管理司的数据，2012 年中国茶园面积、茶叶产量及产值继续创历史新高，分别达到 235.3 万公顷、175 万吨和 939.63 亿元，同比分别增加 6.6%、12.7% 和 28.9%。值得关注的是，茶叶产量和产值的增幅都数倍于茶园面积的增幅，说明我国的茶叶生产正在由依赖面积扩张的粗放发展向提高茶叶品质和综合利用率的集约发展转变。

如表 1 所示，2012 年中国茶园总面积达到 235.3 万公顷，较 2011 年的 220.7 万公顷增加了 14.6 万公顷，增幅达到 6.6%。从各省区来看：除江苏、广东、海南、重庆和甘肃外，其他省区茶园面积均有所增加。其中增幅最大的是贵州省（26.7%）。值得注意的是，2012 年茶园面积的增长幅度和百分比，较之 2011 年的 19.5 万公顷和 9.7%，都有所下降。特别是在一些传统茶区如浙江（2.8%）和福建（2.9%），其茶园面积的增幅都明显低于全国平均值，说明茶园的扩张速度将在今后进一步减缓。

表 1　2012 年和 2011 年中国茶园面积统计

地区	2012 年茶园面积(万公顷)	2011 年茶园面积(万公顷)	2012 年较 2011 年增减(%)
江苏	3.3	3.3	0.0
浙江	18.5	18.0	2.8
安徽	14.0	13.7	2.2
福建	21.3	20.7	2.9
江西	6.7	6.2	8.1
山东	2.7	2.6	3.8
河南	12.6	11.2	12.5
湖北	26.0	22.9	13.5
湖南	10.4	9.9	5.1
广东	4.1	4.2	-2.4
广西	7.0	6.8	2.9
海南	0.1	0.1	0.0
重庆	4.4	4.4	0.0
四川	25.1	23.2	8.2
贵州	32.7	25.8	26.7
云南	38.7	37.7	2.7
陕西	10.2	9.1	12.1
甘肃	0.9	1.0	-10.0
合计	235.3	220.7	6.6

数据来源：农业部种植业管理司。

2012 年，中国茶叶产量和产值继续保持快速增长的趋势（如表 2 所示）。2012 年中国茶叶产量 1749995 吨，同比增产 197058 吨，同比增加 12.7%。从产茶地区上看，除海南减产外，其余省份均增产。从我国的茶叶产值来看，2012 年全年中国茶叶产值达 9396298 万元，较 2011 年的 7288979 万元增加 28.9%。从产茶地区上看，全国各茶区的产值都有增加，增幅介于 0.7% 和 94.8%之间，其中陕西省茶叶产值涨幅最大，为 94.8%。

表 2　2012 年和 2011 年中国茶叶产量、产值统计

地区	2012 年茶叶产量(吨)	2011 年茶叶产量(吨)	2012 年较 2011 年增减(%)	2012 年茶叶产值(万元)	2011 年茶叶产值(万元)	2012 年较 2011 年增减(%)
江苏	14934	14622	2.1	230254	201319	14.4
浙江	175000	165100	6.0	1150000	1060000	8.5
安徽	93000	85000	9.4	620000	450000	37.8
福建	310000	301570	2.8	1500000	1100000	36.4
江西	42602	35178	21.1	231678	209665	10.5
山东	10796	10779	0.2	217784	216374	0.7
河南	52205	46675	11.8	772000	590500	30.7
湖北	196100	166000	18.1	845000	580000	45.7
湖南	108348	105496	2.7	486658	426000	14.2
广东	61400	56000	9.6	208000	190000	9.5
广西	44980	37500	19.9	186000	152000	22.4
海南	517	518	-0.2	5662	3786	49.6
重庆	35577	33250	7.0	75325	65500	15.0
四川	188998	170000	11.2	980000	820000	19.5
贵州	102463	52790	94.1	688142	418827	64.3
云南	272458	244901	11.3	710935	551000	29.0
陕西	39572	26600	48.8	478000	245348	94.8
甘肃	1045	958	9.1	10860	8660	25.4
合计	1749995	1552937	12.7	9396298	7288979	28.9

数据来源：农业部种植业管理司。

从以上我国茶园面积、茶叶产量和茶叶产值的变动来看，无论是整体还是分成不同的茶区，茶园面积的增幅都显著小于茶叶产量和产值的增幅。从全国层面来看，茶园面积增加 6.6%，明显小于全国茶叶产量 12.7% 的增幅和茶叶产值28.9%的增幅。进一步从主产茶区福建、浙江和四川来看，茶园面积、茶叶产量和茶叶产值的变动也都基本体现出上述趋势，说明我国的茶产业发展，开始更多地依靠技术进步和茶叶综合利用率的提升来提高茶叶产值，而原有的依靠茶园面积的扩张来实现茶产业发展的策略，越来越受到茶园土地资源稀缺的制约，对茶产业发展的推动力将越来越小。

2. 茶类结构根据市场需求进一步优化

从六大茶类的情况看（见表3），除白茶和黄茶出现减产外，其他茶类产量都有不同程度的增加。绿茶总产量1247823吨，同比增加10.3%；红茶132416吨，同比增加16.5%；乌龙茶217879吨，同比增加9.7%；黑茶79836吨，同比增加25.8%；白茶10244吨，同比下降28.7%；黄茶179吨，同比下降54.2%，除六大茶类之外的其他茶类产量达到101337吨，同比增加7.8%。从不同茶类占茶叶总量的比重来看，绿茶和乌龙茶作为近年来中国的主导茶类，所占比重分别由2011年的70.1%和12.3%下降到69.72%和12.17%，红茶的比重则由7%上升到7.4%，黑茶作为近年来的亮点，比重由3.91%增加到4.46%，白茶和黄茶作为较小的茶类，占总量的比重仍然较低。

2012年黑茶成为我国六大茶类中最大的亮点，湖南黑茶凭借自身的保健功效和强势宣传，成为黑茶市场的新宠，并带动广西梧州六堡茶、四川雅安藏茶等黑茶产品不断扩大自身认知度。受明星产品如金骏眉、正山小种的带动，2012年红茶市场继续扩张，随着消费者对红茶品质、价格需求的转变，新的红茶产品不断上市，拓展了原有的红茶产品线，但市场识别度高的红茶仍然是正山小种、祁门红茶、云南滇红、坦洋工夫等传统类红茶。乌龙茶在继续保持增长的基础上，产品结构均衡发展，铁观音和武夷岩茶市场向规范成熟的方向发展，同时凤凰单枞等广东乌龙茶也逐步加快了发展速度。[①] 市场的当家品种——绿茶依然以70%的市场份额保持平稳增长态势。

从茶叶生产的区域分布来看，大多数茶区的茶叶产量和茶类结构保持稳定，只有个别省份突出重点大力发展优势茶类，如云南绿茶由172411吨增加到

① 中国茶叶流通协会：《2012年全国茶叶产销回顾及今年形式分析》，《中国茶叶》2013年第6期。

199817 吨，增加 27406 吨，增 15.9%；云南红茶由 25433 吨增加到 30731 吨，增加 5298 吨，增 20.8%；福建乌龙茶由 157450 吨增加到 172690 吨，增加 15240 吨，增 9.7%；湖南黑茶由 37652 吨增加到 48010 吨，增加 10358 吨，增 27.5%。

表 3　2012 年中国茶叶产量分种类统计

单位：吨

地区	茶叶产量							
	绿茶	红茶	乌龙茶	黑茶	白茶	黄茶	其他茶	合计
江苏	12674	2453	—	—	—	—	245	15372
浙江	168731	1370	—	3159	—	—	1579	174839
安徽	89150	4422	70	—	48	—	1684	95347
福建	110064	27365	172690	—	9284	—	1555	320958
江西	29317	5123	1530	46	286	12	2348	38662
山东	13323	—	—	—	—	—	—	13323
河南	45496	5878	—	—	—	—	—	51374
湖北	165004	21746	4116	11363	151	—	4604	206984
湖南	58363	15890	3582	48010	4	10	9487	135346
广东	25741	1338	30143	—	—	8	5865	63095
广西	34087	8720	362	949	—	—	5240	49358
海南	1011	134	—	—	—	—	51	1196
重庆	24059	3101	30	1883	—	—	2299	31372
四川	171628	3195	4558	14403	268	145	16004	210201
贵州	63161	950	132	23	203	4	9886	74359
云南	199817	30731	666	—	—		40490	271704
陕西	35195	—	—	—	—	—	—	35195
甘肃	1002	—	—	—	—	—	—	1002
合计	1247823	132416	217879	79836	10244	179	101337	1789714

数据来源：2013 年《中国农村统计年鉴》。

3. “三公”消费限制引导茶产业回归理性

2012 年 12 月 4 日，中央政治局会议审议通过了关于改进工作作风、密切联系群众的八项规定。随后接连不断出台的反对“四风”的系列举措，促使公务消费清风由政府吹向地方，并涌向经济领域，茶产业也深受其影响。由于政府部门长期以来都是茶企的首要公关对象，许多茶企生产的高端产品都以满足三公消费需要为主，前些年众多企业以走政府采购这条销售线为主，甚至有些企业直接将自己的产品定位于“政商礼节茶”。受三公消费限制相关政策的影响，茶叶消费市场出现新的消费趋势，一是高端茶叶销售受到影响。高档名优绿茶价格大幅度下跌，尤其是作为礼品茶的高档名优茶销售困难，造成绿茶名优茶价格普遍出现下跌，跌幅大都在 20% ~30%，个别品种跌幅高达 50% 左右；[①] 二是茶青原料价格逐步下降，2012 年国内春茶价格出现普遍性下跌，跌幅达到 10% ~30%，仅福鼎白茶和云南普洱由于市场需求增加茶青原料价格有所上涨；三是针对中端市场的茶叶产品重新成为热点，越来越多的茶叶生产加工企业开始主动应对消费结构来调整生产结构，将生产重点移至更适于大众消费者的中低档茶叶产品上，增加中档茶叶的比重，在包装和节约成本上下功夫，生产老百姓消费得起的好茶。

4. 生产成本的持续上升影响茶叶生产的积极性

近年来大量农村劳动力的转移与流失，严重制约了我国的茶叶生产，特别是随着大量年轻劳动力进城务工，茶区劳动力缺乏的问题日益凸显，而劳动力的缺乏又抬高了劳动力的成本，加之茶叶生产资料价格居高不下，从数量和质量两个方面制约了茶青原料的供给，进而影响到茶企和茶农的生产积极性。一些地区因为劳动力不足弃采或者晚采，减少了茶青的供给量，影响了春茶的产量；还有一部分茶区由于缺少熟练采茶工，无法及时按标准采收鲜叶，造成茶青标准下降，影响了春茶的质量。仅以安徽省为例，以每千克名优干茶 600 ~1000 元的市场价格计算，当地外请的采茶工在包吃、住、行之外，日工资普遍较 2011 年的 80 元上涨 25%，达到 100 元，成本一项平均就需超过 400 元/千克。[②] 江苏常州 2012 年的一项调查也显示，常州茶园的亩均生产成本为 2507.31 元，同比增长 9.84%，其中人工、化肥、土地、燃料动力成本费用金额分别为 1907.1 元、268.72 元、250 元、19.71 元，同比增幅分别为 9.47%、32.22%、13.64%、88.25%，劳动力成本接近总成本的 80%。由于茶叶的销量和价格较之成本的上涨幅度更低，茶叶企业和茶农缺少生产积极性。[③]

---

① 中国茶叶流通协会：《2012 年全国茶叶产销回顾及今年形式分析》，《中国茶叶》2013 年第 6 期。

② 中国茶叶流通协会：《2012 年全国茶叶产销回顾及今年形式分析》，《中国茶叶》2013 年第 6 期。

③ 《品高、价优、效益好——2012 年常州市茶叶成本收益调查分析报告》，http://www.czwjj.gov.cn/sec.aspx? newsid = ca0620be - 3fbb - 4bd7 - b0f1 - fb76a88322be，2013 年 1 月 24 日。

（二）中国茶叶加工技术加快适应市场

茶叶是中国重要且收入稳定的经济作物，在推动地区经济发展、创造就业和带动农户脱贫致富等方面都发挥着重要的作用。随着我国茶叶消费由卖方市场转为买方市场，如何满足消费者的需求成为茶叶企业和农户最为关心的话题，茶叶加工技术也随着买方市场的到来发生了改变，重点体现在以下几个方面。

1. 茶叶生产机械化水平稳步提升

由于劳动力的加速转移，以及茶叶加工对劳动力技术和熟练水平的要求，劳动密集型的茶产业势必要借助科技和机器开展茶叶栽培、管理、采摘、加工等工作。特别是在近年来国家出台一系列农机补贴政策的大环境下，茶叶机械进入农机补贴目录，越来越多的茶叶企业加快了利用茶叶机械来替代劳动力的步伐，使我国的茶叶机械化水平不断提升。在茶叶主产省福建，2012 年的茶叶机械化综合水平已达 70% 以上，茶叶初加工机械化水平达 100%，[①] 全国第一产茶县安溪累计发放补贴 9700 多万元，补贴机具总量达 8.5 万余台，居全国前列，茶产业机械化已成为福建农业和农村经济的新增长点。随着茶机的普及，其应用领域也在由茶叶加工环节加速向产业链上游的茶树修剪、大宗茶采摘、茶园除草等栽培管理环节延伸。

当然，在我国茶叶机械化水平提升的同时也要看到我国茶叶加工机械设备的生产仍然是粗放式的生产，茶机更新换代慢、加工性能不足、加工期间不稳定、费用高昂等问题，都制约着中国茶叶加工水平的提高。因此，今后的茶叶机械化要进一步紧密结合市场需求，加快自我创新，继续朝着集成化、自动化方向发展，实现茶叶加工的自动化流水线加工，提升茶叶加工的附加值含量，推动茶叶加工设备在提升茶叶附加值和产品质量安全上的突破，重点实现茶叶的加工温度、湿度在线自动检测和自动控制，从而确保茶叶的加工品质和加工质量。[②]

---

① 王建鹏、马铮：《福建茶叶机械化走在全国前列》，《中国农机化导报》2013 年 10 月 14 日。

② 肖宏儒、朱志祥：《茶叶机械化加工装备技术发展趋势》，《农业装备技术》2005 年第 6 期。

2. 茶叶清洁化生产技术加快推广

2013年3月1日卫生部和农业部联合发布《食品中农药最大残留限量》，其中涉及的对茶叶的农药残留检测由9项增加到25项，菊酯类由5项增加到8项，凸显了新时期茶叶品质卫生问题的重要性。为了保障茶叶的品质卫生，茶叶的清洁安全生产技术正在成为我国茶叶企业重点关注的领域，特别是在近年来发生多起食品安全问题的大背景下，越来越多的茶叶企业在2012年开始采用茶叶清洁化生产技术。茶叶全程的清洁化生产是个系统工程，涉及茶叶加工、茶园管理、茶叶包装、茶叶销售和流通等多个环节，因此茶叶清洁化生产必须对各个环节都加以重视。如福建省在发展现代茶业的过程中，就重点对茶叶初制环节的清洁化做了如下要求：（1）初制厂生产环境清洁化。重点对车间内地面、墙体、门窗等按照食品加工场地卫生要求进行改造，对车间内的排湿、排汽、防蝇、防虫、防鼠设备等进行完善与更新。同时对厂区周边环境进行整治，达到道路便捷、环境绿化、厂区美化的标准。（2）茶叶加工燃料清洁化。实行热源供应与茶叶加工工作面的有效隔离，做好防尘、防烟等措施。使用电、气等洁净能源。（3）茶厂加工设备清洁化。使用清洁卫生的加工机具设备。（4）茶叶加工流程清洁化。推广离地晒青、晾青技术与设备，推行加工环节的不落地、连续化、自动化。（5）建章立制，实现加工规范化。建立与完善加工技术规程，健全质量管理制度，建立加工档案，实现产品质量的全程控制，为产品无公害化提供保障。①

当然从国内现有的关于茶叶清洁化生产技术的主要内容来看，除了初制环节外，它们大多数主要对农药残留最大限量、环境空气质量标准、农田灌溉水质标准、土壤环境质量标准、保护农作物的大气污染物最高准许浓度等做了一定的规定。由于目前我国的茶叶食品安全问题还主要体现在茶叶农残超标上，因此对农残的治理仍然是清洁化生产的核心。因此，在茶园管理中要综合运用各种防治措施来替代单一的农药喷施，积极创造有利于各类天敌繁衍的外界环境，根除利于病虫草害发生的条件。一是尽量利用灯光、色彩诱杀害虫，利用

---

① 《关于印发〈2012年福建省现代农业（茶业）生产发展资金项目申报指南〉的通知》，http://www.np.gov.cn/xxgk/zxwj/bmwj/4950360.shtml，2012年8月16日。

机械捕捉害虫，采用机械和人工除草等措施，防治病虫草害;① 二是通过抗病抗虫品种的培育，降低茶树病虫害的发生率；三是加强茶园的栽培和耕作管理，实施中耕除草、秋季深翻晒土、清洁田园等措施。通过保持农业生态系统的生物多样性，实现整个系统的平衡和稳定，以减少各类病虫草害造成的损失。

3. 茶叶深加工技术不断创新

随着我国茶产业先后走过茶园扩张、名优茶发展的阶段，越来越多的学者认为我国的茶产业正在进入第三阶段——茶叶深加工和综合利用阶段。茶叶的深加工和综合利用，不再只是单一的茶叶生产加工，而是通过综合利用各种现代高新技术，创新茶叶加工工艺，通过跨学科和跨领域合作、集成化和系统化生产，解决我国中低档茶叶过多的问题，实现茶叶附加值的显著提升。

2012 年 11 月 16 ~ 18 日在杭州举办的“茶叶综合利用学术研讨会暨产品展示会”对全球范围内茶叶深加工研究项目及成果的历史进行了盘点与总结，认为茶叶深加工和综合利用的范围主要包括茶产品（各种茶饮料、茶叶籽油、茶酒、茶糕点和蜜饯等）、茶保健品（各种含茶功能成分的保健品）、含茶日用品（各种含茶的纺织品、护肤品、卫生用品）等。随着茶叶深加工应用范围的不断拓展，终端产品在跨界研发中已呈品牌商品化趋势，我国作为世界上茶叶产量最高的国家，应该利用好、开发好夏秋茶资源，实现我国茶叶的全价利用、跨界开发。

从未来的发展趋势看，应用在茶叶深加工领域的新技术主要包括超临界二氧化碳萃取技术、微波和超声辅助提取技术、低温连续逆流提取技术、膜分离技术（膜过滤、膜浓缩、膜分离）、柱色谱分离技术、逆流萃取技术、高速逆流色谱分离技术、酶工程、冷冻干燥、喷雾干燥、微波干燥技术等。②

4. 茶叶标准化生产技术全面推行

消费者对同一企业或同一茶叶产品的同质性要求越来越高，使得茶叶的标准化生产技术越来越为众多茶叶企业所关注。而国家成立“全国茶叶标准化技术委员会”，也反映了相关部门对茶叶标准化的高度重视。

---

① 中国有机产品标准。

② 刘仲华：《中国茶叶深加工技术创新与产业发展趋势》，《中国茶叶加工》2011 年第 1 期。

茶产业标准化，就是运用“统一、简化、协调、选优”的标准化原理，对茶叶生产的产前、产中、产后全过程制定和实施标准，促进先进实用茶叶科技成果和经验的推广运用，确保茶叶质量和安全，促进茶叶的生产和贸易，取得最佳的经济效益、社会效益和生态效益，以提高茶叶生产水平和竞争力为目的的一系列活动过程。需要注意的是，没有茶叶生产加工的标准化，即使实现相同的包装，也很难实现后续的茶叶品质的同质化。2012 年，我国的茶叶标准化中既有乌龙茶标准的中国造（即在斯里兰卡举行的第 24 次国际茶叶标准化会议中，中国争取到乌龙茶国际标准起草项目的立项，成为国际乌龙茶品质标准的制定者），又有国内茶叶的稀土限量标准高低之争（即争论要不要把稀土限量指标纳入我国茶叶安全体系进行考核）。这些都说明我国的茶叶标准化正在全面推行，逐步由制定标准向执行标准阶段过渡。

（三）中国茶叶加工和生产新特点

1. 新茶园发展积极性高，无公害面积和无性系面积继续增加

由于茶文化的不断推广、茶叶功能成分对人体的健康作用逐渐为人所知，越来越多的中国人喜欢上了饮茶，越来越多的外国人也爱上了中国茶，茶叶效益明显提升。茶农及茶叶企业发展新茶园的积极性不断提高，茶园面积逐渐增加。茶叶生产区域主要集中在福建、浙江、安徽、湖北、湖南、四川、云南、贵州、江苏、江西、河南、广东、广西、重庆、陕西等地，有机茶的八大产地分别是浙江武义、贵州风冈、四川马边、湖南石门、云南普洱、湖北鹤峰、福建安溪、安徽休宁。据中国农业部种植业管理司统计，2012 年中国无公害茶园面积达到 148. 87 万公顷，同比增长 8. 2%；无性系茶树良种面积达到 119. 87 万公顷，同比增长 15. 7%。不同茶叶山场品质差异较大，价格相差也较大，福建省武夷山市，正宗牛栏坑肉桂（俗称“牛肉”）、马头岩肉桂（俗称“马肉”），仅卖一芽三四叶的开面采芽叶，0. 5 千克鲜叶就销价 500 元以上，以亩产 250 千克鲜叶匡算，亩产值超过 25 万元。因地域特色，品质优异，产量有限，出现供不应求的局面，也给武夷山核心景区管理带来挑战。

2. 茶叶产品呈现多元化发展趋势

茶叶是中国传统的优质特色农产品之一。从健康角度来讲，绿茶的解毒效果佳，对体内毒素较多的人有好处，特别是具有防衰老、抗癌、抗辐射、杀菌等特殊效果；黑茶、红茶比较适合于身体虚弱的人，如果再加些糖，效果会更好；白茶性清凉，有退热降火的功效；花茶有疏肝解郁、理气调经的功效；茯茶减肥最佳；乌龙茶的突出功效表现在分解脂肪、减肥健美等方面。消费者对茶叶的不同需求，不但导致了茶类需求的多样化，各茶类发展的差异也更加明显，茶叶产品百花齐放，如绿茶的西湖龙井、黄山毛峰、洞庭碧螺春、庐山云雾、信阳毛尖、太平猴魁、六安瓜片、安吉白茶，红茶的金骏眉、信阳红、正山小种、坦洋工夫，乌龙茶的铁观音、大红袍、老枞水仙、牛栏坑肉桂、凤凰单枞、冻顶乌龙，黑茶的云南普洱茶、梧州六堡茶、安化黑茶、雅安藏茶，白茶的福鼎白茶、政和白茶，黄茶的蒙顶黄茶、远安鹿苑茶，等等。与此同时，名优茶产值所占比重下降，大宗茶产值逐步提高。据中国农业部种植业管理司统计，2012 年中国名优茶总产量为 77.8 万吨、名优茶总产值为 685 亿元，名优茶总产值占茶叶总产值的比重由上年的 72.4% 下降到 71.8%；大宗茶产量 98.2 万吨、大宗茶总产值 268.6 亿元，大宗茶总产值占茶叶总产值的比重由上年的 27.6% 上升到 28.2%。

3. 茶叶质量安全水平全面提高

随着网络、电视等新闻媒体介入的普及，人们的知情权得以提高，加上人们对健康的追求，以及茶业营销竞争更加激烈与残酷，茶农与企业对茶产品的质量安全有了重新认识，“茶叶产品质量安全是第一要素”更加深入茶业者的头脑，禁用高毒高残留农药开始普遍执行。根据《食品安全法》的规定，GB2763－2012《食品中农药最大残留限量》和 GB2762－2012《食品中污染物限量》包括茶叶的安全限量指标 27 项，其中农药残留限量 25 项，污染物 2 项。而在其他涉茶的相关标准中，无公害农产品中茶叶检测目录包括 12 项农药残留和 1 项重金属，绿色食品茶叶标准包括 15 项农药残留和 2 项重金属，有机茶标准则要求所有的农药都不得检出。为保证生产出符合要求的茶叶产品，相关部门还发布了茶叶产地环境条件、茶叶生产技术规程、茶叶加工技术规程、茶叶包装、茶叶运输和贮藏通则等标准，对茶叶生产、加工、运输全过程进行规范控制。[①] 从全国层面来看，我国涉茶的相关国家标准（不包括茶叶加工机械）有98项，行业标准（含农业、供销总社等）有104项，地方标准有近200项，构建了较为完整的标准体系。[②] 而且，我国茶叶质量安全标准在全世界几个主要产茶国中是最高的。

中国农业科学院茶叶研究所的"茶叶质量安全与茶园标准化生产关键技术的研究与示范"项目，重点分析了茶园的绿肥种植、茶树害虫生物防治、茶园土壤酸化改良、边销茶原料基地氟控制、碎茶堆积密度快速检验等环节的技术，分别建立了茶园地理信息管理系统和运用射频识别技术的茶叶质量安全控制系统，并提出了《生态茶园建设与管理技术规程》等地方标准，进一步推动了茶园的标准化管理与标准化建设，编制并审议通过了《绿茶生产区茶园标准化生产技术操作规程》等多个茶叶安全生产相关技术规程。各地生产绿色健康茶叶产品的意识有了全面提高，如云南采摘古茶树，福建武夷山采摘高枞水仙并生产老枞水仙，安溪茶叶农药追溯系统建立并使用了严明的惩罚制度，江西三清山元盛茶业公司更是大面积生产无农药残留的高枞茶叶，为中国大面积高枞老茶园生产之最。

除了注意农药、重金属、微生物以及有争议的稀土之外，由于茶园多建在山上，杂草容易生长、除草困难，使用除草剂残留也是一个值得重视的问题。同时，由于监管还有漏洞，茶叶质量安全的脆弱性仍然存在，必须警钟长鸣。

4. 茶叶深加工方兴未艾

中国是茶树原产地，是世界最早发现和利用茶树的国家。应用高科技手段，综合利用茶资源，延伸茶叶生产链，给企业带来了良好效益，促使茶产业的从业者进行了茶叶深加工生产。中国农业科学院茶叶研究所承担的浙江省重大科技专项重点农业项目"儿茶素衍生物的乙酰化制备、功能特性及新产品开发"，研究了儿茶素的乙酰化工艺条件和技术参数，优化了制备工艺技术流程，实现了乙酰化儿茶素中试生产；研究了乙酰化儿茶素的溶解性、抗氧化、紫外线吸收能力等功能特性；在细胞水平上，系统研究了全乙酰化

① 宛晓春、蔡荟梅、侯如燕：《大力推进茶叶标准化提高我国茶叶安全质量》，《茶业通报》2008年第3期。

② 刘新：《我国茶叶质量管理水平全面提高》，《农民日报》2013年04月16日。

EGCG 对紫外线损伤的预防和修复作用；开发了具有防晒功能的隔离乳、护手霜和泥面膜等 4 种中试护肤化妆品。项目执行期间，累计推广含茶提取物的护肤化妆品 5000 件。

康师傅、统一、娃哈哈、农夫山泉、可口可乐等国内外知名茶饮料生产企业，以及联合利华、浙江茗皇、大闽食品和深宝华城等速溶茶和茶叶提取物生产企业，都先后进军茶叶深加工领域或提高茶叶深加工的力度与广度，开发茶食品、茶化妆品、茶功能保健品、茶功能饮品、茶功能用品、茶菜品，取得了较好的市场反响。液态茶饮料连续 10 年快速增长，2011 年产量突破了 1200 万吨，固态速溶茶已接近 2 万吨，产值达到 700 多亿元。茶多酚年产量目前已达到 3000 吨，天然茶氨酸和茶黄素年产量为 30～50 吨，茶皂素为 3000 吨，产值超过 5 亿元，年消耗低档茶 3 万吨。而福建天福、安徽天方、湖北梅子贡等国内企业在茶食品领域的不断发展，促进了茶叶食品以茶糕点、茶糖果、茶蜜饯、茶冷饮、茶干果等多样化的形式出现，实现了对中低档茶资源的有效合理利用。绿茶茶爽、白茶茶爽、玉琼岩茶饮料、茶叶枕头、茶袜子、亮丽茶丝巾、儿童茶叶纸尿裤、茶树花酒，以及李远华博士的乌龙茶腌茶等茶叶深加工研制与成果转化示范，较好地推动了茶叶深加工的快速发展。

5. 茶叶电子商务营销高速发展，引领和带动茶叶生产

中国茶叶面积、产量位居世界第一，对全球茶叶市场具有举足轻重的作用。随着多元化茶叶消费需求的形成和茶叶消费市场的成熟，茶叶的消费渠道也相应地有所变化，特别是一些大资本的介入，推动了我国茶叶的营销模式向多元化、互动性、紧密化的方向发展，其中尤以电子商务的发展最为迅猛。随着一批具有一定规模的网络茶叶品牌的出现，茶产业正在整体积极触网，形成了与以往不同的新的营销模式和途径，各个茶叶企业积极利用电子商务、微博等新媒体，吸引了众多年轻的茶叶消费者。以淘宝为例，根据淘宝网发布的《2012 年度淘宝网热卖茶叶排行榜》，基于淘宝平台的数据统计显示，普洱茶是淘宝网上最受欢迎的茶叶，大麦茶、铁观音、菊花茶和西湖龙井分列第 2～5 位，其后则是正山小种、碧螺春、大红袍、金骏眉、荞麦茶、姜茶、滇红、冻顶乌龙、黄山毛峰、竹叶青茶、凤凰单枞、杜仲茶、祁门红茶、荷叶茶、玫瑰茶等。25～29 岁的茶叶消费者成为绿茶的主力消费者，女性从 2011 年的

31%增长到33%，男性从69%下降到67%。山东省成为网购茶叶的第一大省，其次是江苏和浙江，而2011年的第一名则是广东省。[①]

2012年4月11日，中国茶叶流通协会在新昌成立“中国茶叶电子商务联盟”，并通过了《中国茶叶电子商务联盟公约》，倡导茶叶电子商务中的诚信、协作和共赢。国内以茶多网、和君咨询、买买茶网为代表的30多家商户参与其中，标志着中国的茶叶电子商务逐渐走出恶性竞争阶段，进入了行业自律和诚信合作共赢的新阶段。对于各类茶叶电子商务主体来说，随着茶叶营销日益向扁平化、专业化、信息化和简单化的方向发展，更加快捷地识别消费者需求，进而有针对性地提供有效的营销，在网络营销中强化对各个主体的监管，是未来茶叶电子商务的重点。

6. 重视科技创新的推动作用，涌现出一大批具有国际先进水平的科研成果

与世界主要产茶国印度、斯里兰卡、肯尼亚等相比，中国的茶业科研水平并不落后，但茶叶生产技术水平仍存在较大差距。中国建有2个全国性茶叶研究所和13个省级茶叶研究所，有25个高等院校设有茶叶专业，拥有一支规模庞大、素质较高的科技创新队伍，在茶树新品种选育、茶树栽培、茶树病虫害防控、茶叶加工和深加工等领域拥有一大批具国际先进水平的科研成果。

2013年中国农业部提出通过稳定茶园面积、加大老茶园改造力度、提升茶园管理水平、推广绿色防控技术、推进产业经营，来促进茶叶生产持续健康发展。福建省于2012年6月1日颁布实施了《福建省促进茶产业发展条例》，进一步明确职责，在制定茶产业发展规划、强化茶叶产品质量管理、扶持茶叶生产等方面都有了地方性法规依据。安徽省宛晓春、夏涛等进行了茶鲜叶机械化采摘技术开发与示范推广、乌龙茶加工技术研究与应用、工夫红茶连续化加工生产线的研建与应用、茶叶提取物和超微茶粉制备及其终端产品开发等课题的研究，加快推进安徽茶产业的发展。各茶叶机构要充分立足于自身资源优势，通过对市场发展趋势的把握，积极利用科技研发探索茶叶生产加工新技术，因地制宜地开发出具有区域特色、适合区域生产条件的茶叶产品，形成茶

① 2012年度淘宝网热卖茶叶排行榜。

叶产品的区域差异化，避免茶叶的同质化竞争。发掘地方茶树种质资源，发展高标准茶园，提高茶叶生产机械化、清洁化、自动化、数字化水平，重视夏秋茶资源开发利用，探索特色鲜明的茶旅游、茶文化产业发展新模式，拓宽茶叶应用领域。充分发挥茶产业技术创新联盟、科技创新服务平台和茶叶科技创新团队的作用，加强茶叶生产加工重大技术攻关和农机农艺技术的融合，突破名优茶机采、连续化加工和茶园防霜冻等关键技术。组织实施茶产业成果转化工程，推广应用先进适用技术。

二 流通环节

2012 年，我国的规模化茶叶市场建设逐步完善，在茶叶的集散货环节发挥了重要的作用，而专卖店、超市、茶馆等则成为茶叶销售终端的重要载体。除此之外，电子商务凭借低成本、高覆盖等特点异军突起，成为连接买方和卖方的一条重要渠道。

（一）交易场所

1. 规模化茶叶市场建设逐步完善

《2012 年中国商品交易市场统计年鉴》的数据显示，2011 年我国茶叶市场商品交易额超过亿元的共有 27 家，具体如表 4 所示。

表 4 2011 年全国主要茶叶市场情况

地区	市场数量（个）	总摊位数（个）	年末出租摊位数（个）	营业面积（平方米）	成交额（万元）
北京	1	139	139	7000	23821
上海	1	290	281	15000	34380
江苏	1	420	420	39960	23000
浙江	6	12124	2243	142260	603041
安徽	1	680	680	15000	163000
福建	3	1719	1719	63000	230747
山东	3	1162	1149	220000	310330
河南	1	180	180	3000	14200

续表

地区	市场数量（个）	总摊位数（个）	年末出租摊位数（个）	营业面积（平方米）	成交额（万元）
湖北	2	1335	1223	73000	143946
广东	3	1026	1026	77250	189139
广西	1	118	118	6500	53950
贵州	1	120	55	4200	18000
云南	2	692	692	45469	43265
陕西	1	1512	1512	50000	62476
全国	27	21517	11437	761639	1913295

资料来源：《2012 年中国商品交易市场统计年鉴》。

从茶叶交易市场的分布来看，大多分布在主产区，如浙江的茶叶交易市场就达到6家，包括浙江浙南茶叶市场、新昌江南名茶市场、千岛湖茶叶市场、杭州西湖茶叶市场、遂昌龙谷名茶市场等。福建和广东也各有3家，如福建的安溪茶叶批发市场和广东的南方茶叶市场。在茶叶的主销区，同样分布了一定数量的茶叶交易市场，如北京和上海等。从总摊位的分布来看，浙江为全国最主要的产茶省，其1.2万个的摊位数占全国总量的56%，营业面积占全国的18.7%，成交额达到60.3亿元，接近全国茶叶市场交易总额的1/3。山东近年来茶产业发展迅猛，茶叶市场建设渐上规模，以济南博茗茶叶市场和德州金华市场为主，山东的3家茶叶市场2011年的成交额已经达到31亿元，接近全国的1/6。福建和广东的茶叶市场年交易额也分别达到23亿元和19亿元，位居全国前列。

虽然我国的茶叶市场发展很快，但是值得注意的是，2011年全国27家规模茶叶市场的21517个摊位中，年末实际出租的仅为11437个，摊位空置率达47%，尤其是在浙江，1.2万个摊位中，近1万个摊位没有有效地出租出去，说明我国的茶叶市场也存在一定程度的盲目建设，重建设轻经营造成较高的空置率。

按照茶叶市场的性质进行分类（见表5），除了1家茶叶市场是季节性经营外，大部分茶叶市场都是全年经营，无论在数量、摊位数还是成交额上都占据主导地位。将茶叶市场分成批发和零售，可以看出2011年22家茶叶市场以批发为主，5家以零售为主，规模茶叶市场在我国茶产业中仍然发挥着集货的主要作用。无论在产地还是销地，批发市场都发挥着重要的集散货功能，在产地通过将数量众多的茶农、小规模茶企的茶叶集中起来，在销地再与众多的茶叶经销商发生交易，从而为无数的茶叶买方和卖方搭建了交易的平台，在茶叶流通中发挥着重要的作用。

表5　我国茶叶市场性质

茶叶市场分类	市场数量（个）	总摊位数（个）	年末出租摊位数（个）	营业面积（平方米）	成交额（万元）
常年营业	26	21399	11319	755139	1859345
季节性营业	1	118	118	6500	53950
茶叶批发市场	22	19415	9335	676152	1742478
茶叶零售市场	5	2102	2102	85487	170817

资料来源：《2012年中国商品交易市场统计年鉴》。

2. 多元化交易场所不断显现

由于规模化茶叶交易市场主要承担批发的功能，随着我国茶产业的快速发展和消费者需求的转变，基于零售端的茶叶交易场所越来越多元化，专卖店、超市、茶馆的出现赋予了消费者更多的选择权。

茶叶专卖店作为近年来增长最快的一种零售业态，是一些茶叶企业采取的主要销售渠道。全国的一项调查数据显示，对于茶叶企业来说，无论是选择单一的销售渠道，还是选择多样化的销售渠道，自建销售网点都是其优先考虑的渠道之一。目前的茶叶企业中，大约有74%选择的销售渠道包括建立茶叶专卖店。茶叶专卖店之所以快速发展，主要在于其能够为消费者提供多样的茶叶产品品种、等级和规格等，充分满足消费者多样化的需求。另外，茶叶专卖店作为茶叶企业向产业链前端延伸的部分，成为企业维护品牌声誉的重要载体，为茶叶企业及时收集市场信息提供了良好的固定场所。随着茶叶品牌连锁店的迅速扩张，茶叶越来越向品牌和大户集中，一些规模较大的茶叶销售企业直接到产区采购茶叶，甚至在产区建立自己的生产基地，以减少茶叶原料的贸易环节，降低生产经营成本（陈宗懋，2010）。[1]

① 蓝彬：《茶叶电商VS实体店：谁才是茶叶销售最佳通道?》，http：//blog. sina. com. cn/s/blog_4bbf94590102ea62. html，2013年03月22日。

虽然商场和超市也是茶叶的销售渠道之一，但是不同于国外的 lipton（立顿）将商场和超市作为主要的销售渠道，我国的茶叶企业和茶农都较少将商超作为主要的销售渠道。原因在于国外的 lipton 是一种完全标准化的商品，消费者完全可以通过包装了解茶叶产品的特性，其不同产品之间的差异主要体现在茶类上（如红茶、乌龙茶和绿茶等）。而我国的茶叶产品差异较大，不仅没有相应的标准，即使是同一企业或同一茶农的茶叶，品质上也可能存在很大差异，致使消费者很难仅仅通过包装来判别茶叶的品质。

茶馆近年来发展很快。截至 2009 年底中国茶馆的数量已经达到 10 万家，分布范围拓展至全国各个大中城市和乡镇。作为茶馆的经营者，大多数茶馆老板会根据日常的消费情况，有针对性地到茶叶产地采购茶叶，既保证茶叶的品质，又保证茶叶满足消费需求。由于中国的茶馆大多数同时经营多种类别和特点的茶叶，而不是单一的茶叶品种，因此，越来越多的茶馆也开始打造自己的品牌意识，如“张一元”“吴裕泰”等。但是从整体来看，目前我国的茶馆大多数仍然具有较强的区位特征，品牌的建设仍处于初级阶段，具有全国影响力的茶馆品牌不多，茶馆的品牌化空间很大。

（二）流通新特点和趋势

1. 电子商务发展迅猛

随着劳动力工资和店面租金的不断攀升，以实体店建设为主的传统销售渠道和销售终端越来越多地陷入发展瓶颈，有针对性地开辟新的销售渠道以吸引新的茶叶消费人群，成为茶企经营转型的必由之路。电子商务作为一种低成本、高覆盖的新模式，受到越来越多消费者的青睐和重视。根据易国际的数据，2012 年中国茶叶的 B2C 市场交易规模已经达到 39 亿元，较之 2010 年的 12 亿元和 2011 年的 22 亿元又有显著增加，而到 2014 年，预计的茶叶 B2C 市场交易规模将达到 77 亿元。与传统的茶叶交易市场相比，作为新模式的 B2C 市场交易额能够在短时间内就达到传统市场交易额的近 1/5，其增长的潜力巨大。目前，从茶叶 B2C 网上零售的交易规模看，天猫、京东、当当等综合电商平台占到了整个交易规模的 90%，而垂直网站仅占了 10%。2008 年淘宝网的茶叶品类销售额只有 2000 多万元，2011 年茶叶品类在淘宝网的销售额是 20

多亿元，2012 年更是达到了日均交易额 700 万元。[①]

从 B2C 厂商的特点来看，大多数 B2C 厂商是上游的茶叶生产加工企业，其通过电子商务能够对整个供应链有更好的控制，通过整合全产业链的模式，在产业链中上游保证茶叶的良好品质，在产业链下游打造自有茶叶品牌，提升利润空间。但由于我国茶区分散，电子商务前期投资较大，且对茶叶企业的产业链管理能力有较高要求，因此主要适用于在传统线下渠道有一定积累的企业。由于中国有着庞大的茶产品消费群体，加之网购用户的年龄分布逐步向中高龄倾斜，预计茶类 B2C 市场仍有巨大的增长空间。电子商务领域实践朝品牌化方向的发展，为传统茶叶品牌企业试水提供了良好的时机。[②]

另外，也要看到 B2C 企业仍然面临着产品标准化程度低、缺少品牌支撑、线下零售市场逐渐饱和等问题。B2C 企业既要保证茶叶的优良品质，同时又要增加产品包装和营销上的投入，基于消费者的需求为其带来更好的消费体验，做到一打好信息化管理基础，做好技术准备；二大力推广品牌，建立一定的消费信用；三形成快速通畅的物流通道。

2. 全产业链的流通新模式

从茶叶加工环节来看，由于我国的茶叶需求存在较为明显的需求层次差异，因此目前茶农和茶叶企业并存的现象仍将在很长的时间内存在。茶叶企业主要为消费者提供价格较高的优质商品茶，茶农主要针对收入较低的消费者以提供大宗茶和原料茶为主。但随着国内消费者收入水平的提升和消费者安全意识的增强，茶农提供的大宗茶和原料茶将越来越难以适应时代发展的需要，茶叶企业将愈发成为茶产业链中的重要主体，并带动其与茶农间的关系由竞争转化为合作。这也会导致基于价值链重构的生产流通主体的一体化、规模化、规范化、集团化，成为今后茶叶流通主体的演变趋势。每一参与主体将根据自己拥有的核心能力和关键资源，融入某一价值链中谋求生存与发展。

---

① 蓝彬：《茶叶电商 VS 实体店：谁才是茶叶销售最佳通道?》，http://blog. sina. com. cn/s/blog_4bbf94590102ea62. html，2013 年 03 月 22 日。

② 佚名：《2012 年茶叶 B2C 市场规模将达 39 亿元》，http://blog. sina. com. cn/s/blog_7197b00e0101c5tx. html，2013 年 02 月 22 日。

三　消费环节

（一）消费总体状况

1. 中国茶叶内销市场消费量保持上升趋势，价格同比增长明显

在我国茶叶出口基本稳定的情况下，稳步提升的茶叶内销成为拉动我国茶产业发展的主要因素，随着国内茶叶消费水平的不断提升，消费整体呈现多元化、高品质的发展趋势，并从茶叶数量和茶叶品质两个方面深刻影响着我国茶产业的发展。2012 年全国茶叶内销量接近 130 万吨（见图 1），茶叶行业零售额达到 1400 亿元，呈现稳步增长态势。国内茶叶市场热点不断，名优绿茶持续受市场欢迎，普洱茶、红茶和武夷岩茶则延续 2011 年的态势，继续引领市场发展；铁观音积极转变发展方式，倡导精品化生产，浓香型和传统口味重新受到市场青睐；黑茶的保健功效逐渐获得市场认可，市场销售也快速增长；普洱茶的生产和销售得到进一步发展，呈现出理性发展的良好局面；绿茶和白茶也继续保持了平稳较快发展。①

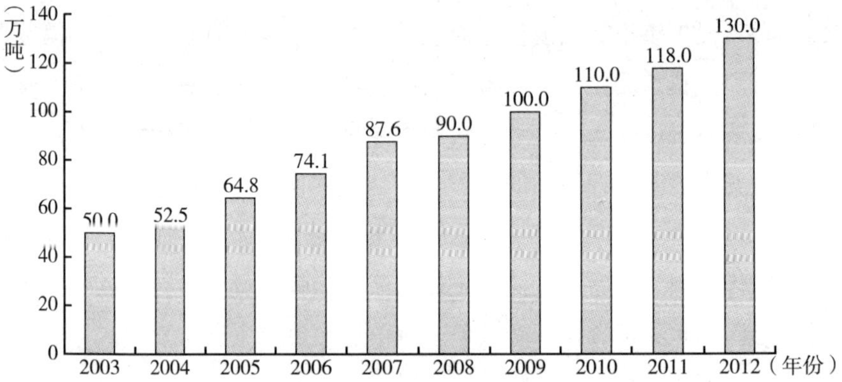

图 1　近年来我国茶叶内销量

① 中国茶叶流通协会：《2012 年全国茶叶产销回顾及今年形式分析》，《中国茶叶》2013 年第 6 期。

从内销市场的具体构成来看，绿茶、乌龙茶和黑茶分别销售71.5万吨、18.2万吨和8.5万吨，分别占总消费额的55%、14%和6.5%。随着茶叶消费需求的转变，内销市场上的茶类结构发生了较大的变化，绿茶作为我国主要茶类，近年来随着名优绿茶的市场推广，销售比重不断上升；乌龙茶方面，大红袍、凤凰单枞成为继安溪铁观音后市场上的新宠；红茶则在福建金骏眉、正山小种和河南信阳红的带动下，销售比重快速上升，由2005年的2%增加到2012年的6%；普洱茶经历2007年的波动后，市场开始逐步恢复，占2012年茶叶总销量的5.2%；花茶、黑茶市场相对比较稳定，黑茶呈上升的发展态势，消费量首次超过了茉莉花茶，茉莉花茶的市场份额出现下降，从2005年的15%下降到2012年的6%，其主要原因一是花茶原料坯价格上涨，二是北方消费人群对各类茶消费结构发生变化，三是部分消费者存在花茶属低档茶这一消费误区。

（1）红茶：2012年红茶市场比重继续上升，各类红茶新产品不断上市，越来越多的茶叶生产者通过对热销红茶产品（如金骏眉）的深入分析，通过改进茶叶生产工艺，创新产品风味，不断拓展红茶的产品结构。但在红茶产品产量快速增加的同时，红茶的产品差异化仍然不明显，突出表现为产品的同质化竞争仍然较强，正山小种、祁门红茶、云南滇红、坦洋工夫等辨识度高的传统红茶产品仍是市场的主力军，新的红茶产品开发差异性较小。

（2）乌龙茶：2012年乌龙茶在继续保持增长的基础上，产品结构呈现均衡发展的态势，无论是闽南的铁观音和还是闽北的武夷岩茶都向规范成熟的方向发展，凤凰单枞等广东乌龙茶也逐步加快了发展速度。

（3）绿茶：绿茶作为中国的热销茶类，长期保持50%左右的全国市场占有率。得益于2012年良好的天气和雨水状况，全国各茶区的茶青采摘和加工普遍提前了7~20天，大部分茶叶产区呈现暖春的气候条件，但受生产结构调整的影响，高档绿茶价格普遍回落。随着中后期各茶区春茶集中上市交易，供给增加过快导致早春茶叶价格快速回落，与2011年同期相比绿茶价格上涨幅度不大。

（4）黑茶：基于传统市场需求的逐步恢复和品质的不断提升，2012年云南普洱毛茶出现普涨行情。由于云南2012年春天天气以晴为主，降水偏少，茶树萌芽较为缓慢，内含物质丰厚，普洱春茶滋味较往年厚重，因而价格普涨。2012年，云南台地茶市场价格比上年同期上涨10%~15%，山头古树原料涨幅更在30%~50%，个别山头的普洱毛茶价格已经超过了2007年爆炒普洱茶时的行情。继普洱茶重拾升势后，2012年湖南黑茶凭借自身的保健功效和强势宣传成为新的热销产品，在其引领下，梧州六堡茶、雅安藏茶等黑茶产品也不断扩大自身认知度，顺势发展。[①]

总之，从近几年中国茶叶的发展情况看，内销茶叶已经占茶叶销售的绝对比重。但与此前几年有所不同的是，政策面的宏观影响以及茶叶消费回归理性，使中档茶叶成为2012年消费者的首选，传统的高端茶叶和礼品消费所占的市场比重显著下降，而大宗茶消费也随着消费者对品质的日益关注而逐渐减少，中端市场成为未来中国茶产业的主要领域。

2. 茶叶价格上涨对不同收入阶层茶叶消费的影响

近年来中国不同收入阶层城镇居民茶叶人均消费量的变动显示出一定的差异性。2009年之前各收入等级城镇居民的茶叶消费量均出现稳定增加，如最低收入户的茶叶人均消费量由0.15千克增加到0.21千克，增幅达到40%，最高收入户则由0.29千克上涨到0.43千克，增幅为48%（见表6）。但是2009年之后，收入中等偏下阶层的茶叶消费量出现减少，高收入阶层的茶叶消费却没有受到显著影响。由于不同阶层的最大区别就是收入的多少，因此不同阶层茶叶消费量出现显著的分化，可能的解释就是由茶叶价格的变动或是不同收入阶层的收入变化引起。由于近年来中国居民收入水平稳步提高，因此在收入不断上升的基础上茶叶消费量出现减少，主要的原因就是茶叶价格的快速上涨。

3. 中国茶叶国际贸易呈现上升态势

2012年，中国出口茶叶数量为313483.7吨，同比下降2.8%，金额为10.4亿美元，同比增长8.0%，平均单价为3324.4美元/吨，同比增长11.1%（见表7）。值得注意的是，在出口量小幅回落的情况下，茶叶的出口额却因为茶叶出口单价的上涨而显著增加，凸显出中国的茶叶出口正在逐步由依靠数量向依赖品质转变。

---

① 中国茶叶流通协会：《2012年全国茶叶产销回顾及今年形式分析》，《中国茶叶》2013年第6期。

表6　2002～2012年中国城镇居民不同收入阶层茶叶消费量

单位：千克

年份	平均	最低收入户	低收入户	中等偏下户	中等收入户	中等偏上户	高收入户	最高收入户
2002	0.24	0.15	0.17	0.19	0.22	0.27	0.3	0.29
2003	0.23	0.16	0.2	0.2	0.22	0.26	0.3	0.27
2004	0.22	0.16	0.17	0.2	0.22	0.26	0.3	0.3
2005	0.23	0.15	0.17	0.2	0.23	0.28	0.31	0.32
2006	0.24	0.14	0.21	0.21	0.26	0.27	0.33	0.31
2007	0.28	0.17	0.21	0.24	0.28	0.33	0.36	0.38
2008	0.28	0.19	0.2	0.23	0.3	0.32	0.38	0.39
2009	0.3	0.21	0.23	0.25	0.31	0.36	0.4	0.43
2010	0.28	0.19	0.21	0.24	0.28	0.34	0.36	0.4
2011	0.29	0.17	0.19	0.24	0.28	0.36	0.39	0.43
2012	0.29	0.17	0.19	0.26	0.28	0.37	0.39	0.41

数据来源：2003～2013年《中国统计年鉴》。

表7　2010～2012年中国茶叶出口统计

年份	出口(万吨)	出口金额(万美元)	平均单价(美元/吨)
2010	30.24	78417	2593
2011	32.26	96500	2991
2012	31.35	104200	3324

资料来源：中国商务部对外贸易司网站，http://wms.mofcom.gov.cn/。

对于我国茶叶出口的同比下降，茶叶进口国制定的农残标准影响最大。2012年随着欧盟、日本相继修改可溶性农药及三唑磷、氰虫腈等具体农药的检测标准，我国茶叶出口企业的经营风险进一步加大，对日和欧盟的茶叶出口受到显著影响。此外，茶叶价格的上涨也影响签约成交。由于我国通过行业协会和进出口商会来规范和引导茶叶出口秩序，茶叶出口恶性价格竞争明显减少，出口茶叶质量明显提升。但近年来劳动力、原料等生产成本提高，茶叶价格逐年攀升，导致茶叶采购商难以接受，减少了茶叶出口。

（1）分大洲出口情况

2012年中国茶叶出口中，非洲和亚洲仍然是主要地区。如表8所示，2012年中国对非洲和亚洲分别出口茶叶152376.3吨和91681.0吨，出口金额分别为4.9亿美元和2.8亿美元，出口额较之2011年都有一定程度的增加。对欧洲出口茶叶数量为40863.8吨，同比下降5.2%，金额为1.5亿美元，同比增长5.6%，平均单价为3727.1美元/吨，同比增长11.4%；对南美洲出口茶叶数量为1068.9吨，同比下降4.9%，金额为0.1亿美元，同比增长11.9%，平均单价为6067.0美元/吨，同比增长17.6%；对北美洲出口茶叶数量为25565.5吨，同比增长0.8%，金额为0.9亿美元，同比增长25.8%，平均单价为3657.5美元/吨，同比增长24.8%；对大洋洲出口茶叶数量为1928.2吨，同比增长25.1%，金额为0.2亿美元，同比增长42.6%，平均单价为8603.9美元/吨，同比增长14.0%。

表8　2012中国茶叶出口地区情况

单位：吨，万美元，%

地区	2012年		同期增减百分比	
	数量	金额	数量	金额
非洲	152376.3	49279.4	-6.6	4.0
亚洲	91681.0	28045.4	3.9	9.8
欧洲	40863.8	15230.2	-5.2	5.6
北美洲	25565.5	9350.7	0.8	25.8
大洋洲	1928.2	1659.0	25.1	42.6
南美洲	1068.9	648.5	-4.9	11.9
*中东	89813.6	27417.1	-10.3	-0.2
*独联体	48298.0	12001.0	13.6	18.3
*欧盟27国	22370.6	9030.5	2.6	13.5
*欧盟25国	22309.6	9013.5	2.6	13.5
*欧盟15国	20385.9	7709.8	3.1	8.3
*东盟	8944.3	4084.5	-3.2	-2.1
*海合会	1807.7	674.7	-2.3	7.0
*南非关税区	117.5	136.1	26.4	114.5

数据来源：中国商务部对外贸易司网站，http：//wms.mofcom.gov.cn/。

（2）出口市场格局

2012年，中国茶叶出口遍及120多个国家和地区，市场分布较为集中。从茶叶出口额的分布来看，中国茶叶出口国家主要集中于摩洛哥、美国、中国香港、日本、俄罗斯、乌兹别克斯坦、毛里塔尼亚、阿尔及利亚、多哥和德国等国家和地区。其中，摩洛哥市场是中国茶叶出口的行业风向标，2012年中国对摩洛哥出口茶叶数量为55763.0吨，同比下降12.3%，金额为18256.7万美元，同比下降3.7%，平均单价为3274.0美元/吨，同比增长9.8%；第二位是美国，数量为24320.7吨，同比增长1.9%，金额为8590.6万美元，同比增长30.1%，平均单价为3532.2美元/吨，同比增长27.6%；第三位是中国香港，数量为10213.9吨，同比下降11.0%，金额为5843.3万美元，同比下降12.8%，平均单价为5720.9美元/吨，同比下降2.1%（见表9）。

表9　2012中国茶叶出口主要国家情况

单位：吨，万美元，%

地区	2012年		同期增减百分比	
	数量	金额	数量	金额
摩洛哥	55763.0	18256.7	-12.3	-3.7
美国	24320.7	8590.6	1.9	30.1
中国香港	10213.9	5843.3	-11.0	-12.8
日本	17319.9	5768.0	-4.3	5.8
俄罗斯	15298.0	5134.8	-14.4	-4.7
乌兹别克斯坦	25856.3	5114.1	39.4	60.7
毛里塔尼亚	12512.6	4892.2	1.5	9.3
阿尔及利亚	14393.7	4681.1	-9.6	0.5
多哥	12178.1	4439.8	22.0	33.1
德国	9278.2	3306.8	-5.3	3.2

数据来源：中国商务部对外贸易司网站，http：//wms. mofcom. gov. cn/。

（3）各类茶出口情况

2012年，中国绿茶出口首次出现下降，出口24.87万吨，同比下降3.41%，金额为7.56亿美元，同比上升6.98%。乌龙茶和花茶的出口也有所减少，红茶和普洱茶的出口与2011年相比则保持平稳。需要注意的是，从出口量来看，中国绿茶和乌龙茶的出口都明显下降，但是其出口额却不降反升，分别增长6.98%和7.74%，而其他茶出口额的增长幅度更大，最大的达到22.6%（见表10）。从表10也可以看出，绿茶、乌龙茶等茶类的均价同比增长幅度都显著大于红茶的增长幅度，这主要是由于中国作为绿茶和乌龙茶主要的生产国，在除红茶外的其他茶类生产上也都具有较强的竞争力，国际市场上对各类茶叶需求的不断增加，对我国扩大茶叶出口有一定的积极影响。

表10　2012年中国各茶类出口量统计

单位：万吨，亿美元，美元/吨，%

茶　类	出口量	同比增长	出口金额	同比增长	出口均价	同比增长
绿　茶	24.87	-3.41	7.56	6.98	3040	10.76
乌龙茶	1.74	-3.20	0.7985	7.74	4589	11.3
红　茶	3.58	0.76	1.19	9.30	3324	8.47
花　茶	0.7323	-0.25	0.5155	11.30	7039	11.57
普洱茶	0.4287	0.34	0.3623	22.60	8451	22.19

资料来源：根据茶商会数据统计整理得出。

（4）主要出口省份情况

2012年，中国茶叶出口量和出口额位居前三位的省份依次为浙江、湖南、安徽。其中茶叶出口第一大省浙江茶叶出口15.43万吨，金额为4.76亿美元，同比分别下降9.3%和2%；湖南省茶叶出口仍然保持快速发展势头，茶叶出口量和出口额分别达到4.07万吨和1.07亿美元，同比分别上升10.1%和23.2%；安徽省茶叶出口较之2011年也出现大幅增加，出口数量为3.32万吨，金额为1.07亿美元，同比分别增加14%和34.7%。此外，福建、上海的茶叶出口量和出口额也都位居全国前列。

（5）出口企业性质情况

从出口企业的性质来看，随着我国茶叶出口经营体制的放开，私营茶叶企业无论在茶叶出口量还是出口额上都成为我国茶叶出口的主要力量。由表11可见，2012年私营茶叶企业的出口量和出口额分别为205352吨和6.5亿美元，较之2011年分别增加0.4%和11.3%，而国有企业的出口额和出口量则明显下降。

表11　2012年1～12月分企业性质出口情况

单位：吨，万美元，%

企业性质	2012年		2011年		同比增长	
	数量	金额	数量	金额	数量	金额
国有企业	72840.4	22487.1	79836.6	22587.2	-8.8	-0.4
外商投资企业	17432.9	11034.1	17856.1	9671.7	-2.4	14.1
集体企业	17852.8	5677.0	20430.9	5839.4	-12.6	-2.8
私营企业	205352.0	65011.2	204453.7	58409.9	0.4	11.3
其他	5.7	3.8	2.4	1.3	137.5	192.3

数据来源：中国商务部对外贸易司网站，http：//wms.mofcom.gov.cn/。

（二）第三产业

1. 茶文化与旅游联系更加紧密

2012年，延续之前茶旅游业的快速发展和茶文化的不断传播，茶文化和旅游之间的结合更加紧密，特别是随着游客对传统文化需求的上升，文化助力旅游发展，旅游推动茶文化普及，成为中国茶产业向产业链前端延伸的重要途径。

作为城市的代表，2012年，杭州市围绕“开茶—品茶—赏茶—享茶—展茶”的主线，以“欢乐健康茶旅游”为主题，加快向国内外推介杭州的茶旅游产品。为全力营造全民饮茶氛围，杭州市还将每年的谷雨日确定为法定的“全民饮茶日”，全城各大景区景点均免费赠送茶点，所有游客都能免费品茶（《中国旅游报》，2012年5月14日）。

而在乡村，安溪建立的茶文化博物馆、八马集团建立的铁观音庄园、武夷山的印象大红袍系列等也吸引了大量的消费者前来观光，成为乡村经济由传统种植业向旅游服务转变的典型。安溪县根据不同时令、节点，在春、秋产茶旺季，推出“生态健康茶之旅”和“情暖茶乡欢乐行”特色旅游线和祈福旅游、“海西茶文化”休闲游等主题旅游活动，聚集人气，繁荣旅游市场（《泉州晚报》，2014年2月20日）。八马铁观音庄园则将旅游有机地嵌入整个茶产业链中，通过不同功能区的划分，让游客了解茶叶的种植、初制、精制和茶文化，成为企业展示自身形象的窗口和文化旅游的景点。武夷山的《印象·大红袍》作为张艺谋的作品，将武夷山优越的旅游资源、茶产品及文化和光影结合在一起，通过旅游与茶文化的“双剑合璧”，树立起茶文化中的一个重要品牌。2012 年全年《印象·大红袍》共实现演出 390 场，接待观众 54.3 万人，占该年 876 万中外游客的 6.4%，营业收入为 6980.09 万元，仅占全部旅游收入 150.7 亿元的很小一部分，但是对武夷山当地的旅游和茶产业 GDP 的拉动，至少超过 5%。[①]

2. 茶馆经营和文化活动有机结合

随着茶叶消费形式的多样化和人们日常交际的需要，茶馆成为茶叶消费的一个新去处。从往年的仅仅提供茶叶消费到通过差异化的文化表演或文化活动突出自身特点，中国茶馆经营正在走出一条与文化表演紧密结合的道路。

根据市场调查机构英敏特的报告，过去 5 年内，中国茶馆数量的增幅为 4%，2012 年达到 50984 家，较之 2007 年的 48842 家增加 2142 家（调研机构称茶馆数量增长远低于咖啡店），且大多数茶馆主要分布于北京、上海、成都等茶叶消费地区。以 2011～2012 年全国百佳茶馆的名单为例，北京、上海和浙江作为我国茶叶的主要消费区分别有 13 家、14 家和 9 家入选，而福建、云南和安徽三省都各有 1 家入选，这说明我国的茶馆目前主要集中于茶叶消费区，茶叶产区的茶馆发展仍然较为滞后。进一步对我国的茶馆进行对比分析，可以看出，销区的茶馆大多能够紧密结合多种文化活动。如北京的老舍茶馆通过举办形式多样的文化普及和推广活动，每天穿插进行曲艺、戏剧等各界名流的精彩表演，以茶馆这一特殊的文化载体弘扬并传承了中国的民族文化以及传统艺术；上海的湖心亭茶馆则以弘扬中国茶文化为己任，通过围绕湖心亭品牌精心策划和连续举办“上海豫园国际茶文化艺术节”活动，邀请全国各地优秀茶企茶商展示茶文化，积极探索资本与茶馆的结合。

从未来茶馆的发展趋势来看，除了与文化的高度融合外，一是要加快茶馆的连锁经营，特别是与在我国蓬勃发展的连锁咖啡馆相比，茶馆的发展速度远远低于对手，而越来越多的咖啡馆开始涉足茶叶消费，对我国的茶馆形成很大冲击；二是茶馆经营要走标准化经营管理道路，这从国家标准 DB33/T819－2011《茶楼茶馆服务规范及星级划分》的通过可以看出，只有坚持走标准化

① 《“印象大红袍”逆势走红》，福建新闻网，2013 年 9 月 3 日。

经营管理的道路，才能够避免产品质量的波动和服务的变化，为消费者提供始终一致的服务；三是要进一步通过提供差异性的文化活动营造竞争优势，紧紧把握消费者的需要，将传统文化中的相声、杂技等融合到茶馆经营中，创造出新的利润增长点。

3. 茶艺表演日益多样化和特色化

作为一种烹茶饮茶的艺术，茶艺表演随着各地茶馆的不断普及、全国性茶艺表演大赛的举行逐渐深入人心，特别是不同地区的茶文化表演能够实现中国传统茶文化和不同民族风情的完美融合，推动不同地区的文化交流，进一步丰富了中国茶艺文化的内涵。

2012 年，“马连道杯”全国茶艺表演大赛中，来自多个少数民族地区的茶艺表演队伍带来的诸如“乌撒烤茶”等茶艺表演，充分围绕“弘扬茶文化、繁荣茶经济、促进国际化、推动茶发展”的理念，让消费者领略了一种古老而时尚的生活方式，彰显了灿烂悠久的中华茶文化。《傣族竹筒茶》等不同民族的茶艺表演随着连续 6 届全国民族茶艺茶道表演的举行，也不断为消费者所知。

除了国内不同地区的茶艺表演不断推陈出新，我国的茶艺表演还不断通过走出国门或是请人进来，实现了国内外茶艺表演的交流。2012 年，我国先后邀请韩国茶文化研究会与杭州茶艺表演队的茶艺师们同台表演，邀请日本静冈县的茶道联盟赴浙江省举行茶艺表演；另一方面，我国的茶艺表演也走出国门，先后赴印度尼西亚、阿联酋表演茶艺，为我国茶文化在国际上的推广打下了扎实基础。

4. 茶文化推广方式多样化

（1）茶文化节和茶博会覆盖区域日益扩大

随着国内茶叶消费的不断兴起，形式多样的茶文化节和茶博会不仅在茶叶主产区和销区举办，也开始在我国的香港和澳门等地区举办，在更广的区域内推广中国内地的茶文化。2012 年，我国香港和澳门分别举办了 2012 香港国际茶展和 2012 年中国（澳门）国际茶业博览会。茶叶主产区福建承办了海峡茶业大会（博览会），通过举办“凯捷杯首届茶王拍卖会”活动，让来自各地的武夷岩茶经销商感受到了武夷岩茶价格不断攀升的市场。来自武夷山、建瓯等地的 100 多种武夷山精品茶参加了竞拍。为闽北各大茶企业提供了一个展现实力和接受市场检验的舞台。浙江则组织了中国茶叶大会暨第六届大佛龙井茶文化节，在茶叶的主销区北京和上海，也有相应的北京国际茶业博览会和2012中国（上海）国际茶业博览会（秋季展）。其中北京国际茶业博览会围绕“弘扬茶文化、繁荣茶经济、促进国际化、推动茶发展”主题，同时举办了“2012北京马连道国际茶文化节”和“第十二届中国普洱茶节”，使茶行业三大盛会首次聚首京城。各地的茶文化活动对于我国茶产业向产业链下游延伸、大力发展第三产业起到了很好的促进作用。

（2）茶文化动画片渐成体系

2012年2月，由福建动漫企业投资制作的全球首部茶文化主题原创动画片《乌龙小子》第一系列《喊茶之旅》正式在中央电视台少儿频道播出，引起业界对于茶文化尤其是福建茶文化与动漫产业联系的高度关注。《乌龙小子》以茶文化为创意，以动漫系列产品为开发手段，以故事中主人公领悟到“俭、清、和、静”茶道真谛的曲折故事，使广大青少年儿童通过“看电视、看动画片”的方式认识中国茶与茶文化。除开发影视动漫作品外，有关机构还延伸开发了茶文化动漫产业系列项目，包括“将茶文化与网络休闲娱乐进行融合的绿色儿童社区”——茶园物语、位于海峡文化创意产业基地的乌龙小镇、儿童动漫乐园、乌龙小子主题生活馆等，初步形成了极具特色的茶文化动漫产业链。

第二部分 中国茶产业发展专题报告

Part Ⅱ Thematic Reports of the Development of Chinese Tea Industry

B.2

论茶产业的理性回归和商品大众化

刘勤晋*

茶在中国被尊称为"国饮"，一向为人民大众所欢迎，尤其受到文人雅士的青睐。究其根源，皆由于茶业早有清雅"素业"之称。据陆羽《茶经》载：东晋吏部尚书陆纳任吴兴太守时，卫将军谢安要去拜访，纳的堂侄陆俶恐其仅以茶果招待，有失礼貌，便另备盛馔珍馐款待了谢安。陆纳待客人走后，怒斥其侄，称："汝既不能光益叔父，奈何秽吾素业。"并杖俶四十惩之。茶被称为"素业"自此始矣。千百年来，在陆羽提倡的"茶之为用，味至寒，为饮，最宜精行俭德之人"的茶道思想指引下，茶始终为儒、释、道修身养性，待客迎宾，纪念祖宗，奉祭神灵的圣物。晚唐诗人刘贞亮的《饮茶十德》总结了茶的十大功能，

* 刘勤晋，西南大学教授、博士生导师，福建武夷学院特聘教授。

即“以茶散郁气，以茶驱睡意，以茶养生气，以茶除病气，以茶利礼仁，以茶表敬意，以茶尝滋味，以茶养身体，以茶可行道，以茶可雅志”。茶之所以有“瑞草魁”“圣阳花”“晚甘候”之美名也皆由此而来。

改革开放30多年来，随着我国社会经济的持续发展，国人生活水平日益提高，个人可支配收入亦逐渐增多。除了吃穿用必需的开支以外，许多家庭也增加了促进自我保健的支出项目，其中包括运动、健身、旅行、购茶等。因此中国人茶叶年消费量迅速上升，到2011年，按人口平均达到1千克/年的水平。虽然离某些发达国家的饮茶水平还有不小距离（2.5千克），但按联合国粮农组织茶叶委员会2012年测算，到2020年，我国人均年消费茶叶可达1.5千克，按当时16亿人口计算，国内年需消费茶叶240万吨。可见，国内产茶量还有较大的上升空间。

依照茶的商品属性，我国政府早已将茶列为人民大众日常生活用品和内外销商品。50多年前，敬爱的无产阶级革命家朱德元帅就谆谆教导：“发展茶叶经济，为中国人民和全世界人民服务。”但近年来，由于市场开放，茶由计划内物资放开为自由买卖商品，少数地区，个别茶类被投机者视为“生财之道”，境外有人高唱“黄金有价茶无价”的夸张口号，并称普洱茶为“可以喝的古董”，首先把云南普洱茶市场给弄乱了。从2007年到2011年的四年间，云南茶产业因此损失数十亿元，倒闭茶企数百家，使云南这个具有悠久产茶历史的茶区蒙受了巨大的损失。当前我国的茶产业和许多传统产业一样，面临转型升级的改革深水区，基本为小农体制的产业形态、生产规模、加工水平、营销模式都会与新兴市场需求和现代营销不可避免地发生冲突。

总结几十年茶产业发展的经验，当前有关领导部门和行业组织，须对茶产业实现商品化、大众化道路上遇到的几个问题高度重视。

一　破坏生态　过度开发

在我国许多历史名茶产区，茶园生态历来受到当地政府和茶农的重视，使各类茶的优良品质得以保持和传承。但近年来，由于利益驱使，一些茶区出现山顶林地被砍伐，生态遭破坏的现象。坐飞机去武夷山，飞机降落时满目苍翠的武夷景区大小山头，现在被开垦得千疮百孔。为了保护世界遗产，政府的执法队曾多次出动，铲除茶苗，补种上树苗。在云南西双版纳和临沧地区，由于冰岛茶和老班章茶被热炒，具有重要生态保护功能的原始森林面积正一步步逐渐缩小，并出现一片片新茶园；在茶季，茂密的古茶树被捋得精光，著名的具有1700年树龄的巴达大茶树已寿终正寝。在有“世界公园”之称的贵州，新辟茶园超过500万亩，还在大开大垦之中。武夷山几年间茶已由数万亩发展到15万亩，岩茶产量亦接近万吨。一位武夷茶界元老开玩笑说：“如果老县长陆庭灿重现人间，回顾昔日山下一片‘轻涛松下烹溪月，含露梅边煮岭云’的行茶美景，不知他有何感想啊！”

二　早采嫩采　浪费资源

在名优茶盛行做礼品之际，采制“独芽”茶风靡一时，连著名的西湖龙井、小种工夫也改变了原有采摘标准。稍微有一点茶知识的人都知道，茶叶采摘素以“一芽二叶”为标准，因为只有茶树新梢萌发伸育至二三叶时，茶中可溶物才达到最大值，构成香气的次生物质亦才开始大量形成。所以“独芽”者，只是观赏性更强而已，这种茶冲泡1~2次也就无味了。据测算，“独芽”只相当于一芽二三叶重量的15%，若只采独芽每亩减产鲜叶300~400斤，增加劳动力4~5个，每亩茶增加直接成本近1800元。在人力资源十分紧缺的茶区，若只生产“独芽”茶，其实是亏本的。为了增加独芽萌发批次，某些茶区滥用生长调节剂和化肥、农药的现象时有发生。

三　炒作“山头”，跟风“纯料”

由于地理标志证明商标有关法律法规的出台，“地名茶”近年受到某些地方官员和商家的吹捧。此风之下，某些“山头”也被热炒起来，一时间普洱茶以“冰岛”“昔归”“老班章”为名的某些地名普洱茶原料也被炒到几千元一千克，有人甚至到茶区把茶树包下来，甚至把小轿车开到老茶树下，实行“垄断”经营，似乎茶树的某些区域性特征“越纯越好”。殊不知他忘掉用种子繁殖的古茶树从来没有“纯料”，因其乃为异花授粉的杂种后代。武夷山景区内有牛栏坑、马头岩两地，均因山势奇特，游人不便入内而成为茶园，面积并不大，但茶叶因日照短，多漫射光而品质特优，于是牛栏坑肉桂就以“牛肉”、马头岩茶就以“马肉”而被爆炒。物以稀为贵，其价格直线飙升，“海西一号”便卖到8.8万元一斤，并因其名称和稀缺性而一茶难求。据说闽省个别官员们进京带礼品，均以“海西一号”为荣，导致近年来铁观音、武夷岩茶的某些品牌也掀起一股炒作之风。

四　热炒年份　忽悠“老茶”

茶叶因品种和制作方法差异而有不同的耐贮性。云南大叶种生产的茶叶晒青压制成普洱茶，因其内含物丰富，在常温下，自然通风存放，其茶多酚和糖类氧化物对改善茶叶色香味有良好效果，故存放5～10年的普洱青饼口感会越来越佳。但从科学角度而言，茶叶并不是“越陈越香”。笔者曾有幸喝过清宫遗留百年的“茶膏”，其实已到有色、无味、失风程度。境外某些“专家”所称“号级茶”，其实并无实际意义，因为市面上这种茶已被喝得差不多了。炒作，无非替那些造假者制造机会而已。当前值得注意的是“老茶”的安全卫生问题。因为储藏留下岁月痕迹，时间和空间既给人历史的回顾与遐想，同时，时间与空间的不可知（这些茶放在哪里？环境条件如何？）更使人放心不下。某次在京应邀参加一个品老茶聚会，主人拿出一个长满虫屎的“百年普洱”，小心撇下一小块，用沸水洗了两三道，尽管只得到一小杯品尝，也喝得心惊肉跳。据说这一饼茶，至少值10万元，一泡茶3～5克也在千元以上，竟然比黄金更贵。

五　过度包装　虚高茶价

精美而富有文化内涵的包装，可以增加礼品的尊贵气息。在尚“礼”的国人眼中，包装实有“尊重对方，礼尚往来”之意。但茶叶的过度包装之风近年来有抬头之势。茶叶包装成本有的已超过茶叶本身的价值，并使人有“受之有愧”之感。笔者曾目睹一款名优绿茶包装，茶叶仅25克，包装却有1

斤多重，这里中国人“礼轻情意重”的传统已被抛到九霄云外。最近，广州市出台征求意见的《限制商品过度包装管理办法》规定：“茶叶的包装禁止使用木材、金属、纺织物，包装空隙率不得超过30%，包装层数必须在二层或以下，包装成本总和不得超过商品销售价格的15%。”“在礼品销售领域，率先实行商品与包装物分开销售。与商品分开销售独立包装物应明码标价，违反上述规定，最高可处10万元罚款。”

除了过度的包装，就是虚高的茶价。一饼357克的普洱茶，广州芳村市场拍卖25万元一饼；有某品牌的“大红袍”被命名为“海西一号”，今年炒到88000元一斤。真是物有所值吗？笔者认为，这些天价茶多为商业炒作，充分暴露了我国茶叶商品市场的畸形发展，茶叶已背离大众化饮品属性的现实。“买茶的不喝茶，喝茶的不买茶”使购茶者不管质量如何而只认价格。“不买好的，只买贵的”的畸形消费心理在某些人看来很正常，于是“天价茶”层出不穷，尚有愈演愈烈之势。

根据党的十八届三中全会深化改革的方针，我国传统产业转型已无回头路可走。中国茶产业转型首先必须使全体业者回归理性，下决心走产业为大众服务之路。但如何大众化？业内尚需在政府领导下，理顺体制，统一思想，进行行业自律，规范市场，加强监管。在完善法律法规及标准前提下，打破某些行业组织各行其是、多头行动及无序竞争的情况。做好行业中长期规划；加大无公害有机生态茶园的建设与投入；努力推进机采机制及清洁化加工；提高深加工及综合利用效益；发展茶的跨行业利用及多元化途径；普及安全生产及卫生监督科学知识；大力培养现代化营销及电子商务中高级人才；对各地举办的展览会、茶文化节实行规范及统一审批制度，要大力表彰和鼓励长期奋斗在第一线，生产和供应安全、卫生、优质、价廉的各类茶叶的茶企、科技人员及茶农；强化茶叶品牌建设力度；从质量、市场、影响力、美誉度及效益多方面建立茶品牌考核现代机制。使我国茶叶大众化、品牌化、规范化、清洁化，重新走上正轨，重振中华茶业强国之辉煌！

B.3

毛泽东“人茶合意”气派的外在表现与内在品格

路善全　杨江帆*

所谓“人茶合意”气派，指的是为人治事与尚真、清俭和超越的茶道契合的大气、壮观的作风和姿态。毛泽东是伟大领袖，在政治、经济、文化和军事等方面，为共和国的诞生和发展奉献出毕生精力，做出了难以磨灭的贡献，在中国革命和建设的每一个领域，呈现出中国风格和中国气派。毛泽东生于茶区，一世俭朴，终生爱茶，工作和生活中与茶结下了不解之缘，也凝结和形成了其鲜明的人茶合意气派。毛泽东鲜明的人茶合意气派，外在表现为茶情、茶趣和兴茶，内涵体现出尚真、清俭和超越的品格。

一　茶情表现与尚真品格

毛泽东的茶情是真情实意之情，是敬重率直之情，特征为尚真。

毛泽东认为茶是具有特色的中国元素、是国家特征的代表。“奉茶为礼尊长者，备茶浓意表浓情”。毛泽东十分看重感情和友谊，他在革命岁月里以及接待贵宾尤其是外宾时，总是先敬上一杯香茶，从细节中表现出一代伟人的尚真情怀。

毛泽东珍视中国元素——中国茶，并把它作为馈赠外宾的高贵礼品。1949年12月16日至1950年3月4日，毛泽东第一次出访邻国苏联，出行前亲自吩咐要带上一些能够表达中苏人民友好的礼品，其中上好的全国各地茶叶达一吨。毛泽东认为“礼品不在多，要能代表一个国家的特征”。这也是新中国成

* 路善全，武夷学院；杨江帆，福建省委教育工委副书记，福建农林大学。

立后茶叶首次被国家领导人当作代表中国特征的礼品赠送给外宾，茶叶的地位因此也得到了极大的提升。

有一段佳话——“武夷山大红袍茶外交”，被人津津乐道。在拉开中美正式外交帷幕的1970年，尼克松访华期间，受到了毛泽东的接见。毛泽东送给尼克松4两小包装的武夷山大红袍。事后满腹狐疑的尼克松问周恩来：“怎么只有这么少的茶叶?”周恩来总理说：“一点也不少啊，这差不多是给了你半壁江山了!”尼克松不解：“这是怎么回事?”于是周恩来指着精美的罐子中装的武夷山大红袍，对尼克松说：“总统先生，武夷山大红袍是中国历代皇家贡品，一年只产8两，主席送您4两，正好是半壁江山!”尼克松一听，觉得总理说得幽默、风趣，与毛泽东、周恩来会心地笑了。从此尼克松以轻松愉快的心情，在中国完成了7天的访问，被外交史界称为“改变世界的一周”。毛主席与周总理用4两武夷山大红袍作为国礼赠送，让尼克松喜出望外并格外珍惜。

毛泽东长于以茶会友，流露率直真情。毛泽东与柳亚子先生的相识是在1926年国共第一次合作的时候，毛泽东时任中央候补委员与宣传部长（代理），而柳亚子先生时任中央监察委员，在国民党二届二中全会召开期间，两人坐在一起品茶，谈古论今，畅谈时局。在这次会议上，由于在反对《整理党务案》上两人持有同样的态度和立场，使得初次见面彼此均感相见恨晚、印象深刻。在1949年毛泽东所做的《七律·和柳亚子先生》一词中，主席回忆了他与柳亚子先生之间的深情厚谊。这一年的劳动节，也正是写好这首诗的三天后，毛泽东忙里偷闲带着家人一起去拜访柳亚子，两人在颐和园品茶休息时，谈论佳茗与诗作，兴致盎然。在品茶交流期间，主席边喝茶边聊道，现在不是蒋介石统治时期了，你现在完全可以敞开心扉发文著书了，我们会尊重你的建议和意见，同样会保护你的安全。

毛泽东始终把茶视为清洁之物。茶生于山林中，承甘露滋润，饮之可令人心灵澄明，思路清晰。1946年7月31日，美国著名女记者、作家斯特朗到达革命圣地延安，她本次来访是想对中共处理国内问题的主张进行了解与报道。8月6日，傍晚时分，毛泽东在杨家岭的窑洞前接受了她的采访，他们坐在一棵苹果树下面的石桌旁，一边喝茶，一边交谈。也正是在本次采访中，毛泽东第一次作了“一切反动派都是纸老虎”的著名论断。毛泽东还用石桌上面的茶壶与茶杯进行了形象的解释说明。他把茶壶说成苏联，一个大茶杯比作美国反动派，而一些小杯子被放在了大杯子的四周代表美国人民。在苏联与美国之间还留着一片很大的空间，这片地带被比喻为欧洲、亚洲、非洲的殖民地以及半殖民地国家。毛泽东强有力地说道，所有受到美国侵略以及侵略威胁的国家的人民需要团结一致，坚决抵制美国以及亲美反动派的威胁与进攻，只有团结一致，最终取得胜利，才能避免第三次世界大战爆发。斯特朗听了毛泽东的分析，认为这次与毛主席的谈话是最动人的一次，从谈话中可以看到他谈话直率、知识渊博、比喻尖锐而且极富诗情画意。

毛泽东的茶情表现，展现的是一代伟人的尚真品格：通过饮茶，营造一个强化人与人之间和睦相处的和谐、儒雅、大气、淡洁的空间。在此空间中，毛泽东的为人品格得到自然而然的具体而实在的呈现。

二　茶趣表现与清俭品格

毛泽东的茶趣是艰苦朴素中的乐观，是洁身自好中的幽默，特征为清俭。

毛泽东把茶视为良“药”。他对自己的保健医生说道，喝茶、睡觉、吃饭以及大小便是他生活中必不可少的四味良药，他还说《神农本草》把茶叶列入365种药物之中，并认定茶味苦，饮茶有使人提神醒脑、明目益思等功效，在很久以前药学大师李时珍就明确了这些。另外，毛泽东喜欢吃茶叶，喝隔夜茶。据不同作者所撰《毛泽东传》的记载，毛泽东有把泡完水的残茶抠到嘴里吃掉的习惯，而他有理有据地解释道，茶叶和青菜一样营养丰富，青菜可以吃茶叶为什么不能吃，倒掉岂不是浪费吗。

毛泽东吃茶饶有趣味，乐观而幽默。1957年春天，毛泽东在中南海菊香书屋批阅文件，卫士每个小时给他的茶杯续一次水，当他伸手端起茶杯时发现没有茶水了，于是放下手中的笔，顺手把三个指头放进茶杯。这时卫士有点丈二和尚摸不着头脑，只见主席用三个手指一抠，残茶便被送进了他的嘴里，然后他用手背擦拭一下嘴角，便开始咀嚼起茶叶来了。整个动作连贯而自然，像一个地地道道的茶农。卫士慌忙拿起空的茶杯去换新茶，一边想是不是因为茶汤不够浓主席才吃茶叶的，接着卫士把此事向卫士长做了报告，卫士长已经见惯了这样的事，并不理睬。毛泽东还有另外一个喝茶习惯，他前天晚上睡觉前喝的茶叶从来不倒掉，对于喝隔夜茶对身体有害的说法毛泽东可不管那么多，早晨起来后照喝不误。

毛泽东认为酽茶可以调动大脑的活动能力，为此毛泽东喜欢喝酽茶。酽茶就是多放茶叶，以至于茶泡开后，茶叶约占水容量1/3～1/2的厚度。为了要挤出更多的时间放在工作和学习上，他每天酽茶不断。1947年8月，毛泽东策划了沙家店战役，这次战役对西北战局有着决定性的意义。这次战役打响以后，毛泽东日夜不停地指挥着战争，在战斗期间他不合眼、不上床、不出屋。为了提起精神，主席不停地抽烟，茶也是一杯接着一杯地喝。据说，毛主席在这次战役期间香烟一共抽掉五包，茶也喝掉了几十杯。结局令人兴奋，这一仗大获全胜，全歼国民党“铁军”第36师，俘获敌人6000多人。可以说茶叶也是本次战役的重要功臣之一。这当然是趣话。

毛泽东喝茶要酽、要热且量大，外出开会视察时总是自带茶叶，每月需要茶叶3～4斤。据一些毛泽东传记介绍，这些茶叶都从他的工资中开支购买，地方上提供的茶叶也要算账付清，如果是到了一个地方喝了当地的茶叶他也都会付上茶钱。主席还时常和身边的人说，所有他喝的茶叶费用从他的个人财务里面开支，不得使用公款占公家的便宜，而且他喝茶从不追求礼仪和形式，始终用普通实用的茶杯来饮茶。

2001年3月，在杭州举行了“毛泽东遗物展”，展览中显示，毛泽东饮用的茶叶全部是自己出的费用。毛主席的日常开支账目上清楚地记录着他和家人买的每一批茶叶的数量和价格。吴连登回忆起自己在毛泽东家里当管家的情况时说，毛主席的家比较好管，因为主席从来不拿钱，也不过问钱，但是在喝茶与抽烟方面的钱是必须要开支的，主席即使在外面喝茶也是要管家去结账的。

杨永耀在《伟人与茶事》一文中记述了毛泽东在茶乡巧应对联得赠银的故事。毛泽东在1917年就读湖南第一师范时，曾利用暑假与同学肖向东以茶丐为名徒步考察长沙、宁乡、安化、益阳等地。他们身不带分文，沿途靠卖字、作诗、对句来解决餐饮之所需。在茶乡安化，有文儒夫子夏默安随景出了上联：“绿杨枝上鸟声声，春到也春去也”，要求应对下联。毛泽东稍加思索便对曰：“青草池中蛙句句，为公乎为私乎”。对毕，夏默安以礼相加，请他们上坐，吩咐上茶、上好茶，并说：“后生乃必国之栋梁也。”茶余饭后还慷慨赠给银洋以为盘资。茶品如人品。陆羽《茶经》在“一之源”就开宗明义地指出“茶之为用……，为饮最宜精行俭德之人”。毛泽东的茶趣可以说是以茶示俭、以茶示廉的最好注脚，其倡导的是一种伟大而平凡的理想人格——清俭品格。

三 兴茶表现与超越品格

毛泽东的兴茶，亦即大力发展茶业，特征表现为超越式发展。

新中国成立以来，茶叶已成为我国居民日常生活的必需品之一。从《毛泽东选集》第五卷开始，毛泽东的讲话、谈话和文章中关于茶业发展的思考、论述和具体布置比比皆是。

定指标。1955 年 12 月 21 日，毛泽东在为中共中央起草的给上海局及各省委、自治区党委的《征询对农业十七条的意见》中指出：在十二年内，平均每亩粮食产量，在黄河、秦岭、白龙江、黄河（青海境内）以北，要求达到四百斤，黄河以南、淮河以北五百斤，淮河、秦岭、白龙江以南八百斤。棉花、油料、大豆、丝、茶、黄麻、甘蔗、水果等项也要有指标。

促增长。1958 年秋天，毛泽东从武汉乘船到安徽进行视察，在中央随行人员和安徽省委书记与省长等人的陪同下驱车前往合肥。途经舒城县舒茶人民公社时安徽省委书记曾希圣请示毛主席是否下去看看。经主席同意下午车队在舒茶公社茶厂的门前停下，主席和陪同人员一起参观了茶厂，当他看到远处的山坡时，他还鼓励大家在山坡的空地上要多种茶树。也正是毛主席的这一次号召，在一定程度上不仅调动了部分山区发展茶叶的积极性，同时对于全国茶叶的发展起到了积极的推动作用。全国茶园总面积由 1958 年的仅 524 万亩发展为 1973 年的 1000 万亩，到了 1976 年已接近 1500 万亩，茶叶得到了快速增长。

快发展。毛泽东将茶业作为“大农业”中的一业。1959 年 10 月 30 日，毛泽东同安徽、江苏两省负责人的谈话，重申了他的“大农业”思想：“农业包括十二个方面，粮、棉、油、麻、丝、茶、糖、菜、烟、果、药、杂……都要发展。”1961 年 9 月 29 日他给中央政治局常委及各有关同志写了一封长信，阐明对农村基本核算单位的主张，并附有若干份材料。信中写道：“要调动群众对集体生产的积极性，要在明年一年及以后几年，大量增产粮、棉、油、麻、丝、茶、糖、菜、烟、果、药、杂等类产品。”1964 年 4 月 28 日，毛泽东到达杭州。28 日，听取浙江省委第一书记江华和省委其他负责人霍士廉、林乎加等人汇报后指出：“浙江还有恢复蚕桑、桐油、茶叶的问题，要订出计划。”

在毛泽东的亲自领导和关心下，中国茶业发展迅速：1976 年全国茶叶面积已接近 1500 万亩，使中国成为名副其实的茶叶大国。当下，茶产业已成为我国国民经济和外贸业中的重要产业，饮茶也已成为 21 世纪世界范围内的一种健康的生活方式。据报道，2012 年中国茶叶产量为 191.5 万吨，位居全球第一。在历史的进程中，毛泽东兴茶的眼光和胸怀，以及超越的品格，既是奠定我国茶业发展基础的关键所在，亦是我国茶业超越式发展的动力所在，为中国茶业和经济，乃至为世界茶业和经济的发展做出了卓越贡献。

B.4

毛泽东与茶叶

管 曦　刘 珺　王盛斌　于学领*

2013 年是毛泽东主席诞辰 120 周年，作为新中国的缔造者，毛泽东不但嗜好喝茶，还精于品茶，终身不离茶水。正如他的名句所言，“饮茶粤海未能忘”，毛主席的革命生涯中没有离开过茶。

一　毛泽东与茶区人民的茶情

（一）茶是毛泽东与人民的感情纽带

1. 茶是毛泽东生活中的伴侣

在我们的印象中，只要是身体没有特殊原因的国家领导人基本上都喜欢喝茶。那么，我们一直关心这样一个话题，毛主席他老人家究竟喜不喜欢喝茶，会不会喝茶。实际上，毛主席接待国内外的客人时一定要以茶待客，而他的一天也是从茶开始的。毛主席一天的茶叶消费量很大，新茶平均每天泡上两次。在毛主席的办公室、办公桌或者茶几上常常可以看到一个小碟子，下面有一小块方形毛巾，主要是防止盛放开水的杯子把桌子烫坏了，在上面放着毛主席喝茶时经常用的大搪瓷缸。据负责毛泽东日常生活的人回忆，他每次睁开睡眼之后做的第一件事不是起床，而是先擦一下手和脸便开始喝茶，他边喝茶边看报纸，通常这样过了一个多小时才会起床，起床后吃早饭，接着他就开始了一天紧张而忙碌的工作，除非有特殊的事情，不然就会天天如此。

毛泽东是一位出色的政治家，同时也是一位伟大的学问家。他的一生都是

---

* 管曦、刘珺、王盛斌、于学领，福建农林大学。

在追求真理的道路上，博览国内外书籍，知识丰富、视野开阔。毛主席对我国茶叶的历史十分了解，对我国茶叶尤其是名优茶的色、香、味、形及有关茶叶的历史典故也十分了解，毛泽东是一个品茶行家。他知道中国是最早种植茶叶、饮用茶的国家，茶叶在9世纪首先传入日本，后来又传到欧洲、印度等国家和地区；对于中国第一部茶学专著《茶经》，他认为“这也是中国人对世界做的贡献”。①

2. 茶是毛泽东工作时的益友

不管是在战争时期还是和平年代，不管是在国内工作、生活还是出国考察、访问，毛泽东每天都离不开的就是茶叶，尤其是在开会与写作时总是茶不离手。主席不仅自己喝茶、爱茶，而且还不忘给周边的人宣讲饮茶的好处，倡导茶为国饮，毛主席真可谓与茶叶结下了不解之缘。

毛泽东的老家湘潭是有名的江南茶乡，这里独特的自然、气候条件孕育出了安化佳茗，茶园布满了大大小小的山岭，茶叶散发出阵阵的幽香。毛主席正是在这幽幽的茶香中成长起来的，这也是他一生喝茶、爱茶、离不开茶的重要原因。

在解放战争初期，毛主席曾经率领党中央机关撤出延安，转战陕北地区，在陕北领导西北以及全国的解放战争。1947年8月，毛泽东策划了沙家店战役，这次战役对西北战局有着决定性的意义。这次战役打响以后，毛泽东日夜不停地指挥着战争，在战斗期间他不合眼、不上床、不出屋。为了提起精神，主席不停地抽烟，茶也是一杯接着一杯地喝。据说，毛主席在这次战役期间香烟一共抽掉五包，茶也喝掉了几十杯。结局令人兴奋，这一仗大获全胜，全歼国民党“铁军”第36师，俘获敌人6000多人。可以说茶叶为本次战役的胜利起到了辅助和催化作用。

1949年底到1950年初，毛泽东首次访问苏联，苏联人为毛主席提供的早餐大多是牛奶、面包、煮鸡蛋、黄油、鱼子酱等，大部分提供的食物主席还都能够接受，唯独不喜欢喝牛奶，他依然会按自己的习惯喝上一杯热茶。

① 李光荣：《毛泽东与茶》，《茶叶》2002年第4期第28卷，第218页。

3. 毛泽东重视茶区经济发展

毛主席生前十分重视农业的发展，因为农业向来是国民经济的基础，他尤其关心我国茶叶的发展状况。新中国成立初期，毛泽东明确地指出要把粮、棉、油、麻、丝、茶、糖、菜、烟、果、药、杂等作为今后努力发展的重要方向，真正落实农、林等五业齐头并进的方针。从此以后，茶叶的发展受到了国家和各级领导越来越多的关注与重视。1958 年初，毛泽东要求把商洛种植核桃的经验逐步推广，使这一成功模式推广到其他如桑、茶等经济农产品与作物上来，以实现农业经济的良性快速发展。

4. 毛泽东心系人民，清廉如茶

毛泽东作为我们的开国领袖，一般不喝公家的茶叶，实在要喝时也要自己付上茶钱，能够做到这一点并且一直坚持到终老是何等的难能可贵啊。当时中央做出了相关的规定，即便是在人民大会堂、钓鱼台、怀仁堂等地方举行公务活动喝茶，也须付一毛钱一杯的茶钱。在这些地方都记录着中央首长喝茶吸烟的情况，并且每个月结算一次费用。毛泽东一直都以身作则，从来不带头破坏规定。

毛泽东在外出开会或者视察时总会随身携带自己的茶叶，如果到了一个地方喝了当地的茶叶他也都会付上茶钱。吴连登回忆起自己在毛泽东家里当管家的情况时说，毛主席的家比较好管，因为主席从来不拿钱，也不过问钱，但是在喝茶与抽烟方面的钱是必须要开支的，主席即使在外面喝茶也是要管家去结账的。

2001 年 3 月，在杭州举行了“毛泽东遗物展”。展览中显示，毛泽东饮用的茶叶全部是自己出的费用。毛主席的日常开支账目上清楚地记录着他和家人买的每一批茶叶的数量和价格。

曾经担任过毛泽东卫士长的李银桥对于主席的日常生活深有感触地说：“主席一生俭朴，始终保持艰苦奋斗的作风，他骑过的马，用过的肇砚茶缸，一用就有了感情，舍不得换。”主席还时常和身边的人说，所有他喝的茶叶费用从他的个人财务里面开支，不得使用公款占公家的便宜，而且他喝茶从不追求礼仪和形式，始终用普通实用的茶杯来饮茶。①

① 李大椿：《毛泽东与茶》，《中国茶叶加工》1994 年第 1 期。

5. 为了人民带头不喝茶

1950年，毛岸英牺牲在了朝鲜战场，就连遗体也安葬在了异国的土地上。毛泽东得知这个不幸的消息后，他并没有立即将这个消息告诉自己的儿媳刘思齐，而是拖了很久才将事情的真相告诉她。另外毛泽东还亲自为自己的儿媳寻找生活的另一半，当时有人把杨茂之推荐给主席，当他第一次见到毛主席时，看到主席穿着中山装。这套衣服明显已经穿了很久，显得很是破旧。接着毛泽东以一杯白开水招待了他，使他更是疑惑不解。主席解释道："现在，全国人民正经历着困难的时期，我已经不喝茶了，也不能以茶敬客了。"这时的杨茂之，又上下打量了一下主席，此情此景使他真正明白了人民为什么那么爱戴和拥护我们伟大的领袖毛主席。①

1959年，毛泽东在杭州刘庄，全国各地的受灾电报和报告材料堆满了主席的办公桌，当批阅得知山东、河南等地的百姓没有粮食可以食用，甚至有些地方出现了饿死人的现象时，主席流着眼泪哽咽地说："全国不少地方遭了灾，许多老百姓都在挨饿，我们是不是不吃肉，不喝茶了？我们带个头好吗？"主席在杭州的这一段时间，没有喝过一口茶水。②

（二）毛泽东与龙井茶区人民的茶情

我国是世界上茶资源最丰富的国家，种类繁多，但毛泽东最爱品饮的是西湖龙井。西湖附近产的龙井茶历史上曾有"狮""龙""云""虎""梅"五个字号。得天独厚的产地生态环境，构成了十分有利于茶树生长发育的气候、土壤、水分、植被四大要素优化组合的自然条件，为芽叶的生理和生化过程的物质代谢创立了稳定的生态环境。③

1. 毛泽东喜欢西湖龙井茶

毛主席爱喝龙井茶，尤其爱喝西湖龙井茶，主席喝西湖龙井时爱热饮与浓饮。工作人员也曾给主席试过许多其他的茶叶，如普洱茶、云雾茶、铁观音、碧螺春、洞庭茶以及毛尖等几十种茶，最后他老人家还是独爱西湖龙井茶。毛

---

① 吴连登：《毛泽东饮食趣谈》，中央文献出版社，2012。

② 吴连登：《毛泽东饮食趣谈》，中央文献出版社，2012。

③ 陆德彪：《龙井茶鉴赏》，浙江摄影出版社，2006，第21～28页。

主席每月平均喝掉的茶叶就有一斤多，最多的时候一个月要两斤左右，而购买茶叶的钱都是从他的工资中支出的。不过毛主席到了晚年，起床以后先喝红茶，过一段时间后再喝龙井茶。

毛主席在办公的时候一般是左手夹着一根烟，右手拿着一支笔，边上放着一杯泡好的龙井茶，他一边认真地批示文件，一边随手拿起身边的茶杯喝上一口。一般1个小时左右工作人员要为毛主席的茶杯续一次水。有时他会放下手中的东西，将右手三个手指同时伸进茶杯中，把冲泡后的茶叶抠出来放到嘴里吃，还一边咀嚼一边看文件，喉咙里不时发出吞咽之声，一直把杯中的残留茶叶吃完为止。毛泽东在青少年时代读书时就形成了喝完冲泡的茶水后把茶叶渣也嚼着吃下去的习惯，而且慢慢咀嚼、细细品味。因为在他看来，一方面残留茶叶更能提神，二是扔掉了也很浪费。毛泽东认为茶叶和青菜一样含有丰富的营养，全部吃下去也是很自然的事。有一次，工作人员问毛泽东："主席，您喜欢喝浓茶，常看到您喝完茶，用两个手指夹起茶叶放入口中吃掉，好吃吗?"毛泽东笑着解释道："喝茶后，叶子都泡开了，一片片小芽吃到口里有苦味，既好吃又能清火。"他还说："我们家乡的人都吃茶叶。蔬菜都是绿叶子，很新鲜，可以吃，茶叶也是绿叶子，为什么不可以吃?"① 受到毛泽东吃茶理论的影响，有的工作人员喝完其他绿茶或者西湖龙井后也常常把剩下的茶叶吃了。从这样的吃茶细节中我们不难看出，毛主席知道茶叶来之不易，体现了他对辛苦生产茶叶的广大茶农的体谅与尊敬。

1954年1月4日，毛泽东到龙井茶产地龙泉古井茶园参观，负责人王芳告诉主席："这里就是狮峰龙井茶的产地!"主席问道："我喝的龙井茶就是这里生产的吗?"王芳回答说："供给中南海中央领导同志的龙井茶都是这里生产的。我们跟茶厂订了合同，防止污染，保证质量。"毛主席又叮嘱道："不要让茶农吃亏。"王芳回答说："省政府给茶农适当补贴。"接着，毛泽东参观了茶叶加工厂，看了茶叶生产的流水线，受到了工人和群众的热烈欢迎。在返回的路上主席又兴致勃勃地谈起茶来，主席说道："我喜欢喝龙井茶，长江以北茶区产的茶都不如杭州西湖龙井好喝，这里的龙井茶茶绿、清香爽口。"王

① 吴连登：《毛泽东饮食趣谈》，中央文献出版社，2012。

芳又给主席介绍说："杭州狮峰龙井茶好。一是那里的土壤好，环境好，气候好。二是制作非常精细，清明节前采摘的小嫩叶茶，要经过几十道的工序才能制成最好的龙井茶，产量非常少，所以名贵价高。"

1963 年毛泽东视察杭州时说道："茶叶是个宝，多吃有好处。茶叶可以治病，帮助消化、清凉，可以提精神。"① 在毛主席晚年的时候，工作人员将葡萄糖、柠檬汁等添加到他喝的茶水中，以增加足够的营养供给，该做法延续到主席临终，良好的饮茶习惯也许正是毛主席晚年仍有敏捷的思维，能够健康长寿的秘诀吧。

在过去的许多旧照片中，我们能够看到毛主席身边总有一杯西湖龙井茶相伴，主席也往往用龙井茶来款待重要外宾，一杯茶见证了中华人民共和国的内政和外交史，也见证了他老人家对龙井茶以及茶区人民的特殊情感。

2. 毛泽东与第二故乡的深情

从世界范围来看，我国的茶类最为丰富，各种茶类中名优茶也数目众多，然而毛泽东对西湖龙井偏爱有加。② 毛泽东曾经在西湖边的刘庄完成了多部著作、诗篇以及重要文件，经常是为了工作通宵达旦。而主席在繁忙、紧张的工作之余，最爱做的事情就是游泳、散步、爬山等，可以说主席走遍了龙井茶区的每一个山头。

一次，毛泽东与外国来宾一起观看《采茶舞曲》，这种越剧现代戏的插曲主要是反映茶农劳动生活的，在杭州一带的茶乡一直很流行。看完节目后，毛主席还询问演唱者有没有亲自体验过采茶。之前，表演者叶彩华并没有采茶的体验和经历，自从听了主席的问话后，她亲身到梅家坞与那里的茶农一起吃、一起住、一起劳动，真真切切体验茶农的劳动与生活。在梅家坞劳动和体验生活后，她演唱的《采茶舞曲》有了明显的进步，演出也更加富有个性与深情。

3. 毛泽东亲自采摘龙井茶

1963 年 4 月 28 日下午 2 点半左右，毛主席的车停在了刘庄南大门里面一点的空地上，毛泽东爱喝龙井茶，这次是专程来到茶园采茶叶的。在警卫

① 吴连登：《毛泽东饮食趣谈》，中央文献出版社，2012。

② 李大椿：《毛泽东与茶》，《中国茶叶加工》1994 年第 1 期。

人员、招待所服务员的陪同下毛主席漫步在茶园的小径上，心情愉悦，步伐轻松自然，和工作人员有说有笑地走进茶园，并和大家打招呼："呵，今天大家都来采茶叶了。"由于这次是毛主席第一次采茶叶，刚一开始主席就问身边的地方工作人员："茶叶怎么采?"当听到对方回答"采茶尖"后，毛主席就兴致勃勃地在茶树的顶上掐起茶尖来。毛主席与随行人员边采茶边询问茶叶的种植、采摘和制作的相关知识，然后将采好的茶叶芽头轻轻地放在篮子里，一边采一边爽朗地笑着说道："种瓜得瓜，种豆得豆，我们是种茶叶得茶叶喽!"①

毛主席对采茶显示出了浓厚的兴趣，采茶的同时不忘教导大家："杭州龙井茶是有名的茶叶，你们要管好，不要让它荒掉。茶叶是经济作物，管好了来年有收入。"主席在刘庄采茶大约半个小时，离开时，主席与工作人员和陪同人员握手道别"谢谢你们"。当天主席与大家一起采下的茶鲜叶就被拿去炒好了，当第二天把炒好的西湖龙井送到主席手中时，他笑着说："我能吃到自己采的茶了。"然后还抓了一把茶叶放在手心里仔细地看了又看，接着闻闻茶叶香气，最后将茶叶放进嘴里吃了起来，并感慨道："龙井茶泡虎跑水，天下一绝。"②

40年后，为缅怀毛主席对西湖龙井茶以及刘庄人民的深切关怀，纪念毛主席在西子湖畔采茶的故事，在当年毛泽东采茶的地方竖起了一块纪念碑，碑上面刻着"毛泽东采茶处"几个大字，在纪念碑的上面还有毛泽东当时采茶时的历史照片，现在已经成为杭州市茶文化旅游的一个新景点、新亮点。现如今，茶园旁建了一个亭子名为"宽余亭"，亭柱的楹联写着："广宇驰怀，深谋天下三分策；闲庭信步，欣采江南一片春"，眼前仿佛看到了昨日依旧健朗的毛主席。

4. 毛泽东珍视西湖龙井茶

茶叶是我国南方大部分山区主要的经济作物和家庭收入之一。毛泽东出生于生产茶叶的地方，对茶叶生产等相关情况比较熟悉，也十分关心。毛主席尤

① 吴连登：《毛泽东饮食趣谈》，中央文献出版社，2012。
② 吴连登：《毛泽东饮食趣谈》，中央文献出版社，2012。

其珍视西湖龙井茶，反映在他把西湖龙井作为高贵的礼品赠送给了外宾。1949年毛泽东访问苏联时参观了伊尔库茨克市的茶厂，这次对茶厂的专访体现了主席对我国茶业发展的关注以及对茶叶凝聚中苏友谊的期待和重视。在当时，苏联非常需要中国的茶叶，在访苏期间中国和苏联签订了贷款协议，协议中明确规定用进口中国的茶叶等来抵还苏联的贷款。当毛泽东在参观茶厂看到苏联的茶厂不分等级地把各种茶类混合粉碎销售时，主席感到很是可惜，从主席对苏联加工和饮用茶叶的评论中，可以看出毛主席对待名优茶是何等的珍惜，另外可以看出主席深谙茶叶的生产、加工与品饮之道。① 毛泽东认为："礼品不在多，要能代表一个国家的特征，这样的礼品肯定受欢迎。"在毛主席访问苏联期间，西湖龙井茶被作为代表一个国家的礼品之一赠送给外宾，这也是西湖龙井茶第一次被赋予这么崇高的价值和使命，成为中苏两国友谊的使者。

5. 毛泽东因茶定纪律

20世纪60年代初，身为民主人士的黄炎培先生到杭州的梅家坞参观西湖龙井的制作，黄先生决定买一罐龙井茶送给毛主席。龙井茶厂的同志听说黄先生要买茶叶送给毛主席，都十分激动，精选了极好的龙井茶，并且不肯收钱，黄先生只好带着茶叶回去，并送给了毛主席，而且还附上一封信说明情况。毛主席最后托人将这罐茶叶送回了梅家坞茶厂，并且表达了对梅家坞人民的感谢。

1957年春天，毛主席住在刘庄、汪庄驻地，警卫队看到茶园里茶叶长势很好，突然想亲自采摘鲜叶并加工成茶叶送给毛主席。他们还专门选出两位精干的战士拜当地的茶农为师学习制茶技术，茶叶最终被赶制出来，战士们从中挑选了5斤并用盛有生石灰的缸子储存起来。等到毛主席来到刘庄时，战士们将这些自己采摘并亲手炒制的龙井茶献给了他，主席非常高兴并且称赞战士们制作的茶叶真香。过了几天，当主席离开刘庄时让人再次传达自己对战士们的谢意，同时还送来了150元茶叶钱。战士们被主席的行为深深打动，并且从这件事中受到了极大的启示与教育。

6. 毛泽东康山问茶

毛泽东有几次到杭州都是住在了康山。他在康山听到的、看到的、想到的

---

① 李大椿：《毛泽东与茶》，《中国茶叶加工》1994年第1期。

都流露出他对那里真挚的诗情与茶情。毛泽东对山有着特殊的感情，这与他小时候就生活在大山沟里的经历不无关系。延绵不断、如诗如画、若隐若现的西湖茶山，早已成为他心中的向往。如今他住在了康山，自然是分外高兴，康山不算高，不算险，不算壮观，但闲暇之余毛泽东喜欢到康山一带散步，他发现康山并没有茶树，而是大块大块的荒地闲在那里。他想坐落在西湖之滨的康山为何竟不种茶呢？实在太可惜了啊！① 一天，毛主席把警卫处处长叫到身边对他说："我们国家现在还很穷，你看这么多空地，荒着多浪费，应该多种些茶叶、蔬菜、果树等经济作物，不但能观赏，还可有经济收入。这一举两得的好事何乐而不为呢？"

在康山的半山腰处，有一座朴素简陋的方形亭子，那里是一个歇脚的凉亭，亭子里凉快而且安静，毛主席把这座凉亭当作自己每天上山读报与读书的好地方。他老人家在这里读过英语，读过政治经济学，当然还有有关西湖的书籍。而他唯一的伴读自然就是西湖龙井茶了。有一次，毛泽东在他读书的地方读英语，服务人员走过来给他沏茶，这次的茶是新炒制的西湖龙井茶。还没有品饮，他已经闻到阵阵清馥扑鼻的茶香，沁人心脾，香韵绕梁而久存。他品完香茗后，夸赞道："杭州西湖的山好，水好，这茶也非常之好呐！"

数年之后，毛泽东再次来到杭州视察时，下榻当日就发现康山上以前杂草丛生的几十亩荒地全都被开垦了出来，山脚下大片而平坦的地块都种上了茶树。他自己以前经常在那里读书看报的凉亭周围也都种上了茶树，到处都是一片生机盎然的景象，他非常高兴。在另外的几处山坡上，种上了各种各样的果树和蔬菜。毛主席说，这样好，种上茶树果树，有经济价值。那时，种下的果树已经结下了很多果实，卫士们摘下来一些送给毛主席品尝。毛泽东还说过，浙江茶叶资源丰富，出龙井茶、高山茶，这个茶叶是杭州龙井茶，是有名的茶叶，一定要管好。

这主要是康山附近的农户响应毛主席号召，将荒山开垦成了茶园。毛主席详细询问了茶园的有关情况，比如什么时候开垦出来的茶园，种的是什么茶树品种，请谁来当技术指导的。但后来，当主席问到施的什么肥，是饼肥、灰肥、泥

---

① 李大椿：《毛泽东与茶》，《中国茶叶加工》1994 年第 1 期。

肥还是粪肥；浇水是老办法还是新办法，浇的是湖水、井水还是自来水；炒茶是手工炒还是机器炒；机器炒的茶是不是也叫西湖龙井；请人鉴定过吗，合格吗，评茶师说的好在哪里，不好在哪里等问题时，工作人员往往被问得哑口无言。工作人员听得直发懵，既感动又自愧地说道："主席，都怪我太粗心。凡我答不出来的，我再去请问别人，而后再向您老人家报告。"主席说道："不，不是'报告'，我这是请教你嘛！种茶我是外行，你们才是内行呐。"①

（三）毛泽东与贵州人民的茶情

1. 主席为都匀毛尖起名

都匀毛尖又名"鱼钩茶"，是黔南三大名茶之一。据1925年《都匀县志稿》载："茶，四乡多产之，产水菁山者尤佳，以有密林防护也。……输销边粤各县，远近争购，惜产少耳。"都匀茶叶明清两代都是宫廷贡品，1915年获得巴拿马万国博览会金奖。1982年在长沙全国名茶评比会上被评为"中国十大名茶"之一。②

据民国二十五年的《都匀县志稿》记载，古时的长秀，就是现在的都匀团山一带，一直就是重点的产茶区，在那里还建有镇守茶园的"山神庙"。刚开始的时候，茶叶中并没有都匀毛尖这个名字。都匀茶叶由于优良的品质，在明代被作为贡茶。明朝洪武二十三年（即1390年），当时的都匀县令奉送都匀城墙图晋见皇上，另外还给朱元璋带去了都匀茶叶。两百多年后。崇祯皇帝品尝了都匀上贡的绿茶后，看到茶叶十分纤细，根根弯曲如鱼钩，对该茶叶喜爱有加，便御赐名字：都匀鱼钩。在1901年的巴拿马万国博览会上，都匀茶叶与茅台酒共同荣获国际金奖，此后都匀茶叶名扬天下。但生产都匀茶叶的地方比较偏远，交通不便，使该茶叶一直很难形成较大的规模，当地的茶农不能脱贫致富，依然过着贫苦的生活。

1949年以后，国家和政府相关部门加大了对茶叶生产的重视力度，也极大地调动了当地茶农种茶的积极性，当地老百姓的生活也变得越来越好。当时

---

① http：//lishi. xooob. com/mrmy/200810/342890_ 960350. html.

② 李大椿：《毛泽东与茶》，《中国茶叶加工》1994年第1期。

负责采摘这批茶叶的谭修芬老人曾回忆：那时年轻人热情很高，听说是给伟大领袖毛主席寄的茶叶，个个争先恐后。她挑选了一班女青年和自己一起上山采茶青。谭老还说，采茶是很讲究学问的，女孩子采茶时用的是巧劲，茶叶的芽头被采下来后不会发黑，而男孩子采茶时往往用的是蛮劲，这样制出来的茶叶外相不好看。还有就是茶叶加工的各个工序技术要求都非常高。她带领的女青年们一共采摘茶鲜叶 15 斤，经过加工制作后，做出来的干茶还不到 4 斤。而一斤成品的“鱼钩茶”需要采摘五六万颗一芽一叶的芽头制作而成，这些茶叶他们一共要采摘茶芽多达 20 多万颗。茶叶做好后，他们还特意做了一个精美的木盒，将茶叶装在木盒里，并在盒子上面写了“中共中央毛泽东主席收，茶农高级社团支部”几个字。

当时的茶叶虽然不值钱，但礼轻情义重。让他们喜出望外和自豪的是在茶叶寄出不久，他们就收到了来自“中共中央办公厅”的一封特挂信。信上的内容大致如下：茶农高级社，你们寄给毛主席的茶叶已经收到，中央曾有规定，不准给主席寄东西。经主席批准，寄给你们 15 元钱，作为制茶的成本费。当时的信是用打字机打出来的，而在信的空白处有毛主席亲笔写下的几句话：“茶叶很好，今后山坡上多种茶，茶叶可命名为毛尖”。① 现在，毛主席亲笔回信的手迹已经被村民用烫金大字刻在了村头的石碑上。到目前为止，都匀毛尖仍然是毛主席唯一亲自命名的茶叶。由于是毛泽东亲自为茶叶命的名字，都匀茶叶从此以后就更名为“都匀毛尖”，并且这个名字一直沿用到现在。在 1988 年“中国十大名茶”评选时，都匀毛尖位列其中，自此都匀毛尖家喻户晓。当年被选来为毛主席制作茶叶的那几棵茶树如今依旧枝繁叶茂，也被乡亲们当作“茶树王”精心地保护了起来。

一个小村庄给毛主席寄茶叶，并且能够收到他老人家的亲笔回信，是村子里的一件大事。在“贵州茶叶走出大山”“将都匀毛尖做大做强”的时代召唤下，毛主席多种茶、种好茶的号召再次唤起了人们极大的热情。毛主席的指示将会一直鼓舞茶区人民发挥当地资源优势，种出更好的茶叶，走出一条发家致富的路子来。

---

① 吴连登：《毛泽东饮食趣谈》，中央文献出版社，2012。

2. “红军茶”的由来

1935 年春天，在黔北赤水河畔的习水，毛主席带领红军第一方面军四渡赤水。这里的茶叶资源十分丰富，是个地地道道的茶乡。几百年的老茶树在习水县境内随处可见，古人所取的茶园、茶山、茶坪等地名一直沿袭至今。在汉代的时候，习水所产的茶叶叫作“习部龙井”，清代有人作诗描述了当时茶业发展的状况：“贩茶小艇系青林，高洞河流几许深。此去符阳无一会，三江恶浪忆惊心”。诗中所提到的高洞河就是现在我们所说的习水河。习水人当时也是通过这条河，经过长江，把盛产的茶叶源源不断地销往巴蜀之地，运往大江南北。

当年红军路过习水县时，当地的老百姓用自家制作的习水茶热情地款待远方而来的客人。毛主席与红军的其他将领同住在一家茶农家里，茶农熬了满满一大锅香浓的习水茶慰问红军战士。毛主席喝着香浓的习水茶，连连称赞，在战斗的时候，喝上一口习水茶十分解渴。新中国成立后，当地的茶农总是不时想起当年毛主席称赞过的茶，也是当年红军喜欢喝的茶。为了纪念这段难忘的历史，为了传达当地老百姓通过茶叶与红军和毛主席结下的深情厚谊，当地的茶农便将本地生产的习水茶称为“红军茶”。1969 年，在新中国成立 20 周年国庆之际，习水的红军茶被周恩来总理选为招待会专用茶，在会上习水的红军茶得到了国内外贵宾的一致认可和好评。直至今日，“红军茶”这个名字仍然深深扎根于当地茶农的心中，让他们自豪并幸福地生活着。

3. 毛泽东说瓮安茶真好

1935 年，当时是在长征期间，毛主席带领的第一方面军在黎平会议后，到达贵州省的瓮安县。当时面临的状况是成千上万的国民党军队正从后面追赶过来，而前面则是波涛汹涌的乌江。在这种十分危急的情况下，中央政治局召开了一次具有重要意义的会议，这就是在瓮安县召开的著名会议——猴场会议。以前的猴场现已改名为草塘，在召开这次会议之前很少有人知道猴场这个地方，之后变得颇有名气，远近闻名。当时的毛泽东为了红军未来的出路问题操碎了心，每到一处，他都会亲自查看地形，再三考虑克敌制胜的方法，工作十分繁重，从早上一直工作到深夜。毛主席有时半夜睡不着就起来看军事地图，还用一根木棍在地图上比来画去的，反复思考并酝酿接下来要运用的战略与战术，有时一思索，便到雄鸡报晓时分。

看到主席一天到晚不停地工作，工作人员心里十分着急，他们都担心主席的身子骨扛不住，但他们知道在主席思考问题的时候是不能随便打扰的。警卫员陈昌奉知道毛主席向来爱喝茶，专门到住所附近的茶叶铺买回了些茶叶，当看到主席工作疲倦的时候，他就给主席泡上一杯香高味浓的茶叶，让主席提神解乏。其中有一次，主席在思考问题时喝了一口陈昌奉送过来的茶，感觉茶叶很好，于是问道："这是从哪里弄来的茶，怎么这样香呀?"这次端给主席的茶叶刚好不是从茶叶铺买来的茶叶，而是附近的老乡送来的茶叶。他只能如实回答："是附近老乡送的，是瓮安本地生产的瓮安茶!"主席接着又喝了一口，一边品味一边高兴地说："好茶，好茶呀！助兴，瓮安茶真好!"①

毛主席喝完茶叶，精神振奋了许多，思维也变得更加活跃。每当这个时候主席一高兴，就会把自己小时候在家乡养成的习惯显露无遗，于是将杯子里的茶叶顺手抠出来，放在嘴里慢慢地咀嚼着，吞咽着，不一会茶叶就被全部抠出来吃光了。陈昌奉见主席把茶羹都吃完了，马上又泡了一杯更加香浓的瓮安茶放在主席手边，主席顺势又端起第二杯瓮安茶慢慢品味起来。这个故事一直在瓮安县一带广为流传，家喻户晓。

4. 毛泽东盛赞土城茶

1935 年，也是在红军长征的途中，当红军第一次路过习水县土城镇时，当地的老百姓们只是感觉他们与当地的军阀部队不同，但是又弄不清楚这是一支什么样的军队。军队过城时不扰民、不打人，对当地的老百姓都很好。当大家第一次看到部队时都急着藏起来，但第二次看到时就不躲了，而是主动邀请红军战士到家中坐坐，喝口茶解解渴。

有一次，几个战士看到住在土城岩洞旁边的一位老人正在整修自家房子的屋顶，这屋子是被四川军阀队伍给毁的。老人家的房子很有特色，靠着岩洞而建，一半在洞的里面，一半在洞的外面。而此时老人正将割来的茅草铺在伸在洞外的土架上。几位战士见状急忙走过来，有的帮着给老人递草，有的帮着递木条，有的忙着将草铺平后用木条压住，然后用竹绳把它们捆在一起。由于人手多，三下五除二一会就把房子给盖好了。老人看着这些可爱的小伙子很是高兴，

① 吴连登：《毛泽东饮食趣谈》，中央文献出版社，2012。

就请他们到屋里坐坐，老人家进里屋把水烧开，泡上了一大罐子好茶给大家喝。

老人家把热茶倒在了一个花碗里，递给了一个说话风趣的湖南人说道：“老哥子，尝尝我们土城人自己采的茶吧，好喝，苦了一会儿就甜。”湖南人接过递来的茶回道：“好哇，老哥子，先苦后甜，好哇。我们现在是苦了点，今后会过上好日子的。你说是吗?”接着喝了几口，细细品品，边笑边说：“老哥子，这茶真好！是真好呀！原汁原味，是上好的茶香味，醇得很呀，香气扑鼻。你们就靠这卖钱过日子吧！”老人家听到这样的赞扬，也顿时来了劲说：“你说对啦，一年四季的盐巴钱，就靠它啦。街上还有几家专门做茶生意的呢！”湖南人又说：“等今后不打仗了，老伙计，我们就来这里种茶，建大茶园，这里山上，是种茶的好地方，高山有好茶呀！”老人听到这样的话感觉特别亲切，便说：“你哥子，只怕是当官的吧！你还来我们这穷地方！”这时有一个年轻的小战士偷偷地对着老人家说：“他是我们的毛主席，过去叫毛委员！”老人说：“听说过，那是大官呀！这样好的人，蒋委员长要捉他干哪样！”小战士说：“说来话长了，我们是红军，是为老百姓过好日子的队伍，蒋委员长不喜欢穷人。”老人说：“是这理，老蒋的队伍，尽糟蹋我们穷人！我喜欢毛主席，毛委员。”话刚说完，老人家特意给毛主席倒了一杯热茶说：“没想到这样大的官也看得起我们坐岩洞的。对路，对路。老哥子，毛委员，我敬您一杯！”当天晚上老人家还留毛主席一起吃了晚饭，晚上睡觉的时候还把自己的床让给了主席，两人是真亲切啊！

但是，大仗几天后就打响了，毛主席要离开了，老人家依依不舍地将主席送到了渡口说：“没仗打的时候，就来我们土城种茶，住吃我包啦。”非常遗憾的是，这座嵌在岩洞里的房子在20世纪60年代就被拆掉了，改建成了土城镇医院的职工宿舍。①

（四）毛泽东与福建人民的茶情

1. 毛泽东送尼克松“半壁江山”

大红袍能够引起人们那么大的关注，主要在于它的神秘感与稀缺性。民国

① 罗庆芳：《毛主席长征饮贵州茶的故事》，《农业考古》2011年第5期。

时期一斤大红袍就相当于 64 块银圆，如果换成大米就是 4000 斤。而前几年，20 克九龙窠大红袍茶在市场上竟拍出 15.68 万元的天价，创造了茶叶单价的纪录。1972 年，尼克松访华，中国领导人毛泽东把四两大红袍母株茶叶赠送给他。由于不清楚大红袍茶树母株产量少且极为珍贵，尼克松还曾私下抱怨毛泽东太小气。后来周恩来为此向尼克松解释主席已经将“半壁江山”奉送了，并将大红袍的由来告诉了他，尼克松听后肃然起敬。

2. 毛泽东转增武夷大红袍搞科研

武夷山只有六棵大红袍母树，每年的平均产量也只有八两，这不到一斤的茶叶堪称国宝级茗茶，在茶界被公认为极具文化价值与资源价值的珍品。当时当地的政府把一些母树大红袍敬供给毛主席，当主席听说这些茶叶极其珍贵时，就把这批叶茶转赠给了中国茶叶研究所作为科研材料，并作出指示一定要将其开发、利用、推广开来。广东省茶叶协会秘书长张黎明的父亲是当时中国茶叶研究所的老专家，他非常幸运地亲自品鉴了毛主席转赠过来的那批母树大红袍。

3. 毛泽东用福州茉莉花茶招待外宾

茉莉花茶，又称为茉莉香片，有“在中国的花茶里，可闻春天的气味”之美誉。花茶属于再加工的茶类，而茉莉花茶可以说是众多花茶品种中的名品。茉莉花茶是将茶叶和茉莉鲜花进行拼和、窨制，使茶叶吸收花香而成的。制作茉莉花茶的茶叶称作茶坯，一般绿茶较多，少数也有乌龙茶与红茶。

1972 年，美国总统尼克松访华，毛主席在书房会见了他，当时喝的就是福州茉莉花茶。基辛格在回忆录中说：“我们第一眼观察的是一排摆成半圆形的沙发……。毛泽东身旁的茶几上总堆着书，只剩下一个放茉莉花茶茶杯的地方。”[1]

在《中国名茶录》里，福州的茉莉花茶被列为茉莉花茶中唯一的一个中国历史名茶。从新中国成立到现在，我国外交部的茉莉花茶礼茶均为福州茉莉花茶。在改革开放以前，我国出口的茉莉花茶 100% 为福州茉莉花茶，被誉为世界知名的“中国春天的气味”。

（五）毛泽东与安徽人民的茶情

1958 年秋天，毛泽东从武汉乘船到安徽进行视察，在中央随行人员和安

① http：//www. dnkb. com. cn/archive/info/20121117/221615734. shtml.

徽省委书记与省长等人的陪同下驱车前往合肥。途经舒城县舒茶人民公社时安徽省委书记曾希圣请示毛主席是否下去看看。经主席同意，下午车队在舒茶公社茶厂的门前停下，主席下车后与前来迎接的干部、群众等人员亲切地握手。

主席走进茶厂后，不断称赞公社的卫生搞得好，并边看边向这里的工作人员了解社里的情况。他在茶厂俱乐部的临时休息室休息了一会，接着在工作人员的引导下参观了这里的展览馆。主席关心地询问该社成立的时间、人口、茶厂的位置等相关信息。当主席看到展览的部分新农具时，详细询问了农具性能，并让讲解员示范操作。

然后，讲解员又通过墙上的图表向主席介绍了该社的粮食与茶叶生产状况，接着来到制茶车间，主席认真参观了制作茶叶的各种机械设备，如茶叶初制工序中使用的杀青、揉捻、炒茶、烘干等茶叶加工设备。另外，主席还详细地向工作人员了解了揉捻机和炒茶锅的工作原理与操作方法，以及多久能炒好一锅茶等细节问题。最后，主席还鼓励大家在山坡的空地上要多种茶树。

舒城县舒茶人民公社把毛主席临时休息过的地方进行了原貌保护，将主席眺望过的青岗岭开辟成了梯式茶园，并且把该茶园命名为“九一六”茶园，作为永久性的纪念。①

也正是毛主席的这一次号召，在一定程度上不仅调动了部分山区发展茶叶的积极性，同时对于全国茶叶的发展起到了积极的推动作用。全国茶园总面积由1958年的仅524万亩发展为1973年的1000万亩，到了1976年已接近1500万亩，茶叶面积的不断扩大与茶叶的快速发展为在国际上确立我国茶叶大国的地位起着十分重要的作用。

（六）毛泽东与广西人民的茶情

西山茶始于唐朝，到明清时期已经闻名遐迩，但西山茶在民国后期就开始没落了。1949年，释宽能法师到西山洗石庵做住持时，该茶一年的产量才8千克左右。从此以后，在住持与教徒的精心照料和呵护下，西山上的茶树枯木逢春，开始枝繁叶茂起来。到1954年，释宽能法师与众尼姑挑选了上好的两

① 方玉真：《毛泽东主席视察舒茶纪实》，《茶业通报》2010年第2期。

斤茶叶送给了毛主席。不久主席委托中办给释宽能法师以及佛教徒们写了一封回信，信中这样写道：“你们种植和制作的茶叶很好，今后通过你们的努力希望西山茶在产量与质量上能够满足人民的生活需求。”

次年，当释宽能法师将两斤上好的茶叶再次送给毛主席时，他老人家不再接受茶叶了。主席让工作人员把茶叶折算价格后把茶叶款寄了回来，并附信道：“目前中央作出相关决定：所有国家机关的工作人员不得接受礼物。此次寄来的茶叶作价寄回……”①

现如今，桂平西山的茶叶产量一年为50吨左右，西山茶的名气也已经很大，并享誉海内外。目前每年到西山休闲观光的游客超过了100多万人，西山上下茶楼、茶肆林立，在这里休息品茶的人络绎不绝。

（七）毛泽东与四川人民的茶情

抗日战争胜利后，国共两党在重庆进行了重庆谈判。谈判期间，无论走到哪里都可以喝到“川茶”，这使毛泽东进一步加深了对四川茶的了解和认识。民间有句谚语：天下茶叶数四川，四川茶叶数名山，名山茶叶在蒙山。蒙顶山茶产于名山县的蒙山上，从汉朝一直到清朝末期一直被作为贡茶，献给历代的皇帝享用。民国初期，品质上乘的蒙顶山茶开始由贡茶转为民用茶。

由于军阀混战，你争我抢，后来蒙顶山茶的生产受到了极大的影响和破坏。再加上当时国民党繁重的赋税，蒙顶山茶的生产量已远不如从前。新中国成立后，在党和国家的号召下以及政策的扶持下，蒙顶山茶得到了迅速发展，由于数量仍然有限，政府采取统购统销的政策，因此一般的群众很难买得到上好的蒙顶山茶。

1958年初，毛泽东在四川召开中央工作会议时，省领导把蒙顶山茶送给了他，主席详细地向他们询问了蒙顶山茶的生产与销售状况。当主席得知蒙顶山茶的产量很低，只能满足内部供应时，立即指示：“蒙顶山茶要发展，要和群众见面。”②

---

① 吴连登：《毛泽东饮食趣谈》，中央文献出版社，2012。

② 吴连登：《毛泽东饮食趣谈》，中央文献出版社，2012。

（八）毛泽东与云南人民的茶情

布朗族是我国最早发现并利用茶的民族，云南省是我国布朗族的主要分布区，集中在西双版纳傣族自治州的景洪、勐海以及临沧地区的永德、双江、耿马、云县等县。布朗族人民十分擅长种茶、制茶，对茶叶的品饮也有着自己独特的方式。布朗族的姑娘把春天茶树的鲜叶采摘下来，将其制成散茶，他们又称之为“大叶子茶”。除此之外，姑娘们还可以将茶叶加工成“竹筒子茶”，这是一种具有本民族特色的茶叶。首先把长得较粗的竹子砍下来，截成一节一节的竹节筒，然后把采摘下来的茶鲜叶炒熟，趁热把茶叶装进竹筒内并将其塞紧，再用芦叶把口密封好，用藤条扎紧后放在火塘边烤，逐渐地把水气去掉，当竹节的表皮被烤焦的时候，竹筒茶也就制成了，制成的竹筒茶储存数年也不会变味。而且这种茶喝起来香味极浓，布朗族人常常把竹筒茶视为馈赠亲朋好友的佳品。

布朗族人品茶十分讲究，一般他们将其分为烤茶与泡茶两种。泡茶很简单，就是用开水冲泡茶叶后直接饮用，烤茶就是把茶叶放在一个特制的小茶罐里，然后把罐子放在火塘边烤，等罐内冒出茶叶的香味时再将开水倒入其中，等茶水被烧开之后倒进小茶盅，称为“浓茶”。布朗人比较喜吃酸茶，而酸茶是茶叶按照酸菜的制法加工而成的，这样制成的茶叶放在口中嚼后咽下，能助消化。

1950 年，苏里亚背着 袋 4.9 千克重的“小雀嘴尖茶”去北京参加国庆观礼，苏里亚是云南澜沧江景迈山的布朗族头人，他在中南海亲手将这一袋茶叶敬献给了毛泽东。而“小雀嘴尖茶”是由采自景迈山千年古茶园的茶叶嫩芽经精心制作而成的。这种茶是布朗族献给傣王的专用贡茶，而且在当时除上贡之外只有布朗族的头人才能有幸喝到。

二　毛泽东的湖南茶情

（一）毛泽东与湖南人民的茶情

1917 年毛泽东就读于湖南第一师范，他曾经利用暑假时间与同学肖向东以茶丐为名徒步考察了长沙、安化、宁乡、益阳等许多地方。他们出发时并没有带钱，沿途主要靠卖字、作诗、对句等方式来解决旅途所需。当他们到达茶乡安化时，有一个文儒夏默安随景出了一个上联：“绿杨枝上鸟声声，春到也春去也”，毛泽东思索了一下便对出下联：“青草池中蛙句句，为公乎为私乎”。对完下联，夏儒夫子对毛泽东他们以礼相加，立刻请他们上坐，吩咐“上茶，上好茶”，并说道：“后生乃必国之栋梁也。”茶足饭饱之后还赠送他们银洋作为盘资。①

新中国成立以后，毛泽东一直定居北京。他在繁忙的工作之余，曾 40 多次回到湖南视察，指导家乡的工作。毛泽东是湖南韶山人，他对生于斯、长于斯的故乡一直怀着深厚的情感。主席家乡的人民待客十分热情，客来奉茶是家乡一直就有的传统习俗。毛泽东来到长沙，“君山毛尖”常常是他喝下的第一杯家乡茶。在家乡的土地上，喝着家乡的茶，毛泽东心中有一番特别的感受。家乡的人们深知主席对家乡茶叶的喜爱和独特的情感。毛主席喜欢喝“君山银针”。果真如此，主席一般外出视察、开会都会自带茶叶与茶杯，而且每次回到湖南时他都不忘带一个单株兰花杯。

家乡人民对毛主席的情感通过茶叶表现得淋漓尽致，也留下了许多佳话。如“湘江边上种茶人”为了表达自己内心无比喜悦之情《挑担茶叶上北京》；“茶叶飘香歌不停”；“桑木扁担轻又轻，千里送茶情意深，香茶献给毛主席，贫下中农一片心”。我们不难想象出当年的景象，当毛主席看到家乡人民千里迢迢送来的家乡茶，他一定会高兴地接受家乡人民的这份特殊的厚礼，并且欣然品茗。同时，他也不会忘记让工作人员为家乡人民付上茶钱和路费。每一片茶叶代表着家乡人民的一片情义，他接受的正是家乡人民如茶般香浓的情意！

（二）毛泽东重返韶山老家

1959 年 6 月 25 日，毛泽东回到故乡，他已阔别故居整整 32 年了。老屋依旧是原来的样子，青山绿林环绕在房屋周围。时光飞逝，毛泽东站在自家的老屋中看到父母的照片，睹物思人，想到父母兄弟已经长辞于世，他的眼睛湿润

① 杨永耀：《伟人与茶事》，《茶叶机械杂志》1999 年第 3 期。

了。三天后，毛泽东将离开这个他熟悉的地方，他很早就起来，坐在院子里，喝着自己家乡的云雾茶，他也不知这一走何时才能再回来。他只是想与故土旧居作一次儿子与母亲般贴心的交流。

韶山是毛泽东的故乡，这里很早以前就有祭祀奉茶、制作烟熏茶以及喝完茶又吃茶的习俗。青少年时代的毛泽东就与茶结下了不解之缘。毛泽东爱饮家乡韶山的云雾茶。毛泽东的家乡韶山市有一座茶厂，这里的茶树因得韶峰云雾与滴水洞甘泉的润化，茶树鲜叶质量较好，因此该茶厂所生产的韶峰云雾茶品质优异，不仅毛主席本人十分喜爱，而且多次用该茶招待外宾。1966 年 6 月 28 日，当毛泽东结束故乡之行，即将离开滴水洞时，工作人员小声催他上车，而主席此时却意犹未尽，停下来与韶山管理局局长寒暄之后竟又坐了下来，接着用十分地道的韶山腔回应招呼他的随身工作人员道："你们去喽，我还要坐一下子哒!"① 声音很响亮，在场的人几乎都能听得见。之后服务人员送来了一杯韶山云雾茶，毛主席一口一口慢慢品啜完这杯茶，并且把"茶羹"吃完才起身离去。韶山人都有吃"茶羹"的习惯，毛主席从小也养成了这样的习惯。

（三）毛泽东做了一次岳阳的过客

1959 年 11 月 28 日晚，毛主席乘坐的专列路过岳阳，县委负责人张兴玉、张月桂等人前往迎接。专列在岳阳火车站停了半小时，毛主席在湖南省省委书记张平化、省公安厅厅长高文礼陪同下前往长沙。毛主席对工作人员说："岳阳是个好地方，素称鱼米之乡，水陆交通便利，有八百里洞庭湖。它与长江在城陵矶汇合，是历代兵家必争之地，有驰名天下的岳阳楼。范仲淹写的《岳阳楼记》千古不衰，听说岳阳的工作很出色。"

张月桂在回忆录中这样写道：

> 1959 年 11 月 27 日晚 11 点，岳阳县县委书记张兴玉接到省委张平化书记的电话："明晚 10 点左右，毛主席乘火车路过岳阳，将停车听取你

① 杨永耀：《伟人与茶事》，《茶叶机械杂志》1999 年第 3 期。

们的工作汇报，希望作好安全保卫和汇报准备等工作。”张兴玉紧急召集县委副书记兼县长的张月桂、县委工交部长李朗秋、县委办公室主任彭汉炎等人研究第二天向毛主席汇报的具体内容。最终确定向主席汇报以下4个情况：一是贯彻庐山会议“反右倾”精神的情况；二是农村工作情况；三是城市工业情况；四是人民生活情况。本次汇报总共撰写了3000多字的报告，经主要相关领导审查修改后油印了8份，题目定为“关于我县贯彻庐山会议精神与工农业生产和人民生活情况的汇报”，并摘录了古城岳阳今昔的变化对比。28日晚，我们将汇报用的材料呈给张书记与高厅长，他们阅后说道：“这汇报写得可以。”正在这时火车站站长进来说：“专列已晚点，大约12点才能到这里。”张书记一边喝茶一边看着茶叶包装上面写的“岳阳北港毛尖”，他说岳阳是个产茶的好地方，对这里产的茶叶赞扬不已。接着张书记讲起了关于茶叶的故事：不久前我去北京带了1斤“君山银针”送给毛主席，他问茶叶价格，硬是要付茶叶钱。我说这茶有个很大的特点，当茶叶泡到杯里以后都能树立起来，我当即给主席演示泡了一杯，结果未能立起来。我回到住处后，电话询问了茶叶没有立起来的原因。第二天我又去了主席家，又用烧开的开水，冲上开水后立即盖上盖子，只用了一分多钟茶叶就全部立起来了。主席笑着对我说：“昨天泡的茶叶没有立起来，是因为你到湖南的时间还不长，不懂得操作，今天冲泡的茶叶都立起来了，说明平化是个说实话的人，这茶叶算得上一流。”故事刚讲完，车站站长又进来了：“专列已过云溪，只要10多分钟可到这里。”平化书记带领我们一起到站台准备迎接毛主席。12点36分，毛主席乘坐的专列徐徐开进了岳阳站。当专列停稳后，主席的秘书田家英下车热情地给我们打招呼，他说原来安排在晚10点听取岳阳的汇报，因今天主席有些疲劳刚刚入睡。于是，我呈上了3份准备汇报的材料。专列在站内停了将近半小时，田秘书与我们几位同志握手道别。他请张平化书记、高文礼厅长上专列前往长沙。当专列徐徐开出岳阳车站之后，我们几位岳阳的同志才依依不舍地离开了车站。[1]

---

① http：//www. yyszx. gov. cn/html/yyszx/bhqf/content/201367/n7442683. html.

（四）毛泽东和湖南茶

1. 毛主席和古丈毛尖

1955 年，古阳镇思源桥茶叶社茶农精制毛尖茶敬寄毛主席、周总理等中央领导，获高度赞赏。

为何湖南黑茶被称为“共产党茶”“毛主席茶”？数百年前，湖南黑茶经茶马古道，源源不断运往西北，供西北地区贵族饮用，其消食去腻、降脂减肥的功效誉满边关，但并不是每一个牧民都能喝到黑茶。很多人因为无法喝到黑茶而得病。新中国成立后，党和政府高度重视安化黑茶，制定了“国家定价、定点生产、归口经营、计划调拨、保证供应”的方针。安化千两茶、茯砖茶畅销西北。据《当代青海简史》记载：到 1951 年底，西北地区 100% 的少数民族喝上了茯砖茶。各族人民遂满怀深情地称之为“共产党茶”“毛主席茶”。

2. 毛泽东和茯砖茶

本来中国只有湖南才生产茯砖茶的，但为什么江苏省地方国营社渚农场会生产茯砖茶呢？这就要从“文革”讲起了。1966 年，国务院农林办和财贸办联合召开茶叶专业会议，号召发扬大寨精神，贯彻“以粮为纲，多种经营，全面发展”的方针，正确处理粮茶关系，大搞样板地，并研讨了“三五”发展计划。1973 年 3 月，为了促进边销茶生产，提高边茶品质，商业部在广西桂林召开“全国边茶生产、加工座谈会”，会上研讨修订了“紧压茶原料和成品品质规格试行办法”。之后，江苏省地方国营社渚农场开始生产茯砖茶。此茯砖茶砖正面写有“毛主席语录”“领导我们事业的核心力量是中国共产党。指导我们思想的理论基础是马克思列宁主义。”“茯砖茶”“江苏省地方国营社渚农场制”，背面无字。

三　毛泽东清廉政治思想与茶

茶圣陆羽在《茶经》中开宗明义地指出：“茶者，南方之嘉木也。茶之为用，味至寒，为饮最宜精行俭德之人。”“俭”与“廉”本是一对不离不弃的好兄弟。以茶敬客，以茶代酒，正是茶对于俭的彰显，也是“廉”的写照。

人生当如茶，清廉胜浮华。“廉洁奉公”“清正廉洁”是中华民族的优良传统和传统美德。毛泽东一生与茶有着不解之缘，既从小就喜爱喝茶，又始终关心茶产业的发展，留下了很多他与茶的故事。透过这些故事，我们可以清晰地发现毛泽东不仅继承了清正廉洁的民族传统，而且以自己的实际行动推动了我国清正廉洁思想的建设与发展。

（一）茶文化中蕴含的清廉政治思想

中国是茶叶的故乡，古往今来无数的帝王将相、文人墨客乃至平头百姓都以茶为好，茶文化自然成为中华传统文化中一支清香醉人的奇葩。历史上早有有识之士将令人神往的茶香茶味与令人崇敬的廉洁品格紧密联系在一起，流传着许多以茶养廉的佳话。

1. 提倡勤俭节约

茶圣陆羽在《茶经》中指出，“茶之……为饮最宜精行俭德之人”，给茶赋予了一种特殊的文化内涵，即以茶示俭，以茶示廉。中华民族几千年的历史传统逐步形成了独具特色的节俭思想，一致认为“精行俭德”是指倡导勤俭节约的操行与品德。古往今来，勤俭节约的传统美德一直延续，成为中华民族兴旺发达的不竭动力。

在《中兴书》中曾有这样一段记载：东晋时，吴兴太守陆纳廉政为民，接待各类政客一律清茶一杯。一次，其侄违规，遭其四十军棍惩戒。南北朝时期，有人提出了“以茶养廉”来对抗两晋以来士族的奢靡之风，“以茶养廉”也就逐渐成为茶文化的传统。齐武帝临终时的遗嘱要求在他的灵柩上仅摆放茶水、干饭作为祭品。由此可以看出：在古代，茶已经作为“节俭”和“廉洁”的象征，这种追求勤俭节约的理念，寄托了当时人们希冀和平与安定的心愿。到现代，这种传统仍然经久不衰，且更加光辉灿烂、更加迷人。茶文化崇尚俭朴，与今天反腐倡廉的价值取向是高度一致的。如今，以茶待客、以茶代酒是公务接待上制止奢侈浪费、提倡勤俭节约的优良作风，由茶宴、茶会、茶话演化而成的茶话会广泛用于庆贺佳节、辞旧迎新、学术研讨、签约奠基、表彰先进等各种社交活动，因其简朴无华、节约开支、以茶养廉、反对奢侈而风行全国。人民群众在品茶的过程中总结了很多“茶廉”格言、“茶廉”警句，如

“人生当如茶，清廉胜浮华”“一杯清茶问古今，两袖清风为苍生”“粗茶淡饭清口有味，遵纪守法梦里不惊”“君子之交淡如水，为官之道清似茶”等，这些都是茶文化在反腐倡廉建设中的具体表现。今天，我们应发扬光大勤俭节约的优良传统，使之成为一种工作习惯、一种执政风范，把“立党为公、执政为民”的本质要求付诸行动，党员干部才能真正成为人民的公仆。

2. 秉持清正廉洁

茶历来是清廉的象征，高尚的化身。古人喜好以茶明志、以茶砺节、以茶砥行，“明是非、重名节、知廉耻”等理念成为茶文化的主流。“明是非”就是“分清善与恶、美与丑、真与假、正确与错误、积极与消极、高尚与卑下、先进与落后”，把“名节”“廉耻”和“是非”联系到一起，给“名节”“廉耻”注入了新的内容。茶德是茶文化的核心内容，古人总结的茶德包括“廉、美、和、敬”。“廉”者，廉洁清白，清心健身；“美”者，先洁其身，而正其心；“和”者，意味着天和、地和、人和；“敬”者，客来敬茶，以茶示礼。在“廉、美、和、敬”中，以“廉”居首，说明人们对营造清净廉洁的社会风气和文化氛围的期盼，这与“崇廉尚洁、摒弃贪腐”的价值取向是一致的。茶之清廉，在于茶象征清正、清静、清淡、清雅、清净、清醒、清明、清晰、清贫……，茶的清、净、明，不与脏、臭、污为伍，这种“清”，可“明廉、敬廉、促廉”。“清”，是一种色彩、一种精神、一种人格、一种品位。今天我们正置身于一个伟大的时代，在“权为民所用，情为民所系，利为民所谋”的中国特色社会主义实践中，党政干部应以“廉、美、和、敬”为魂，做到清廉清政，倡导和煦清风；保持清正廉洁，净化社会风气；展现冰清玉洁、两袖清风、克己奉公、高风亮节的人格魅力。要以“君子之交淡如水，为官之道清似茶”为“座右铭”，抓好反腐倡廉，用自身的清正廉洁净化党风、民风，促进社会稳定和谐。

3. 崇尚艰苦奋斗

茶叶的本味是苦涩。一口茶流入口中，先是苦涩的，苦涩过后却是一种甘甜的味道，苦尽甘来，回味无穷。因此古人有“品一盏清茶，叹生民苦涩”的感叹，并赋予了茶“一苦二甜三回味”的人生韵味。苦涩之中孕育着甘甜，甘甜之中孕育着苦涩。苦涩与甘甜合二为一，是茶的灵韵。茶的苦涩与甘甜为两极，茶的真味在于甘苦之外。只有经过苦涩的历练才能品尝到茶的甘甜，只有这样才能真正地享受到茶之新、茶之清、茶之醇、茶之芳、茶之酽。人生如茶，先苦后甜，苦尽甘来是茶的真味，也是人生的真味。在茶叶的甘苦中体味人生的真谛，更应该珍惜幸福生活，继续发扬艰苦奋斗、自强不息、吃苦耐劳的精神。新中国成立以来，我国茶叶产业从风雨中走来，不断发展壮大，成为人民群众增收致富的重要途径，离不开广大干部群众的艰苦奋斗。茶叶产业的发展史就是广大人民群众艰苦奋斗的创业史，这为茶文化赋予了新的时代内涵。茶叶产业的发展史告诫党员干部干事业要以苦为上，以苦为先，以苦为乐，以苦为荣，牢记“两个务必”，永远保持艰苦奋斗的本色，在政治上永不变质。

（二）毛泽东清廉政治思想的发展历史

毛泽东思想在新民主主义和社会主义建设时期不断形成和成熟，思想体系博大精深，清廉政治思想就是其中的一个重要部分。清廉政治思想建设无论在革命战争年代，还是在社会主义现代化建设年代，都具有重要的战略意义。回顾和研究毛泽东清廉政治思想建设，对促进社会主义各项事业建设和实现中国梦都具有理论意义和实践意义。

毛泽东出生于农村，虽是一名农民的儿子，却发奋读书，同时也极力争取读书求学机会。几十年如一日的坚持求学，使毛泽东精通中国传统文化，而这也是毛泽东清廉思想的最初来源。因此，毛泽东的清廉政治思想在形成过程中，首先得益于我国数千年逐步形成和流传下来的文化瑰宝，以及我国源远流长的历史。自小毛泽东就有侠肝义胆，经常阅读一些“绿林”小说，形成了原始的清廉思想。同时，毛泽东还阅读了大量的人物传记，并且都有自己的想法和体会。他曾经说：“在中华民族的开化史上……有许多伟大的思想家……政治家……”在毛泽东看来，这些思想家和政治家，究其所以伟大且名垂青史流芳百世为后人称颂不已的主要原因之一，是他们能够“廉洁奉公”。像宋代的包拯，刚正不阿、刚正廉洁，不仅严格要求自己，还严格要求亲属和后代。其侄包兴贪赃，就被立即处死，充分体现了其言必行的作风。这也是称其为“包青天”的原因所在。在中国浩瀚的历史长河中，可谓群星璀璨，产生了不计其数的廉洁为官之士，诸如海瑞、沈忱等，这些典型的人物形象影响和促进了一代又一代人的成长。

中国的封建社会长达2000多年，形成了很多社会礼仪和规矩，虽然很多礼教已经不再适应这个日新月异的现代化社会，但还是有很多优秀的传统文化在今天需要我们坚守和发扬光大，“礼义廉耻”就是其中之一。正所谓“廉耻立人之大节，盖不廉则无所不取，不耻则无所不为。人而如此，则祸败乱亡，亦无所不至”。由此可见，为政清廉是中国几千年流传下来的施政理念，这有助于维护社会的和谐稳定，是为政者最基本的素质要求。毛泽东反复强调：“我们不应当割断历史。从孔夫子到孙中山，我们应当给以总结，承继这一份珍贵的遗产。”毛泽东还指出对待封建文化要汲取精华和剔除糟粕，采取扬弃的态度对待我国传统文化，革新和发展当前民族文化。

“十月革命一声炮响，给中国送来了马克思主义。”马克思主义是人类思想史的伟大革命，是关于无产阶级革命的指导思想。从此，毛泽东接受和信仰马克思主义，确立了全心全意为人民服务的根本宗旨和解放中国人民与全人类的伟大任务。毛泽东认为廉洁是对共产党员的道德要求，也是对共产党员的本质要求。毛泽东指出：“共产党员在政府工作中，应该是十分廉洁、不用私人、多做工作、少取报酬的模范。”一名共产党员，应该时刻把民族、国家和全人类的利益放在首位，而不是个人的得失。毛泽东不仅对清正廉洁理解得彻底，而且贯彻到行动中，对清正廉洁做了完美的诠释。透过历史，我们可以清晰地看到，毛泽东始终不忘加强清正廉洁政治建设。

纵观毛泽东清正廉洁思想的发展历史，大致呈现出四个显著的发展阶段。

第一，从大革命到土地革命时期，是毛泽东廉政思想的雏形阶段，注重在治党治军上保持廉洁和反对腐败堕落。从新生的苏维埃政权刚刚建立起，就开始抓廉政建设问题。1933年12月，毛泽东与副主席项英签发了《关于惩治贪污浪费行为》的第26号训令，训令规定对贪污公款者和玩忽职守造成严重浪费者予以严厉制裁。这一政策威慑了腐败分子，使苏区在反腐工作上有章可循，有法可依，对巩固新生政权起到了很大的保障作用。与此同时，毛泽东率先垂范，与普通士兵同甘共苦，不享有任何特权，深受军民的爱戴。

第二，从抗日战争到新中国成立时期是毛泽东廉政思想整体框架初呈阶段，表现在思想教育防腐、制度规范反腐以及严惩腐败分子等方面。在此期间，加强清廉政治建设的措施主要体现在三方面：一是从思想源头着手，以白求恩、张思德为榜样，对全党全军加强思想政治教育，从思想上铲除腐败堕落思想的土壤；二是建立制度、制定法规，提出并制定精兵简政的具体原则和办法，确保政权的清正廉洁。尤其是在经济方面，各根据地都做出了严密的规定与管理，组建了财政管理机关，制定了相应的财政管理制度，建立了收入、支出、保管和审核四大系统。三是坚决执行纪律和法规，对腐败分子绝不姑息。

第三，从新中国成立初期到中共八大是毛泽东廉政思想进一步发展和完善的阶段，主要标志是及时开展了反腐败的专项斗争，并结合整党建党工作，加强对廉政建设的领导和宣传。一是在毛泽东提议下，中共在开国之初就做出了成立中央和各级党的纪律检查委员会的决定，完善监督机制，保障了党的纯洁性并巩固了新生政权；二是公开开展批评与自我批评，让人民参与监督；三是开展反对贪污、浪费和官僚主义的专项斗争，纯洁党的队伍并带动了社会风气的好转；四是大力倡导艰苦奋斗，坚持勤俭节约，节俭建国，极力反对铺张浪费。

第四，从中共八大结束到“文化大革命”，是毛泽东廉政思想曲折发展的时期。“左”的错误导致在反腐倡廉的问题上存在“左”的倾向，但尽管如此，毛泽东始终不放松清廉政治建设，对腐败堕落问题坚决不容忍，加强廉政建设。

（三）毛泽东清廉政治思想与茶共融

毛泽东一生嗜茶，且善品茶。于浓浓茶香中品悟“廉、美、和、敬”的茶德，形成了“廉不言贫，勤不言劳，爱民不言惠，锄强不言威”的清廉政治思想。他的廉理与茶道融为一体，达到了以茶养廉、以茶明廉的境界。

1. 始终坚持艰苦朴素的崇高精神

茶长于深山幽谷，清香味微苦，为饮最宜“精行俭德”之人。茶文化是崇尚清正、俭朴的，“历尽艰辛成极品，自甘恬淡散清香”。毛泽东于日日啜饮品茗中，深悟茶文化“艰”“俭”的精髓，始终保持着艰苦朴素的作风，真正做到了“一杯清茶问古今，两袖清风为苍生”。

古语言，“不苦非茶也，苦后回甘即为好茶”。苦味是茶的本味，初入口苦涩，过后便是甘甜。长期品茶的毛泽东深谙此理，饮茶是苦尽甘来，我们的革命事业和社会主义建设事业也是如此，前途是无比光明的，道路是曲折的。因此他始终强调我们全党同志要吃苦在前，享受在后，时刻保持艰苦朴素的作风。他指出“艰苦的工作就像是担子，有的同志拈轻怕重，将重的担子留给别人，自己拣轻的挑，这是不好的态度。有的同志拣重的担子挑，吃苦在别人前头，享受在别人后头，这样的同志是好同志”。毛泽东高度赞扬这种艰苦朴素的品质，认为这是我们每个共产党人都应当学习的精神。

在全国解放战争前夕，毛泽东在七届二中全会上告诫全党：“因为胜利，党内的骄傲情绪，以功臣自居的情绪，停顿起来不求进步的情绪，贪图享乐不愿再过艰苦生活的情绪，可能生长……”他指出：“中国的革命是伟大的，但革命以后的路程更长，工作更伟大，更艰苦。”因此，“务必使同志们继续地保持谦虚、谨慎、不骄、不躁的作风，务必使同志们继续地保持艰苦奋斗的作风。”毛泽东以史为鉴，高瞻远瞩地向全党敲响了警钟，要求全党同志在胜利面前必须保持清醒的头脑，警惕资产阶级糖衣炮弹的攻击，始终保持艰苦朴素的作风。新中国成立之后，毛泽东也始终强调艰苦朴素的作风。1949 年 9 月，毛泽东在《共同纲领》中明确规定：“中华人民共和国的一切国家机关，必须厉行廉洁的、朴素的、为人民服务的革命工作作风，严惩贪污，禁止浪费，反对脱离人民群众的官僚主义作风。”同年 10 月，在给延安的同志们和陕甘宁边区的同胞们的回信中，毛泽东提到：“我希望，全国一切革命工作人员永远保持过去十余年间在延安和陕甘宁边区的工作人员中所具有的艰苦奋斗的作风。”在 1956 年的八届二中全会上，毛泽东再次指出“要勤俭建国，反对铺张浪费，提倡艰苦朴素，同甘共苦”。

毛泽东不仅在理论上提倡艰苦朴素，而且身体力行。无论是在革命战争年代还是在社会主义建设时期，他始终坚持着艰苦朴素的作风。

艰苦朴素，是毛泽东一贯的工作作风。在井冈山时，他吃着红糙米、喝着南瓜汤，和军民一道“做艰苦工作建立根据地”；在长征路上，“十二个月光阴中间，天上每日几十架飞机侦察轰炸，地下几十万大军围追堵截，路上遇着了说不尽的艰难险阻”，他带领红军爬雪山，过草地，长驱二万五千里；在抗日战争中，他指挥军队在敌人分割包围和经济封锁的情况下一面战斗，一面自力更生，坚持敌后抗战；解放战争时，他领导军民艰苦奋斗，依靠小米加步枪，用着手推车，硬是推出个新中国来；新中国成立以后，他依旧艰苦朴素，与人民同甘共苦。在毛泽东和共产党人艰苦卓绝的奋斗下，中国人民终于苦尽甘来。

艰苦朴素，亦是毛泽东提倡并始终坚持的生活作风。早在民主革命时期，他就提出“应该使一切政府工作人员明白，贪污和浪费是极大的犯罪”。他谆谆教导革命同志要勤俭节约，反对浪费，带头过紧日子。他自己也一直保持着粗茶淡饭的生活习惯，勤俭朴素，以茶明廉。毛泽东爱茶，早起第一件事便是喝茶。他有着自己独特的饮茶习惯，一般一杯茶在泡上两三遍之后，他便会用手指将茶杯里的茶叶抠出来吃掉。这是毛泽东青年时期喝茶养成的俭朴习惯。他认为茶叶像青菜一样也有营养，而且还能提神，扔掉就浪费了。毛泽东也喝隔夜茶，前一天晚上的茶叶，第二天早起再泡，如此一来更加节约茶叶了。毛泽东嗜好品茶，在茶具上却没有丝毫的奢侈和浪费。毛泽东逝世后，大家在清理主席遗物的时候，发现主席只有几个兰花茶杯，连个像样的茶壶也没有。终生爱茶的毛泽东，茶具却如此简陋。这种艰苦朴素的崇高精神境界深深地撼动了在场的每一个人。

艰苦朴素的作风是毛泽东清廉思想的一个重要方面，也是检验是否实现清廉政治的一个重要标准。毛泽东在品茗之间铭记艰苦朴素的品质，并知于心，践于行。

2. 始终坚持不搞特权的伟大品格

“一大开门七件事，柴米油盐酱醋茶”。茶作为国饮，已融入百姓的日常生活中。清茶一盏，雅俗共赏之。毛泽东自小接触茶，经常以茶待客、以茶会友，在茶香袅袅中品味浸润在茶杯中的平等。众生平等一盏茶，毛泽东始终与人民站在一起，密切联系人民群众，不搞官僚作风，不做官老爷。他反复强调“我们一切工作干部，不论职位高低，都是人民的勤务员，我们所做的一切，都是为人民服务”，不能因为自己是领导身份，对革命有功，就大搞特权，谋取私利。

搞特权，是毛泽东最深恶痛绝的事情。他认为“共产党员在政府工作中，应该是十分廉洁、不用私人、多做工作、少取报酬的模范”，他们只有勤勤恳恳为人民服务的义务，没有搞特殊化、谋取利益的权利。为了防止党的干部，特别是高级干部搞特殊化，脱离群众，毛泽东在七届二中全会上提出了六条规定：一不做寿，二不送礼，三少敬酒，四少拍掌，五不以人名作地名，六不把中国同志和马、恩、列、斯平列。在 1953 年的夏季财经工作会议上他又重申了这六条，防止党性腐败变质。

毛泽东始终坚持做人民忠实的公仆，不搞特权，即便是生活中细小的事情，他也恪守这一精神。那时候中央领导开会有个规定：白开水免费提供，喝茶要自己掏钱买。毛泽东在人民大会堂参加公务活动时经常自带茶叶，有时忘带茶叶而喝了公家的，也都是按“一杯茶，一分钱”从稿费里扣。

毛泽东自己不搞特权，也不允许家人亲友享受任何特权。他关爱子女，但始终坚持原则，不利用手中的权力为子女谋取任何利益。他的儿子毛岸英苏联毕业后回到农村锻炼，从基层做起；抗美援朝期间，毛泽东派毛岸英赶赴前线，他说：“谁叫你是毛泽东的儿子！我们的纪律，你不遵守谁遵守。”在他看来，毛泽东的儿子就是应该带头遵纪守法，不容许有丝毫特权。他的女儿李讷考入大学后，毛泽东严禁小车接送，并要求其吃大食堂。有一次李银桥悄悄给李讷几块饼干，毛泽东知道后，声色俱厉道：“三令五申不要搞特殊化，为什么还要搞特殊化?”“我的孩子一块饼干也不许送!”

毛泽东对待亲友也是如此。新中国成立之初，不少亲友希望毛泽东帮忙介绍工作，毛泽东“一律谢绝”。他的妻兄杨开智要求来京工作，毛泽东写信回复道：不要有任何奢望，不要来京，听从政府分配的适合工作能力的岗位。他的表兄文南松也曾提出为文运昌安排工作，毛泽东回复道：“不宜由我推荐，宜由他自己在人民中有所表现，取得信任，便有机会参加工作。”他极其反对封建社会“一人得道鸡犬升天”的裙带关系，即便身居高位，也不利用权力为亲友谋半点私利。他认为自己作为“主席，是革命的需要，要替人民办事。过去的皇帝一上台，亲戚朋友跟着沾光，鸡犬升天，亲戚当皇亲，喊国舅皇姑，骑在人民头上耀武扬威。我们是革命者，不能搞打虎亲兄弟那一套，革命的目的就是要解放工农劳苦大众，为人民服务，为大多数人谋福利”。

毛泽东从茶道中体悟众生平等，并模范地践行，不搞特权，始终密切地联系人民群众，为人民谋利益。

3. 始终坚持身先垂范的行动准则

“身先士卒先垂范，打铁还得锤头硬”，毛泽东十分重视领导干部对清廉政治建设的表率作用，严于律己，身先垂范。在他长期的政治生涯中，凡是要求同志们做到的，毛泽东总是身先士卒，起表率作用；凡是禁止同志们做的，他自己首先带头不做，在全党树立了身先垂范的标杆。尤其是在廉政建设方面，毛泽东不仅大力提倡廉洁奉公，而且身体力行，率先垂范，为清廉政治建设树立了光辉的榜样。

毛泽东爱茶，但从不白白接受人民群众送的茶。20 世纪 60 年代，与毛泽东私交甚笃的著名民主人士黄炎培先生到龙井茶的产地杭州梅家坞参观制茶过程。黄炎培知道毛泽东最爱饮西湖龙井，曾赞曰“龙井茶泡虎跑水，天下一绝”，便想买一罐龙井茶带给毛泽东品尝。茶场同志听说后，精心挑选了上等茶叶，并坚决拒收茶钱。黄炎培只得将茶叶带回北京，并写信向毛泽东说明了茶叶的来由。毛泽东收到茶叶后委托别人将这罐上好的龙井茶还给梅家坞茶场，并向茶场同志们表达了自己的谢意。

毛泽东自身作风清廉，以身作则，也告诫身边的同志要保持廉洁，杜绝收送礼品现象。1959 年庐山会议期间，毛泽东听闻身边工作人员收受了地方送来的茶叶等礼物，会后立即布置整风，对工作人员也进行了大刀阔斧的调整，并用自己的稿费对地方做了经济赔退。

早在新中国成立初期，地方上常常向北京送一些土特产，请中央领导同志品尝。周恩来总理就特地召集各省的负责人开会说：“我根据毛主席的意见，找你们来谈，各地向中央赠送土特产的做法是不好的，这是劳动人民辛勤劳动生产出来的果实，我们白吃，这种风气要不得。以后你们谁送东西来，我们一定原封不动退回，而且要批评。”根据毛泽东的指示，贵重礼品一律交公，不宜保存的土特产品，或转送幼儿园，或拿到机关食堂，有的送到人民大会堂招待外国客人。瑞士总统送了全金表两块，当时把这两块金表给毛泽东看，问他是否留下，毛泽东说：“这种礼品不能要，我是代表人民的，这种礼品不能收，一定要送仓库。”

尽管毛泽东多次强调不许地方送礼，但由于湖南人民对毛泽东有着一层更深厚的乡情，依旧会送上些湖南的特产茶叶，如君山毛尖、安化黑茶等。毛泽东对故乡也有着浓浓的眷念之情，因此，对湖南送特产的行为没有予以批评，但是他仍然坚持原则，分文不少地把钱寄去。他经常说："要是我生活上不检点，随随便便吃了拿了，那些部长们、省长们、市长们、县长们都可以了，那这个国家还怎么治理呢？"

毛泽东时刻要求自己以身作则，事无巨细地严格要求自己和亲属，给全国人民留下了深刻的印象，为形成良好的社会风气起到了模范和带头作用。"欲影正者端其表，欲下廉者先自身"，他也要求共产党员在廉政建设方面起模范带头作用。"其身正，不令而行"，领导干部的身先垂范对下级来说是无声的命令和鞭策。领导干部要时时刻刻保持清廉作风，率先垂范，只有带好了头，我们的廉政建设才能取得实实在在的效果。

4. 始终坚持一心为民的执政理念

我国是个农业大国，农业在国民经济中占据重要位置，关乎人民群众的生活和国家的长治久安。毛泽东不仅出生农村，而且在实践中掌握我国农村的实际情况，同时，高度关心我国农业的生产、农民的生活、农村的发展，带领我们党在充分调研的基础上提出和制定了一系列利于发展农业和繁荣农村的政策。这些政策对于刚刚从战火中走来的新中国具有战略意义，创造了大量的基本生活物质，满足了人民群众的基本生活要求。

毛泽东心中时刻装着人民，他反复强调，我们做计划、办事、想问题，都要从6亿人民的利益出发，任何时候都不能忘记这一点。在20世纪的50年代，毛泽东亲自制定《全国农业发展纲要》，保护农民的利益，并对我国农业生产提出了奋斗目标与具体指导。该纲要对农作物的种植做出了具体要求，并对畜牧业、林业等进行了全面的规划。之后，毛泽东明确提出要努力发展十二项生产，实行农、林、牧、副、渔五业并举的方针。其中，茶叶生产与人民日常生活密切相关，也被正式列入党和各级政府领导农业生产的重要议事日程。

1958年1月，毛泽东亲自起草了《工作方法六十条（草案)》，将陕西省商洛专区每户种一升核桃这件事写进此文，并要求将此经验推广到种植果木、桑、柞、茶、漆、油料等经济林木方面。1958年9月，毛泽东在安徽舒城县舒茶人民公社视察时，亲自察看公社的展览室和茶叶初制厂，深入考察当地的生产和生活情况，并指示说："以后山坡上要多多开辟茶园。"这么短短的一句话，就科学地指明了我国茶叶种植的选址问题，有力地调动和鼓舞了产茶区的人民群众积极投身到社会主义波澜壮阔的茶叶生产基地建设的热潮中去。经过十几年的茶园建设，我国的茶园面积也由1958年的524亩发展到1976年的1500亩，进一步确立了产茶大国的地位。

1963年5月，毛泽东在杭州刘庄负责《农村工作若干问题决定（草案）》的起草工作。工作之余，他和身边的工作人员一起，曾亲自到茶园采茶。在咀嚼自己刚摘的茶叶时，毛泽东笑说"茶叶是个宝。龙井茶泡虎跑水，天下一绝"。毛泽东十分关心茶叶的生产状况，在采茶过程中，他耐心地向身边的工作人员询问当地龙井茶的种植情况，并关切地指出："浙江茶叶资源丰富，出龙井茶、高山茶。这个茶叶是杭州龙井茶，是有名的茶叶，你们要管好。"还说："茶叶是个宝，多吃有好处。茶叶可以治病，帮助消化、清凉，可以提精神。"

毛泽东酷爱喝茶，但在经济困难时期，他省吃俭用，毅然放弃喝茶，与人民携手共渡难关。1959年，毛泽东南下视察，10月到达杭州刘庄，各地有关灾情的文件、电报接踵而来。山东、安徽、河南的灾情较为严峻，甚至有个别地方出现百姓饿死的现象……。毛泽东看着文件，眼泪顺着脸庞流下来，他声音哽咽地对身边的工作人员说："全国不少地方遭了灾，许多老百姓在挨饿，我们是不是不吃肉，不喝茶了？我们带个头好吗？"这次在杭州，毛泽东始终没有喝过茶。毛泽东对百姓冷暖的牵挂，怎么不让人敬佩？

毛泽东关心农业、农民、农村，不仅体现在他的言语上，更重要的是付诸行动，把利于农业、农民、农村和国计民生的政策上升到国家开展农村工作的制度，这就使农村工作具有制度性和连续性，能促进农村经济的繁荣发展，创造出更多生活物质，提高国民的生活水平。

（四）艰苦朴素：毛泽东清廉政治思想与茶共融的历史启示

毛泽东把毕生献给了祖国的革命和建设事业，带领全国各族人民取得了新民主主义革命的胜利并为社会主义现代化建设打下坚实的基础，将永远活在中国人民的心中。他对茶的关切和关注以及与茶之间的故事，充分展现了一位无产阶级革命家和社会主义事业建设领导者的高尚风范，是中华民族历史传承中的一份极其宝贵的精神财富，对社会主义现代化建设具有深远而重要的历史启示。

以身作则贯彻毛泽东的一生，他始终坚持艰苦朴素、生活俭朴、粗茶淡饭。凡是到韶山参观过毛泽东生活馆的人，无不为毛主席的艰苦朴素、清正廉洁所感动。一件睡衣，毛主席用了几十年，睡衣上的补丁有30多个。一双拖鞋被卫士当垃圾扔了，他又捡回来。毛主席到人民大会堂参加公务活动，都是自己带茶叶，有时忘记带茶而喝了大会堂的招待茶，过后都要照价付费。

毛泽东始终强调勤俭节约、反对浪费，并以身作则，率先垂范。他曾语重心长地说："勤俭节约和反对浪费是我们党的一贯方针和优良传统，什么时候都不能改变！"毛泽东所讲的勤俭节约和反对浪费所囊括的内容不仅局限于粮食、金钱等，他亦很重视对时间、资源和人力的节约。这点在他各个历史时期的讲话、著作和实践中，都有特别强调和体现。

虽然经过几十年的改革开放，我国取得了举世瞩目的成绩，但同时也面临各种挑战和困难，要想破解这些时代难题，艰苦朴素的优良作风就一定要得到大力弘扬。艰苦朴素是中华民族的传家宝，也是中国共产党百年来在民族革命和社会建设中取得成就的关键所在。毛泽东无论是在革命年代还是在取得革命胜利的年代，都依然保持艰苦朴素的优良作风，起到了很好的表率作用。因此，在新时期，艰苦朴素精神不仅不能丢弃，而且还需要得到大力弘扬，唯有如此，中国才能更好地破解时代难题，中国梦才会早日实现。

改革开放以来，我们党也继承和发扬了毛泽东倡导的艰苦朴素的优良作风。邓小平反复告诫全党同志："中国搞四个现代化，要老老实实地艰苦创业。"江泽民也反复指出："艰苦奋斗是我们党的优良传统，在改革开放的新形势下必须继续发扬光大。"党的十六大召开不久，胡锦涛总书记在西柏坡学习考察时号召全党要坚持发扬艰苦奋斗的优良作风，为党和人民的事业长期艰苦奋斗。2006年3月，胡锦涛总书记在论述社会主义荣辱观时特别强调，要引导广大干部群众特别是青少年以艰苦奋斗为荣，以骄奢淫逸为耻。2012年12月4日，习近平总书记主持召开中共中央政治局会议，审议通过了中央政治局关于改进工作作风、密切联系群众的八项规定。八项规定要求厉行勤俭节约，继续发扬艰苦朴素的工作作风。

艰苦朴素是一个历久而常新的话题，在不同的时代，艰苦朴素有着不同的要求、不同的表现形式，但内涵和本质都是一样的。在我国正处于急剧社会转型和全面建成小康社会的关键之际，艰苦朴素精神仍具有重大而现实的意义。

艰苦朴素是社会主义现代化建设的现实需要。社会主义现代化建设是伟大的事业，也是一项全面而持久的事业，唯有始终保持艰苦朴素和奋发向上的精神，社会主义现代化事业才能顺利推进。在进行社会主义建设初期，我国物质贫乏，条件艰苦，任务艰巨，全国各族人民在中国共产党的领导下，发扬艰苦朴素精神，才取得了今天的成就，但距全面建成小康社会和实现中华民族伟大复兴还有很长的路要走。今天各方面的条件改善了，但艰苦朴素精神不但不能丢弃，而且还要继续弘扬，靠着艰苦朴素精神，中国特色社会主义事业才能取得更加辉煌的成绩。当前，我国正处于社会急剧转型和改革开放持续深入的阶段，艰苦朴素精神是破解时代难题和困境的精神支撑。在艰苦朴素精神引领下，我们有理由、有信心，一定能够攻坚克难，建设我们美丽的家园，振兴民族，繁荣国家。

艰苦朴素是我国基本国情的必然要求。虽然改革开放以来，我国坚持以经济建设为中心，一心一意谋发展，取得了骄人的业绩。但由于我国的基本国情，我们在发展中也碰到了瓶颈和困境。我国是一个人口大国，资源分布不均，人均资源少，底子薄弱，发展也不平衡，还有较多贫困地区和贫困人口。这样的国情决定我们必须坚持艰苦朴素。

艰苦朴素是社会主义精神文明建设的需要。社会主义建设事业是全面的，物质匮乏不是社会主义，精神空虚也不是社会主义。艰苦朴素有助于建设社会主义精神文明。一是利于遏制奢靡享乐之风。经济发展了，物质比以前极大丰富，很多人逐渐抵制不住物质的诱惑，开始崇拜个人主义和享乐主义，造成较恶劣的影响。其中还不乏党员干部，他们为人民服务的意识淡化，私欲、物欲不断膨胀，步入奢靡堕落的队伍。倡导艰苦朴素有助于遏制这种风气。二是可引导民众追求健康生活。健康的生活是多样需求均衡满足的生活。经济发展了，生活水平得到了提高，我们理应吃好穿好，但并不是说我们就可以不节制节俭。健康是物质和精神的双重需求都得到满足，生活条件改善只是物质上的脱贫，如果精神仍然缺失，也称不上幸福和健康的生活。近些年，我们只注重物质上的脱贫，精神需求没有得到足够重视。因此，大兴艰苦朴素之风，既是抵制物质诱惑、抵制浮华的需要，也是精神文明建设和健康生活的需要。三是放眼整个人类的需要。人类具有无穷的探索和创新能力，科技进步可以促进物质的极大丰富，地球也可以满足人类的需要，但不能满足人类的贪婪。因此，不管社会发展到了何种地步，我们都没有理由浪费，更不能超前消耗子孙后代的生存空间。始终坚持艰苦朴素是我们的职责，也是对子孙后代负责的要求。

四　毛泽东饮茶史简介

（一）毛泽东之饮茶方式

毛泽东的一个习惯是吃茶叶，毛泽东认为茶叶像青菜一样也有营养，全吃下去是理所当然的事，所以每天不论换几次茶叶，他必然将残茶抠到嘴里吃掉。他也曾说："饮茶与健康的关系甚为密切，长期喝茶的人，高血压和冠心病的发病率较低。长期饮茶还能使血压和胆固醇下降。茶叶有这么大的药效，为什么不把它全部吃掉呢！"现在人们都说喝隔夜茶有害，不利于健康，可毛泽东不是这么想的，睡前喝的那杯茶不倒掉也是毛泽东的一个习惯，在起床后加点开水照喝不误。这是毛主席青少年时期在湖南家乡就养成的习惯，这不仅是一种节俭的美德，也有益于他的身体健康。

（二）毛泽东的养生有道

毛泽东常说："我就是这个命，喜欢吃粗粮。"对于饮食，毛泽东的主食基本上是选择粗粮，他已经长期养成了吃糙米的习惯。革命战争年代，毛泽东创造了一种叫作"八宝饭"的粗粮，即把大米、小米、玉米、小麦、大豆、绿豆、蚕豆、红薯等主杂粮混在一起煮成清香可口的干饭。毛泽东认为经常吃这种干饭，第一能永远铭记战争年代的艰辛生活，第二吃点五谷杂粮是有利于身体健康的。保健医生在新中国成立后考虑到他的营养需要，提出购买一些较好的菜肴。毛泽东皱起眉头说："要开国宴呀！你这些名贵菜，价钱肯定贵，可贵了不见得就好，不见得就有营养。依我看，人还是五谷杂粮什么都吃为好，小米就是能养人。小地主、富裕农民都比大资本家活得长，你信不信？”

爱吃红烧肉也是毛泽东的一大喜好，但从不多吃，只有他感到“馋”了，便吩咐一声：“来碗红烧肉，补补脑子。”在延安和解放战争时期，每当前线打了胜仗，他总要对卫士说：“想办法搞碗红烧肉好吗？要肥一点的，让我养养脑子。”当毛泽东年过花甲时，江青吩咐厨房不要做红烧肉，因为怕他吃多了血压增高。但是时间长了吃不到红烧肉，毛泽东就亲自下厨，幽默地问：“怎么？是不是最近张区（炊事员）没有赶集？”在这种情形下，炊事员小张只好按他的要求去做。毛泽东不仅喜欢吃红烧肉，而且也喜欢蔬菜，他曾经说庭院也可以种些蔬菜。他喜欢吃各种蔬菜，脑子里有一本蔬菜字典，北京地区什么时候有什么品种的蔬菜，什么时候吃，他心里都一清二楚。他有时在餐桌上未见到本季节的蔬菜，就会到厨房说：“怎么采购员同志又落在时间后面了？”当他看到住地的庭院里种了很多花草，便对工作人员说：“我们的国家还很穷，这么多的空地荒着多可惜。……如果种些蔬菜、瓜果和果树，既能……美化庭院，又能……增加经济收入，改善伙食，何乐而不为呢？”①

在笔者看来毛泽东是一个随性之人，他的生活不拘性情，很少去刻意追求长生之道，他的一生磨难颇多，但却活到了83岁的高龄，我们不得不说他是位高超的长寿者。在日常生活中，毛泽东的饮食除了有科学性也迎合他自己的个人喜好，例如他饮食简单，只求饱腹，他爱吃粗粮，也爱吃红烧肉，爱吃辣椒，可以说是很好地适应了自己的健康需求。当然除了饮食，在其他方面毛泽东也讲求养生之道。

首先是体育锻炼。孟子有云：“天将降大任于斯人也，必先苦其心志，劳其筋骨，饿其体肤，空乏其身，行拂乱其所为，所以动心忍性，增益其所不能。”毛泽东身高1.83米，有着强健的体魄。他曾说，无论是做学问还是强身健体，都“要学树木与风雪做斗争，不学花草向风雪屈服”。不得不让人联想到这位伟大的领袖在漫长的人生道路中，拥有一个健康的身体就是为更好地指导革命的胜利。毛泽东有洗冷水浴的习惯，他认为：“冷水浴足以练习猛烈与

---

① 陈冠任：《毛泽东健康之道》，中共党史出版社，2009，第54～57页。

不畏，又足以练习敢为。”每日清晨，他都会到井水边打水冲洗，接着会做几节体操，活动活动筋骨，这个习惯一直保持多年。新中国成立以后，毛泽东年纪大了，虽然不再用冷水淋浴，但他也坚持不用过热的水。他说：“一个经常注意锻炼身体的人，便不会为风雪的寒威所吓倒。我练习过冷水浴，现在年纪虽然大了，冬天也还可以不用热水洗澡，小小的寒冻也还经得住。锻炼的确是重要的事情。”除了冷水浴毛泽东年轻时还进行过风浴、雨浴、雪浴。他也喜欢散步。当然最值得一提的是游泳，这项运动是他从孩童时期一直延续到晚年的运动。我们不能不感叹这位伟大领袖养生有道。

其次是娱乐活动。娱乐，不仅是单纯的取乐活动，它也是一种具有抒发情绪、培养思维、保持身心健康等多种功能的活动项目。毛泽东，也是一位凡人，也有自己的兴趣爱好。而在工作之余的娱乐活动，不仅有利于劳逸结合，更好地提高效率，也能美化人的心智，对身体健康和心理健康起到很好的促进作用。说到毛泽东的娱乐，首先是读书。毛泽东一生最大的爱好就是读书，终身与书相伴。他曾说：“饭可以一日不吃，觉可以一日不睡，书不可一日不读。”可见他对读书情有独钟。读书不仅是增长知识的过程，更能陶冶情操，给人以美的享受。读书是毛泽东一生最大的快事，直到逝世前几小时，他还示意工作人员为他读读书，脸上仍然会浮现会心的微笑。此外不得不提的是毛泽东酷爱诗词。从少年时期他便开始写诗，一生之中作品无数。毛泽东的诗词或大胆新奇，或雄浑壮阔，或深刻精辟。古人认为，吟诗作赋等活动能够陶冶人们的情操，培养很好的性情。毛泽东的诗词大多表现出一种不受拘束、大胆勇敢、坚忍不拔之气。他喜欢李白的诗词，认为其文采奇异，气势磅礴，有脱俗之气。因此，他的这一喜好也很好地将他的情感淋漓尽致地发挥了出来，无论在战争年代还是和平时期，都变成一种强大的精神力量，给人以正能量。养生学也认为情绪的宣泄能够使肺脏清爽，脉通气顺，达到健康怡性的目的。

（三）茶是毛泽东的养生之宝

喝茶是毛泽东除吸烟之外的又一大嗜好。睡觉醒来他常常洗漱后就开始喝茶，一边喝茶一边看报，一小时后才开始吃饭，然后继续一天忙碌的工作，因此他每月喝掉三四斤茶叶是常事。爱喝绿茶是毛泽东的一大特点，西湖龙井要味浓、温热，每年身边工作人员都要代他向杭州定购西湖龙井茶，他外出开会视察的时候也都是自带西湖龙井茶。[①] 毛泽东第一次出访苏联是在 1949 年 12 月 16 日至 1950 年 3 月 4 日。莫斯科的早餐一般有牛奶、面包、鸡蛋、黄油、沙拉等，毛主席唯独不能接受牛奶，于是，工作人员按照他的老习惯换成了一杯茶，使他能正常开始一天的生活。

五 毛泽东外交与茶

（一）新中国成立前的毛泽东外交与茶

喝茶，是毛主席的一大嗜好，其身边的工作人员说，主席喜欢喝茶，甚至会吃茶，并对茶叶历史和茶文化也十分熟稔。早在新中国成立前的延安时期，毛主席就已开始了独立的外交探索，为最大限度地实现民族解放，捍卫国家利益，做出了巨大的贡献。毛主席一生喜欢喝茶，新中国成立前的毛泽东在处理外交关系上也自然不会缺少与茶相关的故事。这一时期，毛泽东在延安杨家岭窑洞前的地坪上，先后会见过外国朋友斯诺、斯特朗、史沐特莱等人，每次都是以茶相待，毛主席说他很少“享受”咖啡，钟情的仍然是中国茶。

1936 年，以美国记者埃德加·斯诺到中国苏区采访毛泽东主席为标志，揭开了延安时期外交活动的新序幕。斯诺来访期间，毛主席以清茶相待，为世界了解中国共产党及其革命打开了一扇窗。随后，世界新闻史巨著《红星照耀中国》的发表，让罗斯福等美国政要乃至世界了解了中共及其革命，中共领导人的名字开始为西方世界所知，开创了中共同美国合作的新篇章。

1937 年 2 月，美国著名女记者、社会活动家艾格尼丝·史沐特莱来访。史沐特莱与毛主席会面的时候，为其端上一杯热腾腾的咖啡。毛主席在品尝了一口之后，点头赞道：“好，好，比茶叶好喝。你们美国人很懂得享受嘛！”但实际上，毛主席一生中很少“享受”咖啡，他钟情的仍然是中国茶。而史沐特莱在中国一待就是 12 年，抗战初、中期，她目睹日本对中国的侵略，向

① 吴连登：《毛泽东饮食趣谈》，中央文献出版社，2012。

世界发出了正义的声音。

1946 年 8 月某日的傍晚时分，在延安杨家岭窑洞前的一块平地上，毛主席与美国著名女记者、作家安娜·路易斯·斯特朗围坐在石桌旁，宾主各一杯清茶在手，娓娓而谈。谈笑风生中毛主席发表了“一切反动派都是纸老虎”的著名论断。这一论断提出之后，随即在国内外传开，并获得了世界人民的认可，发挥了巨大的影响力。后来，斯特朗这样说：“毛泽东主席在十四年前的时候说‘帝国主义和一切反动派都是纸老虎’，如今这一论断已经成了具有历史意义的名言。”

（二）毛泽东的对苏外交与茶

1949 年 12 月，新中国宣告成立后不久，毛泽东主席第一次出访苏联。这次出访，被称作中国与世界关系的重建之行。在此次毛主席出访期间，也发生了很多与茶相关的趣事。

此次访苏之前，毛主席准备了极具中国特色的国礼，除了一批苏联紧缺的蔬菜水果、景德镇的陶瓷等外，还有浙江的龙井和安徽的祁门红茶等茶叶，各地名茶总量高达一吨。正如毛主席所说的，礼品不在于多，而是要能够代表我们国家的特征，这样的国礼肯定是会大受欢迎的。这些精心挑选的国礼，不仅真实反映了当时我国的国情，也第一次把中国名茶提高到了代表国家特征的外事礼品的地位。

此次访苏期间，毛主席不习惯莫斯科的早餐，特别是不习惯喝牛奶，依然按照他的习惯，早上需要饮用一杯热茶。在他访苏期间，苏联方面派了一位上校和两位中校、三位少校昼夜值班保卫毛主席，还派了司机、厨师、服务人员等为其提供周到的服务。某日午饭后，毛主席吩咐随行工作人员带上两瓶茅台酒、两盒龙井茶、两条湘绣被面等礼品前去感谢苏方工作人员。

在结束了长达两个多月的访苏任务后，毛主席乘火车从莫斯科回国。在途经苏联伊尔库茨克市的时候，毛主席特地下火车去该市茶叶加工厂进行参观访问。当时，中苏刚签署协定，苏联给予中国 3 亿美元贷款，协定特别指出以“茶叶”偿还贷款。因此，伊尔库茨克市的这家茶厂加工的茶叶主要是从中国进口的。在参观访问的过程中，毛主席注意到，不论是绿茶还是红茶，该厂全部都混合起来并加以粉碎，其后用袋包装并销售到苏联各地。毛主席对于这样的加工方式感到非常惋惜，在回到列车上以后，他说："真可惜啊！把那么好的龙井茶、毛尖茶与一般茶叶一起粉碎，不分良莠嘛！苏联人和中国喝茶的习惯大不一样，他们对中国的茶叶不分春茶、夏茶，也不分花茶、绿茶、红茶，全都混在一起压成粉末，这样就喝不出来茶叶的不同味道了，可惜了！"

（三）毛泽东的对美外交与茶

中美两国分别是当今世界最大的发展中国家和发达国家，由于历史原因，两国分属不同阵营，历史上曾经极端对立，直到1972年尼克松总统访华，中美才正式建立外交关系。自此以后，两国关系日益密切，相互合作越来越多。但是说到毛主席的对美外交，我们便不得不说一样东西——中国茶，它在中美外交史上起了重要作用。

1972年，时任美国总统的尼克松访问中国，打破了阻碍中美邦交正常化的坚冰。然而，此时选择哪一种茶叶作为毛主席的礼物送给尼克松，成了令外交部礼宾司的同志们感到棘手的难题。当时，龙井茶作为我国十大名茶中的代表，常被当作国礼赠送外宾。但考虑到此前美国国务卿基辛格访华时，周总理已经将龙井茶作为国礼相赠，且尼克松的总统地位高于基辛格的国务卿地位，同样，毛主席的地位也高于周总理，若此次再以龙井茶作为国礼相赠，显然欠妥。经过再三比较，唯有武夷山大红袍茶叶才能担此大任。最终，毛主席决定将四两重的大红袍茶叶作为国礼送给尼克松。然而，在尼克松收到这份国礼之初，觉得200克的茶叶量太少了。周恩来闻之，解释道："主席已经将半壁江山奉送了！"原来，这种茶极为珍贵，产自武夷山的"大红袍"母树，现今仅存三棵，数量稀少，每年产量不到500克，采摘困难、工艺复杂、滋味醇厚，有岩骨花香之美誉。尼克松总统了解后，方才恍然大悟，并对毛主席的传奇大礼肃然起敬，并对此深感荣幸。四两武夷大红袍茶叶，被毛主席选作国礼相赠，拉近了中美两国首脑的距离，也成就了一段大国外交的佳话。

1976年，尼克松再度访华，此时他虽已非总统，但毛主席依然按照总统的规格接待了他。这时的毛主席健康状况已经严重恶化，而他不顾病重，坚持与这位美国前总统举行会谈。尽管步履维艰，说话也有些困难，但毛主席的思想仍十分活跃，思维敏捷地与尼克松纵论国际问题，展望中美关系的未来。在长达 1 小时 40 分钟的会谈临近结束之时，毛主席颤巍巍地端起茶几上的青瓷茶杯，举了举，示意尼克松也端起茶杯。尼克松望着青瓷茶杯，有些愕然，一开始并未明白毛主席这个奇怪的举动。但他很快明白过来，也端起了青瓷茶杯，高高举起，热烈响应毛主席的外交创举——以茶代酒。

（四）毛泽东的对日外交与茶

作为中国的近邻，日本的许多文化都是由中国传入，并在此基础上进行发展演化的，其中很重要的一种便是茶叶和茶道。新中国成立后，本着维护亚洲与世界和平的美好愿望，毛主席着眼于中日两国人民的根本利益，提出重建与发展中日睦邻友好关系的目标，希望早日实现中日邦交正常化。然而，战后的日本政府无视毛主席伸出的橄榄枝，在美国的促压下，公然对我国进行各种挑衅，特别是 1952 年与台湾当局签订所谓“和平条约”，建立所谓“外交关系”，严重阻碍了中日邦交正常化的进程。

尽管如此，1957 年，毛主席还是委派时任农垦部部长的王震访问日本。这是抗日战争结束后，中国政府派出的最高规格的代表团。但是，中日两国之间没有建交，反华势力还在唱中日友好的反调。有人问王震，去日本怕不怕？毛主席代替王震回答了这个问题：他这个人没有怕的东西。王震在日本考察了将近两个月，创造了中国部长在国外停留时间最长的纪录。正是这两个月，王震看到了日本在农业方面，有许多值得中国学习借鉴的经验。

1972 年，日本首相田中角荣应邀来我国访问。毛主席会见了田中角荣内阁总理大臣，进行了认真、友好的谈话。9 月 29 日，两国政府发表了联合声明，宣布中日正式建立外交关系，自此结束了两国间长期存在的不正常状态。那时的日本，在农业方面有许多值得中国借鉴的经验，地膜覆盖技术正是在此时引入我国的。在此之后，地膜覆盖在茶叶生产中的地位和作用也日益凸显。地膜覆盖技术作为一项设施栽培技术，因其作用效果明显，使用简单，在农业中得到了广泛应用。地膜覆盖技术所具有的优点，基本上涵盖了茶树栽培各个阶段的技术要点，从茶苗繁育到幼龄茶园的管理再到低产茶园改造以及成龄茶园的栽培管理中，地膜覆盖技术都可以发挥其良好的作用，有着重要的推广价值。

（五）毛泽东对第三世界国家的外交与茶

古巴是拉丁美洲第一个同我国建交的国家，也是20世纪60年代唯一同新中国建交的拉美国家。1960年，“喝着马黛茶闹革命的英雄”——切·格瓦拉访问中国，向周总理提出了一个他认为是“最恳切”的要求——一定要见到敬爱的毛主席。他告诉周总理，这是他从古巴启程时，古巴革命领袖卡斯特罗对他的要求，也是他本人的热切期望。在了解了这一情况后，周总理爽快地答应了他的请求，并告诉格瓦拉毛主席也十分想见到他们，将会尽快安排会面。11月19日，毛主席在中南海接见了格瓦拉。然而，当这位盼望已久的革命领袖真正出现在格瓦拉面前时，他紧张得竟然连一句话也说不出来。倒是慈祥的毛主席先开了口：“切，你好年轻哟。”在接下来的会谈过程中，毛主席对格瓦拉其人以及古巴革命都颇具好感。当这位出生在阿根廷的年轻人端起茶杯，品味着中国的清茶时，不禁赞叹道：“啊！多么香的茶呀！这味道真像是马黛茶——阿根廷的马黛茶。”毛主席随即带着轻松、幽默的口气说：“你喝到家乡的茶叶味了，这说明你真的是到家了。”格瓦拉会心地开怀大笑。短短的几句交谈，毛主席便用中国茶和马黛茶拉近了双方的距离。在整个会谈过程中，毛主席都在巧妙地营造着这样一种轻松幽默的氛围。接着，毛主席又说：“我现在大概可以断定这样一个事实，你可能是世界上最年轻的国家银行行长了。”格瓦拉一边品着“中国的马黛茶”，一边答道：“可我是一位没有就读过任何一所金融学校和银行学校的银行行长。”毛主席则笑道：“是呀！你不是经济学家，又没有银行家的头衔，可你却是古巴革命政府的银行行长。全古巴的钱，现在都抓在你的手里，揣在你的口袋里哟！”就这样，双方热烈的谈话伴随着“中国马黛茶”的清香持续了很长时间。

20世纪五六十年代，非洲人民要求摆脱殖民统治的民族独立解放运动高涨。马里人民在经历了艰苦的斗争之后最终获得民族独立，马里随之成为非洲最早独立的国家之一，独立后立即与我国建交。马里气候炎热，茶能生津止渴，因此生活在高温气候条件下的马里人民养成了喝茶的习惯。而茶叶种植技术要求较高，马里独立之后，帝国主义国家断言马里人自己是种不出茶叶的。为此，毛主席派了经验丰富的福建茶叶专家前往马里，支援马里人民种茶。在中国专家的帮助下，马里人民仅仅花了 1 年的时间就将茶叶试种成功，又仅仅花了 3 年的时间，马里开采出了第一批茶叶，彻底打破了帝国主义国家的狂妄论断。毛主席播撒的茶叶种子在非洲的土地上生根发芽，与此同时，友谊的种子也在中非人民的心底生根发芽。

第三部分 中国茶产业发展区域报告

Part Ⅲ Regional Reports of the Development of Chinese Tea Industry

B.5 2012年福建省茶产业发展研究

何孝延*

福建是我国产茶大省，制茶、饮茶、贩茶历史悠久，源于汉、兴于唐、盛于宋，最早的文字记载见于南安市丰州古镇莲花峰的摩崖石刻“莲花茶襟太元丙子”（公元376年），比陆羽的《茶经》问世要早300多年。福建也是著名的特种茶产区，在全国占有重要地位，产制乌龙茶、绿茶、红茶、白茶四大茶类及再加工类的花茶，除绿茶外，均是福建首创。晋有文考，唐入茶经，四朝贡品；首创四茶，元始输外，茶盛文昌。可见闽茶在中国乃至世界茶叶发展史上的重要历史地位和文化价值。

一　2012年全省茶叶生产情况

近年来，在省委、省政府的高度重视下，福建着力优化茶类和茶树品种结

* 何孝延，福建省农业厅。

构，大力发展名优茶生产，建设生态茶园，提升产品质量水平，培育壮大龙头企业，打造知名品牌，积极拓展国内外茶叶市场，使茶产业得到了又好又快的发展。2012 年全省茶叶总产量达 32.1 万吨，居全国第 1 位；茶园面积为 332 万亩，居全国第 5 位；毛茶产值为 161.66 亿元，居全国第 1 位，分别较 2011 年增加 2.50 万吨、15.1 万亩、25.19 亿元，同比增长 8.4%、4.9% 和 18.5%。茶产业已成为福建农业和农村经济的新增长点，成为福建现代农业的新亮点，成为福建茶区科学发展、跨越发展的助推器。

从全年来看茶叶生产主要有以下几个特点：一是安溪等地闽南乌龙茶产销保持平稳态势，武夷山等地闽北乌龙茶处于上升通道，产销两旺；二是由于市场需求量加大，白茶生产量加大，价格有所上升；三是由于上年高档红茶库存充足，高档红茶加工量减少，红茶价格有所回落；四是劳动力和物化成本持续上涨，生产成本不断增加，导致生产加工茶叶比较效益降低。

二 2012 年开展的主要工作与取得的成效

2012 年，省农业厅根据福建省茶产业发展实际，以茶叶可持续发展为主线，按照“一稳定五提升”的工作方针，大力建设生态茶园，开展茶树种质资源保护与利用工作，培育和壮大龙头企业，打造知名茶叶品牌，努力加快产业化经营进程，重点抓了以下几个方面工作。

（一）宣传贯彻《福建省促进茶产业发展条例》，提升法制保障能力

历经三年多的充分调研与征求意见，2012 年 3 月，福建省人大常委会审议通过了《福建省促进茶产业发展条例》（以下简称《条例》），这是全国第一部茶产业地方性法规，于 6 月 1 日起施行。《条例》的正式颁布施行，标志着福建茶产业的发展进入了法制化轨道，意义重大。

为贯彻落实好《条例》，省农业厅于 2012 年 6 月 20 日至 7 月 20 日在全省组织开展了以“依法兴茶、健康发展”为主题的《条例》宣传月活动。各地

县级农业（茶业）管理部门深入基层，面向农户、专业合作社、企业开展宣传活动。通过宣传，提高了涉茶人员的法律意识，使他们树立起了发展绿色生态茶叶的理念。这对促进全省生态茶园建设，保障茶叶产品质量安全起到了积极作用，为福建省茶产业的健康发展奠定了良好的基础。

（二）制定标准，推广优新品种，提升发展科技水平

1. 制定省地方标准《生态茶园建设与管理规程》

随着茶叶生产不断发展，福建省首次提出了建设生态茶园的理念，但当时尚无配套的生态茶园建设标准。随着茶园生态栽培模式的不断发展，亟须统一规范生态茶园建设与管理，制定福建生态茶园建设与管理的地方标准迫在眉睫。因此，自2009年起，福建省农业厅牵头，联合福建农林大学等单位专家成立了标准起草工作组，收集相关茶叶标准，同时结合近年来福建省在承担现代茶业项目、茶叶标准化示范区建设和全国茶叶标准园创建中所取得的实践经验、技术总结等，由标准起草工作组组织有关人员对标准内容进行了讨论修订，形成了福建省地方标准《生态茶园建设与管理规程》（送审稿）。可以预见，标准施行后，将有效指导全省生态茶园建设，充分发挥茶园生态的自我调节功能，通过推广茶园综合生产技术模式，有效提高茶叶单产和产品质量安全水平，促进福建省茶产业可持续发展。

2. 推广引进新优品种，着力优化茶树品种结构

乌龙茶是福建省特色优势茶类，产量占全国乌龙茶的82%以上，然而铁观音品种所占比例过大，导致采茶高峰期集中、劳力紧缺、制优率低、整体效益差等问题。针对实际生产中所遇到的问题，近年来，省农业厅注重持续推进品种结构调整，加大力度推广高香型和制优率高、适制性好的茶树品种，合理搭配早、中、晚芽品种，适当引进台湾及其他省的优良品种，使福建省的茶树品种布局逐步向调优、调高、调特方向发展，并与各产区的地理气候、产业基础、加工茶类、市场取向相一致、相协调。2012年，省农业厅组织开展了《乌龙茶新优良种推广与应用》项目，通过推广新优乌龙茶良种及配套栽培、加工技术，创新生产设备，建立良种繁育基地，举办培训等多种手段，加大新优品种的推广力度，克服采茶洪峰期过于集中带来的负面影响，力图提高乌龙

茶品质，充分发挥新优乌龙茶良种的经济效益。目前，该项目已通过初审，正式申报农业部丰收奖。

（三）保护茶树种质资源，提升产业发展基础条件

福建省是茶树品种资源大省，素有“茶树品种宝库”之称。茶树优异种质资源是国家的宝贵财富，是茶叶生产利用、品种创新和生物技术研究的重要物质基础。自 2008 年正式启动实施福建省茶树优异种质资源保护与利用工程，至 2012 年底，34 个县（市、区）已建立保护茶树种质资源圃 5 个，确认需保护的原生无性系栽培种 24 个、有性群体种 18 个、野生（半野生）型茶树种质资源 13 个，建设茶树种质资源基因库 1 个。2013 年开展的主要工作：一是继续在全省范围内开展对野生半野生型茶树、优异群体种、原生种以及新选育品种的普查、认证与保护；二是对 2008 ~ 2012 年列入保护范围的种质资源和资源圃加强管护和开发利用；三是在全省茶树优异种质资源保护点开展资源立地条件和生物学特性观察工作；四是开展铁观音和福鼎大白茶种性跟踪检测及复壮优生技术研究，进行铁观音和福鼎大白茶茶树的 DNA 指纹图谱测定。

（四）实施重大项目，提升产品质量安全

1. 大力推进生态茶园建设

2008 年起，福建省组织实施了中央财政支持现代茶业生产发展资金项目，在安溪等 20 个茶业基础条件好、产业规模大的县（市），累计投入 3.27 亿元，带动县级及茶叶企业投入 8.99 亿元，共建设完成标准化生态茶园 38.9 万亩，辐射带动全省建设生态茶园 80 万亩。2012 年，福建省投入中央资金 9000 万元，在项目县（市）共建设 7.73 万亩生态茶园，根据不同茶叶产区的生态条件，在茶园内种树、套种绿肥、配套建设蓄水池、硬化茶园道路等，在提高茶园水土保持能力，开展茶园水土流失综合治理工作的同时，营造适宜茶树生长的地域小气候，增加茶园的生物多样性，改善并促进了茶园生态平衡，提高了资源利用率和茶叶产出率。

2. 开展茶叶初制加工清洁化改造工程

按照“初制厂生产环境清洁化、茶叶加工燃料清洁化、茶厂加工设备清

洁化、茶叶加工流程清洁化”的总体要求，福建省安排中央资金3000万元，改造150个茶叶初制厂，重点对车间内外及厂区进行整治，推广离地晒青、晾青技术与设备，推行不落地、连续化、自动化加工，并建立与完善加工技术规程，健全质量管理制度和加工档案，实现产品质量的全程控制，为产品质量安全提供保障。

3. 实施现代茶业加工项目

福建省安排省级资金3000万元，重点扶持51家龙头茶叶企业开展技术升级换代，发展清洁化生产，提高茶叶卫生质量水平，鼓励企业采购单台价格在10万元以上的生产加工设备，购置茶叶初制、精制或深加工成套生产线，并配置高端检测仪器设备。项目的实施，将有力促进福建省茶叶从传统产业向现代加工业的转变。

（五）抓好标准示范区建设，提升标准化生产能力

1. 抓好农业部茶叶标准园创建工作

根据农业部统一部署，省农业厅在安溪、武夷山、福安、寿宁、周宁、蕉城、诏安、永春、平和、大田、建瓯等11个全国茶叶重点区域发展规划县组织开展了标准茶园创建活动。通过标准园生产实现规模化种植、标准化生产、商品化处理、品牌化销售、产业化经营，促进全省园艺作物产业标准化水平的提高。根据《福建省标准茶园创建活动工作方案（2012年）》，各地加强组织领导、确保卫生质量、落实责任分工、做好考评验收等方面的工作，促进了标准园创建工作的开展。

2. 抓好省级茶叶标准化示范区建设工作

2012年，福建省在宁德、福安、平和、建瓯、永泰等5个市（县）开展了省级茶叶标准化示范区建设工作。各项目县（市）严把项目实施、工作指导、检查落实等各项工作，督促示范区项目建设达到预期目标。目前各县正按实施方案内容，重点做好推广生态栽培技术、推进标准化生产、建立质量安全管理制度、规范制作标牌、完善档案记录、推行可追溯生产制度等工作。

3. 举办闽台生态茶园建设技术观摩交流会

为学习借鉴台湾农民创业园在建设生态茶园及茶叶加工、经营等方面的好

的做法与经验，省农业厅于2012 年 5 月在漳平市召开闽台生态茶园建设技术观摩交流会，全省重点产茶县（市）的茶叶技术干部等共计60 多人参加了本次活动。参会代表先后实地参观了漳平九德农场开发有限公司有机茶园、台品茶业有限公司标准化生态茶园和鸿鼎农场开发有限公司茶叶标准化加工厂，交流了生态茶园建设的经验和做法。台湾茶农绿色种植、科学管理、精致生产的理念与技术给参会代表留下了深刻的印象。通过本次观摩交流活动，进一步提升了福建省茶叶技术干部生态茶园建设技术水平，为促进福建省生态茶园建设奠定了良好的基础。

三　2013 年发展重点

2013 年，福建省茶产业以提高品质，提高效益，提高产品质量安全为中心，以项目为载体，加强茶农技术培训，积极推进茶产业发展若干规定的实施，主要工作有如下几个方面。

一是贯彻条例依法兴茶。继续在全省各茶叶主产区宣传贯彻《福建省促进茶产业发展条例》，认真落实好中央和省里扶持茶产业的有关政策，着力抓好重大茶产业发展项目，打造福建茶叶特色品牌，推动全省茶产业在新的起点上实现新跨越、新发展。

二是推进生态茶园建设。依托中央财政支持福建现代茶业生产发展资金项目，在安溪、武夷山、福安等20 个重点产茶县（市）大力发展生态茶园，建设生态茶园5 万亩，辐射带动全省开展生态茶园建设。

三是提升质量安全水平。抓好标准化示范区建设，推广茶叶标准化生产。强化对茶农和茶叶企业主进行茶叶种植、加工、卫生质量管理等内容的培训，全面提高茶叶生产者的生产技术水平，逐步实行生产有记录、信息可查询、流向可跟踪、责任可追究、产品可召回、质量有保障的茶叶质量可追溯制度。

四是加大科技创新力度。对已征集保存的茶树种质资源进行保护性开发，争取在两年内，从原生有性群体种中筛选出 1 ~2 个省级茶树良种。充分利用征集保存的优异种质资源，应用杂交等方法，推进育种进程。力争在 3 年内，筛选出 1 ~2 个新品系，进入省级区试。

五是开展现代茶庄园试点。学习借鉴法国葡萄酒庄园在基地建设、质量管理、品牌保护、文化弘扬等方面成功的经验和做法，从 2013 年开始，每年建设 10 个现代茶庄园。茶庄园建设将突出生态观光、标准化生产、文化旅游等主题特色，发挥品牌优势，建立茶叶质量可追溯体系，构建以“庄园建设”带动产业发展的新模式。

六是组织开展全省名优茶鉴评活动。为推进福建省名优茶生产力度，促进茶叶提质增效，福建省农业厅计划于 2013 年春、秋季分别组织开展全省性名优茶鉴评活动。评比从全省名优茶评审专家库中抽取专家组成专家组，根据参评茶样类别，对茶样分茶类、分外形，按照《茶叶感官审评方法》（GB/T23776－2009）进行感官密码审评，同时按无公害茶叶标准对入围的茶样进行检测，检测结果不合格者将取消获奖资格。

B.6

2012 年浙江省茶产业发展研究

黄韩丹*

一 浙江省茶产业发展现状分析

（一）浙江省种植业发展现状

根据浙江省茶叶业务主管部门统计，2012 年底，浙江省拥有茶园面积约 277 万亩，同比增长 1.5%，占全国茶园总面积的 7.74%；茶叶产量为 17.2 万吨，同比增幅为 1.4%，占全国茶叶总产量的 9.77%；茶叶农业总产值为 129 亿元，比上年增长 27.8%，占全国茶叶农业产值的 13.53%。其中，名优茶产量为 7.5 万吨，同比增幅 5.6%；产值 114.4 亿元，同比增幅 22.90%；名优茶产值的增长大于产量的增长幅度，效益增加。

2012 年浙江省采摘茶园面积为 253 万亩，同比增加 6.0%。新茶园面积增加的速度有所减缓，2012 年浙江省开发无性系茶园 7.33 万亩，比上年减少 24.8%；换种改植茶园 3.51 万亩，面积增加明显，占当年新增茶园的 47.9%。

截至 2012 年 5 月 25 日，浙江省春茶产量为 7.6 万吨，产值为 95.6 亿元，分别同比增长 5.6% 和 15.0%；其中名优茶产量为 4.3 万吨、产值为 90.1 亿元，比上年同期同口径的 4.1 万吨、77.5 亿元增产 4.9%、增值 16.3%。春茶前期由于温度低、光照少，开采期推迟，生产季节与同期相比缩短近 15 天；明前茶由于供不应求及采茶工短缺、人工工资上涨的因素，名优茶价格均同比上涨 10% ~15%；春茶后期四五月份，天气平稳，雨水少，产量和产值增长快，弥补了春茶前期的损失。

---

* 黄韩丹，浙江农林大学。

（二）浙江省加工业发展现状

2012 年末，浙江省规模以上精制茶加工企业达 106 家，总资产达 67.41 亿元，同比增长 8.19%。2012 年 1～12 月，浙江省精制茶加工业共计实现销售收入达 81.78 亿元，同比增长 8.06%；利润总额为 4.61 亿元，同比增长 18.48%；行业毛利率为 12.94%。[①]

浙江省现有“国家级农业龙头企业”称号的茶叶企业 3 家，分别为浙江华发茶业有限公司、浙江省茶叶集团股份有限公司、浙江更香有机茶业开发有限公司。

2012 年底，浙江省农业厅下发通知，公布了第七批省级骨干农业龙头企业，新增四家茶企被批准为浙江省骨干农业龙头企业，分别为浙江久晟茶业发展有限公司、浙江省新昌县澄潭茶厂、浙江武义骆驼九龙砖茶有限公司、遂昌精诚茶业有限公司。

2012 年浙江省茶叶加工业发展的特点之一是多茶类生产进一步升温。据农业部种植业管理司的统计数据，2012 年浙江省绿茶产量为 16.2 万吨，同比下降 1.10%，红茶产量为 0.5 万吨，同比增长 275.94%，乌龙茶产量为 0.15 万吨，同比下降 2.15%。从数据上看，浙江省红茶增长惊人，生产规模大幅度扩大，很多茶厂已正式投入红茶生产。

2011 年杭州市生产红茶 150.25 吨，产值为 2290 万元，截至 2012 年 9 月，杭州市 7 个县市区 18 家企业生产红茶，其中 15 家为 2009 年后开始生产的。2011 年杭州市销售的名优红茶中，“九曲红梅”本地市场销售 10 吨，最高单价 5600 元/千克，大众消费平均价格在 110～120 元/千克。

2012 年浙江省多数茶区的茶叶企业恢复或创制红茶，产量不断增加。个别茶区已有企业小规模生产乌龙茶、黄茶和黑茶。多茶类的生产，能进一步优化茶类结构，促进茶叶资源的利用和增值。2012 年 6 月 30 日，浙江省茶叶产业协会红茶分会成立暨第一次会员大会在龙泉市举行，会员大会通过了红茶分会工作规则，按照省茶协的统一部署，切实履行分会的职能

---

① 中国茶叶流通协会。

和任务，充分发挥社会组织的积极作用，为浙江省红茶产业的规范、有序发展而努力。

2012 年 6 月，浙江省临安香雪茶业有限公司研制出了“龙井红茶”，产品既具有龙井茶“扁平光滑、挺直”的外形特征，又有红茶红汤红叶的特征，这项红茶加工技术获得了国家发明专利一项，为国内首创。利用春茶结束后的夏秋茶加工红茶，预计每亩茶园夏秋可生产龙井红茶 41.5 千克，市场零售价若达到 300 多元/千克，亩产值将增加 1 万多元。

2012 年 1 月，浙江绍兴市政府召开茶产业发展座谈会，提出了积极开发红茶，加大力度开发茶饮料、茶纺织品等衍生产品的建议。同时会上披露，由福建正山堂茶业有限公司、绍兴市农业局和诸暨绿剑茶业有限公司等六家企业共同出资成立了绍兴市会稽红茶业有限公司。

2012 年浙江黑茶开始在市场上崭露头角，如浙江骆驼九龙砖茶有限公司在 2012 年湖南益阳进行的第二届黑茶文化节上，凭借“红黑一号”和“金花茯砖”两款黑茶签订了 3000 多吨边销茶订单。

（三）浙江省茶叶出口现状

2012 年浙江省茶叶出口量为 15.53 万吨，同比下降 11.61%，占全国茶叶总出口量的 49.54%；出口额为 4.76 亿美元，同比下降 2.26%，占全国总出口额的 45.72%；平均单价为 3065 美元/吨，同比增长 11.44%。2012 年浙江省茶叶出口量和总额均有下降，但是出口产品质量上升，单价增长。出口茶类中，2012 年绿茶出口量为 14.92 万吨，同比下降 8.62%，出口额为 4.52 亿美元，同比增长 0.09%（见表 1）。

2012 年浙江省茶叶出口地区排在前十位的依次是摩洛哥（41857 吨）、乌兹别克斯坦（11511 吨）、毛里塔尼亚（11275 吨）、喀麦隆（7291 吨）、塞内加尔（6995 吨）、伊朗（6000 吨）、阿尔及利亚（5976 吨）、马里（5567 吨）、日本（4986 吨）、多哥（4750 吨）。

外销茶原料珠茶价格出现降低局面。据绍兴县反映，出口珠茶 2012 年产量与 2011 年同期持平，质量明显优于往年，但珠茶原料平均收购价却比上年降低 20%，出口珠茶原料生产再次面临考验。

表1　2005～2012年浙江省茶叶出口情况统计

年份	出口量(万吨)	占全国的比重(%)	出口金额(亿美元)	出口单价(美元/吨)
2005	16.19	56.49	2.58	1594
2006	16.75	58.42	2.91	1737
2007	16.61	57.39	3.18	1915
2008	16.70	56.23	3.64	2180
2009	16.22	53.53	3.80	2343
2010	15.52	51.30	3.94	2539
2011	17.57	54.48	4.87	2772
2012	15.53	49.54	4.76	3065

数据来源：浙江省农业厅、浙江省茶叶产业协会。

（四）浙江省茶叶市场发展现状

浙江省拥有中国最大的两个绿茶批发初级市场——浙南茶叶批发市场和新昌中国茶市，是中国重要的绿茶批发集散地。除此之外，浙江省其他产茶县市也在积极发展茶叶初级批发市场和终端批发市场，新建茶城及批发市场规模大，吸引了全国各地的茶叶厂商。

新昌中国茶市是浙江省人民政府的“省重点市场”，全省24个重点市场之一。2012年新昌中国茶市茶叶交易量为1.16万吨，交易额为23.33亿元，同比分别增长4.03%和13.8%；交易均价为201.77元/千克，比上年增长了10.46%。

2012年，浙南茶叶市场茶叶交易量达67758吨，交易额达31.3879亿元，同比分别增长21.21%、32.31%，年交易量、交易额双双创历史新高。2012年单月成交额最大的月份为4月份，达到105601万元，单月成交量最大的月份为5月份，达到21627吨。该市场的交易额、交易量均居浙江省第一位。

2012年3月20日，浙南茶叶市场由于其交易规模、管理模式、集散作用及其在浙南地区乃至全国茶叶交易市场中的巨大影响力，被中国茶叶流通协会评定为“全国重点茶市”。2012年底，经浙江省政府批准，浙南茶叶市场被确定为第二批浙江省现代服务业集聚示范区。浙江省财政厅、浙江省发展和改革委员会下发给浙南茶叶市场2012年省服务业发展引导财政专项资金补助30万元。

2012年3月，浙南茶叶市场质量IC卡（溯源管理系统）启动仪式隆重举行。松阳县拿出100万元的专项资金，为松阳县内外茶农免费办理“交易卡”，并且为市场内所有商家安装了“读卡器”。浙南茶叶市场内的每位茶农，在交易前需办理一张特殊的“身份证”——茶叶质量IC卡，凭卡才能进行“实名制”交易。IC卡采集茶农的姓名、手机号、身份证号和地址等信息，交易时，只需在商家安装的“读卡器”上刷一下即可导入信息。

通过IC卡对茶叶源头及交易行为进行跟踪，能对茶商交易情况进行统计，通过这种信息化的手段，希望能提升茶叶质量安全。浙南茶叶市场可以通过对交易信息的收集和统计，分析茶叶市场动态和需求，进而能更全面地了解茶叶市场行情。同时，交易系统还可以通过短信的形式发送茶叶种植、天气预报等信息。

（五）浙江省茶相关服务业发展现状

1. 茶楼茶馆业

浙江省茶楼茶馆数量多、规模大、经营模式多样，其中以杭州地区最为集中。2012年杭州有1200多家特色茶馆，其中在杭州市内注册的有650多家，农家茶楼有560多家，年营业额超过10亿元。近几年杭州茶馆不再以自助茶馆为主，而是以各种具有不同文化特质的茶馆为主体。杭州韵和书院位于运河边，以“书道、画道、茶道、花道、禅道”的“五道”中国传统文化构成其经营的主要内容；而门耳茶坊则为“六书者”（写书、编书、出书、买书、卖书、读书）提供交流和品茗的场所。

2012年9月，杭州市贸易局、浙江大学茶学系、杭州茶叶加工研究所、中国农业科学院茶叶研究所等单位的6位专家及茶楼协会工作人员，对杭州市第二批“星级茶楼茶馆”进行了考评，结果如下。

五星级茶楼5家：杭州湖畔居茶楼、杭州你我茶燕茶馆、杭州青藤茶馆（元华店）、浙江西湖老龙井御茶园、杭州新青藤茶馆。

四星级茶楼10家：杭州紫艺阁茶坊、杭州和茶馆、杭州陶陶居花园茶楼、西湖国际茶人邨、富阳市滨江茶楼、桐庐新茗茶馆、杭州西湖风景名胜区和茶缘茶庄、杭州城隍阁茶楼、杭州五道韵和茶馆、杭州钱运茶馆。

三星级茶楼17家：杭州虎跑饮源堂、杭州临安润古轩茶艺馆、西湖风景名胜区泊远居茶庄、杭州闻莺阁茶楼、杭州同一号清茶馆、杭州太极茶道苑、杭州心源茶楼（平海路店）、临安天目青顶茶楼、临安闲云堂茶馆、余杭区临平百岁坊茶楼、余杭区塘栖百岁坊茶楼、富阳市春江茶苑、桐庐枕石茶坊、杭州同香茶楼、杭州天目青顶茶馆、杭州老开心茶馆、杭州三润茶楼。

二星级茶楼10家：潮居茶会所、郭庄茶馆、西湖风景名胜区幼展茶庄、滨江区艺福堂茶馆、杭州西湖风景名胜区对对双人居茶楼、杭州西湖风景名胜区毅园茶庄、杭州西湖风景名胜区玉凤茶庄、杭州西湖风景名胜区大平茶庄、杭州西湖风景名胜区公展堂茶庄、杭州市润池茶馆。①

2. 茶业会展及茶事活动

浙江省人民政府与日本静冈县政府于2012年6月8～10日在杭州浙江世贸国际展览中心共同举办了"浙江省·静冈县2012绿茶博览会"。茶博会以"绿色、健康、合作、和谐"为主题，日本静冈县由川胜平太知事亲自率270多人的代表团参加。茶博会期间有绿茶及茶制品展示展销，现场演示中、日茶道以及西湖龙井茶和日本手揉茶制作技艺，同时还举行了绿茶国际论坛、茶乡游等多项活动。

2012年11月16～18日在杭州市浙江世贸国际展览中心举行了"国际（杭州）茶资源综合利用学术研讨会暨食品展示会"，活动包括茶资源综合利用衍生产品展示和学术研讨会。参加会议和展览的专家、厂商来自国内、日本、韩国和中国台湾等地，参展的茶衍生产品中包括各种茶饮料、茶酒、茶叶籽油、茶冰激凌、茶蜜饯、茶糕点等茶食品，含茶的纺织品、护肤品、卫生保洁除臭等茶日用品等。学术论坛上，中茶院张士康院长以科学、创新、健康为主题，做了题为《茶叶深加工副产物增值利用技术研究》的报告。

（六）浙江省茶叶科研发展现状

浙江是中国茶产业和茶文化研究机构最为集中的省份，每年举办多次国家级的茶产业相关活动及会议。杭州拥有茶叶界的八家"国字号"机构：中国

① 杭州市茶楼业协会。

茶叶学会、中国茶叶博物馆、中华全国供销合作总社杭州茶叶研究院、中国农业科学院茶叶研究所、中国国际茶文化研究会、农业部茶叶质量监督检验测试中心、国家茶叶质量监督检验中心、浙江大学农业与生物技术学院茶学系。

1. 科研机构及教学单位的现状

一是中国农业科学院茶叶研究所。中国农业科学院茶叶研究所成立于1958年，位于浙江省杭州市，是中国唯一的国家级茶叶综合性科研机构。下属机构包括：国家茶叶工程技术中心、国家茶树改良中心、国家农产品加工技术研发中心茶叶加工分中心、农业部茶及饮料植物产品加工与质量控制重点实验室、农业部茶叶质量监督检验测试中心、中国茶叶学会（国家一级学会）等。并建有中国农业科学院茶叶深加工中试基地和国家种质茶树资源圃，是全国茶树品种鉴定委员会的挂靠单位和全国茶树品种区域试验的主持单位。

中国农业科学院茶叶研究所是全国茶叶科技的创新中心和信息中心，建有4个重点科技创新团队：茶树资源与改良研究创新团队、茶树绿色栽培技术研究创新团队、茶叶加工工程创新团队、茶叶质量安全与检验创新团队。

二是浙江大学茶学系。浙江大学农业与生物技术学院茶学系是中国茶学重点学科，在茶叶科研、人才培养等方面具有悠久的历史和优势。2012年11月10日浙江大学茶学系已走过风雨60年，1000多名校友参加了庆典。

三是浙江农林大学茶文化学院。浙江农林大学茶文化学院是全国第一个本科性质的茶文化专业，每届招生两个班60人，学制四年，授管理学学士学位。学生来自全国各地，包括中国一些非产茶区的生源。专业培养具有良好人文素养和管理学与文化学知识，掌握茶制作与品评技术，具备以茶艺为核心的茶文化综合技能，并具有一定的茶品牌策划与茶文化国际交流能力的创新型与应用型人才。主要课程有文化学、基础会计学、管理学概论、市场营销学、文化产业概论、茶学概论、茶文化通论、茶的制作与分类、评茶与品茶、茶艺理论与表演、茶叶贸易、品牌管理等。2010年茶文化学院第一批毕业生30人顺利毕业，70%左右的毕业生从事茶叶相关工作。

四是浙江树人大学茶文化专业。浙江树人大学人文学院茶文化专业（专科），每届招生一个班45人。专业培养具有茶学、中国文化学与现代管理科学的基础知识，掌握茶艺、茶俗等技能和理论，具备茶产业文化策划和营销能力，熟悉茶文化产业经营管理的高素质茶文化专门人才。

2. 2012 年浙江省的茶业科技项目

浙江省拥有国家级的茶叶科研院所，是全国茶叶自然科学和茶文化交流的主要基地，承担的茶业科技项目数量多，科研水平处于全国领先地位。表 2、表 3、表 4 为 2012 年立项的国家级和省级的自然科学基金项目及省哲学社会科学规划项目。

表 2　2012 年浙江省国家自然科学基金立项的茶业相关项目

项目批准号	项目名称	负责人	依托单位	批准金额（万元）
31201138	基于微流体动力学的茶叶干燥机理研究	钟　江	浙江工业大学	22
81273060	胞膜窖/窖蛋白－1 在茶多酚调节细胞内脂滴自噬中的机制	叶晓蕾	温州医学院	70
81200039	儿茶酚抑素在大鼠间歇低氧性肺动脉高压发生发展中的作用及机制	范小芳		23
21277123	酯型儿茶素对膳食丙烯酰胺基因毒性的防护机制及降低其致癌风险的研究	章　宇	浙江大学	83
41201319	土壤中铅在茶树根细胞壁积累的分子机制	于明革		26
31201368	绿茶滋味品质的伏安型电子舌检测机理研究	韦真博		22
61201073	茶云纹叶枯病侵染叶片细胞壁多糖的拉曼化学成像机理及特性研究	李晓丽		27
31200521	利用人体“炎症－血栓网络”模型研究儿茶素的抗血栓作用机理	陈　萍		22
31272053	茶尺蠖幼虫唾液蛋白 Cc1H 和 Cc2H 在调控茶树防御反应的分子机理	孙晓玲	中国农业科学院茶叶研究所	80
31270734	茉莉酸甲酯诱导茶叶香气成分变化的机理研究	林　智		83

数据来源：国家自然科学基金委员会网站，http：//www. nsfc. gov. cn/——项目查询。

2012 年立项的国家自然科学基金项目中，浙江大学申报成功 5 个，科研经费总共为 180 万元；中国农科院茶叶研究所 2 个，科研经费总共为 163 万元；温州医学院申报成功 2 个，科研经费总共为 93 万元。项目类型中，茶叶植物生理的课题 2 项，茶与医学的课题 4 项，茶叶审评的课题 1 项，茶树病虫害的课题 2 项，茶叶加工的课题 1 项。

表 3　2012 年浙江省自然科学基金拟资助的茶相关项目

立项编号	项目名称	负责人	依托单位
Q12C130016	茶叶农药多残留的光声拉曼光谱快速解析与数据挖掘方法研究	乔　欣	浙江工业大学
Q12C200030	茶黄素和抗坏血酸联合诱导肺癌细胞凋亡的机理研究	李　伟	浙江树人大学
Q12C160025	儿茶素对人体血小板凝集调节因子的作用研究	陈　萍	浙江大学
R12C200003	绿茶多酚对膳食丙烯酰胺及其生物标志物基因毒性的防护作用及机制研究	章　宇	
Q12C160005	浙江茶叶主产区茶尺蠖抗药性分析及抗性机制研究	周铁锋	杭州市农业科学研究院
Y12B070031	塑料包装中邻苯二甲酸酯增塑剂对茶叶的污染水平及迁移规律研究	陈红平	中国农业科学院茶叶研究所
Y12C200035	茶籽皂甙中 3 - O - 糖链结构及其溶血活性构效关系研究	俸春红	
Y12H160044	ILK - ASODN、AD - Mda - 7 对前列腺癌细胞间隙连接通讯的影响及茶多酚调控机制的研究	杨幼萍	温州医学院
Z12C160014	β - 乳球蛋白 - 儿茶素类化合物纳米粒形成机理及活性增效研究	杜琪珍	浙江工商大学

数据来源：浙江省自然科学基金委员会，http：//www. zjnsf. gov. cn/——成果展示。

表 4　2012 年度浙江省哲学社会科学规划立项的茶相关课题

项目编号	项目名称	负责人	依托单位
12XKGJ10	民俗文化经济化及其业态模式研究：浙江茶文化的实证	苏祝成	浙江农林大学
12JCWW12YB	英国小说中的茶文化研究	马晓俐	浙江大学

（七）浙江省茶叶产业的特色和亮点

1. 中国茶叶拍卖交易服务公司的成立

2012 年 7 月，国务院正式批复同意浙江省组建中国茶叶拍卖交易服务公司，这是进入 21 世纪以来首家经国务院批准在地方设立并冠以“中国”字头的企业，也是国内唯一经国务院批准组建的茶叶拍卖交易公司。2012 年 11 月，浙江省供销社兴合集团和福士达集团共同出资正式注册成立中国茶叶拍卖交易服务公司。这个 2013 年总投资 18 亿元，规划建设用地 30 亩，建筑面积达8.5万平方米的现代化、综合性的中国茶叶拍卖交易服务中心已经选址完毕，并已在杭州市西湖区开工建设。

中国茶叶拍卖交易服务公司以茶叶现货拍卖交易功能为核心，以国内外贸易相结合、拍卖与展销同步、文化与交易融合为方针，打造公开、公正、权威、安全的国际化、现代化、智慧化的综合性茶叶拍卖交易、展销交易、品牌评价“三大平台”。公司的主要功能包括：茶叶现货拍卖、展示交易、市场信息交换、仓储与物流配送、指数形成、电子商务、茶文化展示交流、检测检验、科研人才培养和会议会展等。

2. 茶叶深加工及衍生产品开发

从全球茶业发展来看，茶叶已处于供大于求的局面，部分国家和地区的茶园面积还在不断增加。据预测，如果按现有茶园正常生产，到2015年，全国将有20万~30万吨茶叶库存，浙江省作为全国茶叶的主产区，茶叶库存的问题将更为严重。利用库存茶叶开发新产品和深加工产品，是解决茶叶库存和中低档茶的主要途径。因此，茶饮料、茶食品、茶保健产品、含茶日用化工产品、茶树油等深加工产品的开发，是浙江省茶产业转型升级的必由之路，是浙江茶产业发展的新增长点。

浙江省将重点提高茶叶资源综合利用率，推进茶饮料、茶食品及保健品、茶食品添加剂、饲料添加剂、茶日化用品等领域的茶叶精深加工产品开发和产业化经营。同时，对龙头带动作用突出的茶叶精深加工企业，浙江省及地方政府财政将给予重点扶持（《关于提升发展茶产业的若干意见》）。

2012年11月的茶资源综合利用学术研讨会暨食品展示会在杭州举行，这是国内首次关于茶综合利用的专业展会。展会上有各种茶饮料、茶叶籽油、茶酒、茶糕点、茶蜜饯、茶冰激凌等茶食品，还有含茶的纺织品、护肤品、卫生保洁除臭等茶日用品等。

2012年初，由中国农科院茶叶研究所和诸暨绿剑茶叶有限公司联合研发的茶袜子“茶之袜”成功上市，试验检测出茶袜的抑菌能力强于普通袜子。零售价20元一双的茶袜，第一批3万双在一周内被抢购一空。茶叶和袜子是浙江省诸暨市的重点传统产业，开发茶袜、茶叶毛巾和茶内衣等衍生产品，延长茶叶产业链，既有效地利用了夏秋茶资源，也为当地茶农在春茶结束后提供了就业岗位，闲置劳动力得到利用。[1]

安吉称兴白茶酒业有限公司的董事长王称兴研制了多年的白茶酒，2012 年终于正式上市了。利用安吉白茶作为原料之一进行酿酒，2008 年已获得国家发明专利，现在年产量 400 吨左右，每瓶售价在 100 元以上。

松阳县四款茶衍生产品在茶资源综合利用学术研讨会暨食品展示会上获奖，成为丽水市在国际展示会上获得的最高奖项。它们分别是浙江箬寮食品有限公司研发的“茶叶香肠”“茶叶年糕”分获科技奖和创新奖；浙江振通宏茶业有限公司研发的“速溶茶粉”获科技奖；松阳县诚天和食品有限公司研发的“茶叶熏腿”获创新奖。“茶叶熏腿”的创始人陈金富，利用茶农修剪下来的茶树老枝条熏火腿，熏制出带有茶叶清香的火腿，因此还进入了浙江省第三届浙江农民创富大赛 20 强。

3. 茶叶电子商务发展规模化

茶叶电子商务联盟是由中国茶叶流通协会发起，由北京华夏茶联电子商务有限公司、中国茶市电子商务平台、中国国际茶叶拍卖交易服务中心等 30 家单位自愿组成的合作联盟。联盟的宗旨为“以诚相联，以信为盟，合作共赢，引领发展”。目的是为消费者提供可信的茶叶电子商务营销服务体系，并推进茶叶电子商务的诚信体系建设、健康发展和深度应用。

2012 年 4 月 11 日，由中国茶叶流通协会和农业部信息中心主办的中国茶叶电子商务联盟成立暨中国茶叶电子商务高峰论坛在浙江省新昌县举行，标志着中国的茶叶电子商务行业开始步入诚信共赢、行业自律的时代。

茶叶电子商务 2012 年发展迅猛。2013 年 1 月 9 日阿里巴巴统计数据报告显示，2012 年的农产品销售额为 198 亿元，农产品相关销售网店达 26 万家，其中茶叶在淘宝网销量最大，日交易额超过 700 万元。电子商务在茶行业中的应用发展迅速，据网络统计，2011 年茶叶类产品在淘宝网上的销售额超过 20 亿元，同比增长了 75% 左右，3 年前这个数据还只有 2000 多万元。

淘宝上浙江省最大的茶叶电子商务公司——杭州艺福堂茶业有限公司 2012 年通过电子商务获得销售收入 1.3 亿元。2006 年，艺福堂公司（原东艺

---

① 《诸暨绿剑茶叶公司研发“茶之袜”》，《诸暨日报》2012 年 2 月 10 日。

茶业）正式开业，现在已在淘宝网、天猫商城、阿里巴巴、京东商城开发了销售平台并建立了独立的电子商务平台。艺福堂目前有4个茶叶加工厂，在全国茶叶主产区有6大合作基地，西湖龙井茶合作基地1000余亩，铁观音基地1400余亩，各类绿茶基地5000余亩，代用茶基地6000余亩。现今已建立了12个大型保鲜冷冻库，从源头上保证了茶叶的新鲜度。

4. 杭州市设立“全民饮茶日”

2012年3月30日，在杭州市第十一届人民代表大会常务委员会第三十九次会议上，审议通过了将每年农历的谷雨日设为杭州市的“全民饮茶日”的方案。这一方案的通过，将有利于倡导“茶为国饮”，进一步确立杭为茶都的地位，对发展杭州茶产业，弘扬杭州茶文化，增进全民身心健康，打造东方品质之城，具有十分重要的意义。

5. 泰顺县农信联社推行“茶农乐”贷款

每年春茶来临之前，有很多茶农或小型茶厂到处筹集茶叶收购款。银行贷款手续烦琐，且一般茶农不符合抵押贷款条件，常出现资金短缺现象。根据这一情况泰顺农信联社推出了“茶农乐”贷款。按该贷款政策，县内凡茶叶种植面积达2亩以上的普通茶农，符合泰顺联社相关信贷制度准入条件的就可申请5万元（含）以内的贷款资金，中小型茶叶加工企业根据其具体生产经营情况进行授信，贷款额度没有上限，并且贷款利率享受小额农贷利率和小企业利率优惠。而且规定申请“茶农乐”贷款，只要周边邻居做担保人。

截至2012年3月中旬，泰顺县农信联社发放茶叶贷款4522万元，1119户茶农受益，有效解决了茶产业生产经营资金短缺、贷款难的问题。

二　浙江省茶产业发展存在的问题

（一）茶叶产品质量及安全问题

2013年3月1日，由农业部和卫生部联合发布的GB2763－2012《食品中农药最大残留限量》标准正式实施。新标准规定了茶叶类别的25项最大农药残留限量。为提高浙江茶叶的质量水平和安全性，茶叶管理部门应进一步加强对茶叶产品质量、茶叶生产和加工标准的管理和执行，定期对市场上销售的茶叶进行检查和质量检测。

2012 年 7 ~ 12 月，浙江省农业厅、工商局、质监局和出入境检验检疫局四个部门联合开展了茶叶质量安全专项整治。重点整治浙江省各茶叶主产区，整治内容主要为茶叶种植、销售中违禁农药和农药残留是否超标；加工出口茶叶中有无掺杂使假。整治的重点对象：重点区域的茶叶生产加工企业、茶叶出口企业、茶叶专业合作社、茶叶市场、超市、专卖店及相关农资经营单位。

2012 年 9 月，为深入开展食品安全大整治百日行动，磐安县农业局根据农资店和茶农联系紧密的实际情况，在茶叶主产区 39 家农资店的醒目位置树立了“茶园安全用药警示牌”，要求农资店按警示牌要求，坚决杜绝茶园使用禁用农药，向农户推荐警示牌所列的安全高效农药，不向茶农推荐未在警示牌上登记的农药，要求茶农轮换用药并严格执行用药后的安全间隔期。同时在茶叶龙头企业和规范性专业合作社树立“茶园安全用药警示牌”，在县内各种媒体上公布茶园安全用药注意事项，指导茶农安全、合理用药。

浙江省工商局发布的 2012 年十大消费维权典型案例中，“杭州西湖景区茶叶经营者虚假宣传受罚案”是其中一个。某消费者投诉，在西湖区的一个茶叶商店内购买的西湖龙井，价格便宜，但是经过咨询得知，当时正宗的杭州西湖龙井还未开始采摘。茶叶商店出售的“西湖龙井茶”其实是“乌牛早”和“钱塘龙井”，是在家门口收购的。经过调查，杭州市工商局景区分局责令其停止违法行为，并罚款 15000 元。

（二）高端礼品茶的市场风险

党的十八大提出“节约型社会”后，公务部门及事业单位办公及礼品茶采购大幅减少，“公务礼品茶”的销售明显减少，高档茶销售受到很大影响。根据市场消费需求的变化，浙江的茶叶企业应适当调整茶叶生产结构，压缩高端礼品茶的生产规模，扩大适应大众消费的中端产品规模，并适度简化包装。另外，可通过扩大机采机制茶，降低生产成本，规避市场风险。

（三）采摘工短缺及生产成本问题

茶叶采摘是劳动密集型作业，由于名优茶的机采技术尚未成熟，以及劳动力成本的上升，2012 年浙江省采茶工缺口在 20% 以上。

近年来，浙江省的名优茶生产一直存在采摘工短缺的问题，而且逐年加重。另外，由于劳动力成本上升，茶叶生产成本也随之不断上升。

2011 年，茶叶生产成本增长幅度较大。如松阳县夏秋茶生产期间，进口农药价格同比上涨 7% ~10%，化肥涨幅达 20%。

随着名优茶生产面积和产量的增加，“采工荒”也越来越严重。据统计，用工高峰时，浙江省茶叶采摘工缺口约为 50 万人，采工成本平均上涨 17%。由于采摘劳力的不足，浙江省部分茶场茶叶达到采摘标准也无法及时采下，造成了很大的浪费，失采情况严重，这也是影响浙江省名优绿茶产量和品质的重要因素。2011 年夏秋茶期间，松阳、磐安、淳安等地采摘用工依然短缺，工资涨幅均超过 20%，采摘成本已占夏秋茶售价的 50% 以上。

解决“采工荒”的问题，首先要实现茶叶采摘的机械化，培育适合机采机制的茶树品种，研制并推广茶叶机采技术和机采茶园的培育技术。推行机采机制，能有效减少劳动力成本上升对茶叶生产效益的影响。

三　浙江省茶产业发展政策与趋势

浙江省政府办公厅 2012 年 11 月 19 日下发了《关于提升发展茶产业的若干意见》，文件要求茶叶企业根据产业发展规律和消费需求，以提升发展水平、促进增产增收为目标，……以经营创新、科技为动力，以政策引导、文化促进、品牌推广为抓手，重点发展精深加工、茶树良种、优势品牌，使浙江茶产业从“外延扩张”向“内涵提升”转变发展。

到 2015 年，浙江省茶园面积将保持基本稳定，预计茶叶第一产业产值将达到 180 亿元，精深加工产值达到 100 亿元，综合产值达到 600 亿元。其中，名优茶加工比重将增加到 60%，预计将有 30 家年销售收入超过 1 亿元的企业、10 家超 2 亿元的企业，2 家年销售额超 5 亿元的茶叶企业。2020 年之前，浙江省将基本建成茶园生态化、加工规模化、茶树良种化、经营产业化、生产机械化，并建设完成生态、优质、高效的现代茶产业体系，茶产业、茶经济和茶文化不同领域将协调发展。

（一）茶产业向外向型发展

浙江省政府将鼓励和扶持龙头企业“走出去”，通过外建基地、外引资金、外拓市场，在国内重点销区设立省茶叶产业协会驻外企业分会，并通过政府组织浙江茶商抱团参展开拓市场。茶叶流通企业可以与产地专业合作社、茶农建立直接的采购基地；鼓励发展专业茶叶经销商，开设连锁和专卖店；并通过大型超市、电子商务平台等营销平台扩展销售渠道。2012 年 6 月 16 ~ 19 日，浙江省茶叶协会组织了全省 20 个市、县的 42 家企业、专业合作社、行业协会参加了“2012 北京国际茶业展”，宁波市组织了 7 个县 9 家企业参展。

积极扩大茶叶出口，组织参加国内外展示展销，在传统茶叶出口市场基础上，将重点拓展欧美消费能力强的茶叶市场，提高浙江茶产业的外向度。发展茶叶拍卖交易制度，搭建现代化的国际交易平台，推动茶叶贸易。

在将外地茶商“请进来”的同时，浙江茶叶产业协会和各地政府也积极地从浙江省“走出去”，参加各地举行的茶博会及相关活动，积极开拓新市场，同时加强行业内的地区合作。2012 年 12 月 14 日由上海市茶叶行业协会、安徽省茶叶行业协会、江苏省茶叶协会、江西省茶叶协会、浙江省茶产业协会组成的长三角茶业合作（上海）组织在杭州举行交流会，围绕加强联系、密切合作等主题，进行工作交流。

（二）良种化基地建设

浙江省将加强茶树良种繁育基地建设，预计年育苗能力达到 3 亿 ~ 5 亿株，其中还将大力推广无性系良种，通过对低产低效茶园的换种改植，浙江省每年将新增无性系良种茶园 5 万 ~ 10 万亩，目标是到 2015 年茶树无性系良种比重达到 70%，到 2020 年基本实现全省茶树无性系良种化。支持龙头企业使用荒山荒坡建设开发茶叶生产。浙江省将建设一批环境优良、良种良法配套、品种结构合理、基础设施完善、适应机械化作业和标准化管理的茶叶生产基地。另外，浙江省将推进标准化名茶厂建设，通过对加工装备条件和加工工艺的改进，预计5年内浙江省将重点建设1000家标准化名茶厂，进而提高茶叶加工现代化水平（浙江省政府办公厅《关于提升发展茶产业的若干意见》）。

（三）加强茶叶品牌建设

浙江省将加强茶叶品牌推广，通过加大品牌创建、宣传和保护力度，鼓励企业打造优势品牌、培育驰名商标。浙江省茶叶管理部门将深化茶叶区域品牌整合，重点鼓励和支持“龙井茶”“浙江省十大名茶”等优势区域品牌进一步做强。各地农业部门和龙头企业将建设专卖店，统一行业管理、产品标准和标识，建设全国茶叶连锁营销网络，并加强管理和服务。茶叶精深加工产品应增加公共营销和推广，宣传茶产品的功效，并拓展和开发市场。浙江省将重点加强“浙江绿茶”品牌形象宣传推介。

（四）推进茶文化的建设

浙江省将把茶文化作为新兴特色产业纳入文化强省建设。浙江省的茶文化历史悠久、资源丰富，省政府将择优扶持一批茶文化企业和产品，将“茶乡游”等项目作为重点推荐，同时加强科学饮茶知识的普及推广。另外，浙江省还将鼓励开展茶文化研究和创作，支持社会组织开展普及推广活动，进一步促进浙江省的茶叶消费，发展茶叶经济。

1. 茶文化普及活动

2012年8月3日，杭州举行了茶文化“进学校、进企业、进社区、进机关”活动的动员会。茶文化“四进”活动是由中国国际茶文化研究会、省茶文化研究会等单位长期举办的一项公益活动，旨在通过广泛开展科学饮茶活动，弘扬中华茶文化，促进茶叶消费。由专家组成的茶文化宣讲团深入学校、企业等单位，举行茶文化宣讲会和现场茶叶沏泡演示，进行茶文化的普及和推广。

2. 新昌茶旅游的规划与开发

2012年1月8日，新昌提出了《新昌县茶文化旅游专项规划（2012～2020）》，内容包括旅游保障体系、旅游产品设计与组织、发展空间布局等。其中将新昌的购茶休闲、茶厂文化体验、山水茶旅、参禅问茶、仙茶问道、茶园观光、民族文化风情体验等旅游项目作为重点项目推荐。

3.《浙江通志·茶叶卷》编纂

3 月 8 日，浙江省人民政府地方志办公室组织在杭主要涉茶机构、科研院所、行业协会和企事业单位负责人 20 余人，在浙江省茶叶集团股份有限公司召开《浙江通志·茶叶卷》的编纂工作会议，《浙江通志》副总编王良仟主持会议。会议明确了承编、参编单位及编纂分工，讨论了《浙江通志·茶叶卷》的总体框架、编纂委员会和编辑部名单，推举浙江省茶叶集团股份有限公司为《浙江通志·茶叶卷》承编单位，明确施建强为编委会主任，阮浩耕为主编。

附录 1　数据统计表

附表 1　2012 年浙江省茶产业基本情况

茶园面积(万亩)	277
茶叶产量(万吨)	17.20
其中	
绿茶	16.20
红茶	0.50
乌龙茶	0.15
黑茶	0.35
花茶	
白茶	
黄茶	
全省茶叶消费总量(万吨)	
全省主要消费茶类及消费量(万吨)	
——消费最多茶类	绿茶
——消费最多茶类数量(万吨)	
茶叶总产值(亿元)	
茶叶出口量(万吨)	15.53
茶叶出口额(亿美元)	3.94
有机茶产量(万吨)	
有机茶园面积(万公顷)	

数据来源：绿茶、红茶产量等数据来自中国农业部种植业管理司统计数据，其他来自浙江省茶产业协会统计数据。

B.7

2012年云南省茶产业发展报告

周红杰　李亚莉　王立波　郑慕容　许腾升　刘　洋
邓秀娟　熊丽娜　邢倩倩　单治国*

茶叶是云南传统特色农产品，茶产业是云南的区域性重要支柱产业之一，云南茶业是云南省传统优势特色产业和云南“两强一堡”建设的重要组成部分，也是农业、农村经济发展重要的支撑产业和茶区群众经济收入和地方财政的主要来源。在发展特色高原农业、农业产业结构调整、生态保护、农民增收和出口创汇等方面具有十分重要的地位和作用。

一　云南省茶叶生产现状分析

云南全省16个地州市129个县市区中，有15个地州市110多个县市区产茶，涉及茶产业人口达1100多万人。目前生产红茶、绿茶、青茶（乌龙茶）、普洱茶、紧压茶、花茶、速溶茶等茶类100多个花色品种。2012年云南省茶产业实现茶叶种植面积、产量、产值、价格、茶农收入“五增”；茶叶综合产值达223.29亿元，同比增加53.29亿元，增幅达23.87%；600万茶农来自茶产业的人均纯收入达924元，增幅为34.11%。云南省茶园面积达580万亩，居全国第一。

（一）云南省种植业发展现状

1. 2012年云南省茶园情况

由表1可知，2012年全省茶园面积为38.67万公顷，与2011年相比增加1万公顷，增2.65%；采摘面积为31.47万公顷，同比增加1.6万公顷，增

* 周红杰、李亚莉，云南农业大学茶学院；王立波，云南省农业厅茶叶办公室；郑慕容、许腾升、刘洋、邓秀娟、熊丽娜、邢倩倩，云南农业大学茶学院；单治国，云南农业大学茶学院，普洱学院。

5.36%；茶叶总产量27.35万吨，同比增加2.86万吨，增11.68%；2012年云南省茶叶的全年综合产值达223.29亿元，与2011年相比增加了53.29亿元，增长了31.35%，其中农业类产值达71.09亿元，与2011年相比增加了15.99亿元，增长了29.02%，工业产值为102.20亿元，同比增22.91亿元，增长28.89%。按600万茶农计，茶农来自茶产业的人均纯收入为924元，同比增加235元，增长34.11%。云南茶产业在2012年取得了面积、产量、产值、茶农收入等方面的同步增长。

表1　2004~2012年云南省茶园总面积和投产面积

单位：万公顷

年　份	2004	2005	2006	2007	2008	2009	2010	2011	2012
茶园总面积	20.19	21.85	24.75	30.30	32.62	34.87	37.33	37.67	38.67
投产面积	15.73	16.73	17.81	19.70	22.26	23.87	26.87	29.87	31.47

此外，2012年，云南省抓住农业部安排实施的10个县标准化茶园创建的契机，加大茶叶基地建设力度，全省无性系茶园达到14.67万公顷，占茶园总面积的37.93%，比2011年增加0.67万公顷，增4.79%；无公害茶园面积34.67万公顷，占总面积的89.66%，同比增加1.33万公顷，增3.90%；有机茶园面积为2.81万公顷，同比增加0.69万公顷，增32.55%；中低产茶园改造面积为4.54万公顷，同比增加0.75万公顷，增19.79%，"三品"认证面积达10万公顷，产量7.5万吨，增长25%。

2. 2012年云南省茶叶产量情况

2012年，全省毛茶总产量为27.35万吨，比2011年增加2.86万吨，增长11.68%，其中：绿毛茶产量为22.45万吨，增加2.25万吨，增长11.14%；红毛茶产量为4.57万吨，同比增加1.07万吨，增30.57%（见图1）。成品茶结构不断优化，产品精制率明显提高，普洱茶、红茶产品优势凸显。2012年，成品茶总产量17.03万吨，比2011年增加3.36万吨，增24.58%，精制率达62.27%，环比提高5个百分点。其中（见图2），普洱茶产量为8.13万吨，同比增加2.57万吨，增长46.22%，占成品茶的比重为47.74%，环比增加7.07%；红茶产量3.62万吨，同比增加0.52万吨，增16.77%，占成品茶的比重为21.26%；绿茶产量5.05万吨，同比增加0.39万吨，增8.37%；其他茶产量0.24万吨。普洱茶、滇红茶已成为“云茶”的骨干代表产品。

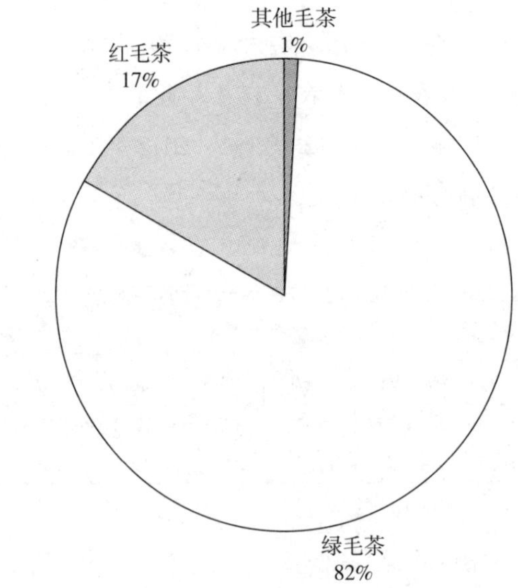

图1　2012年云南毛茶生产结构

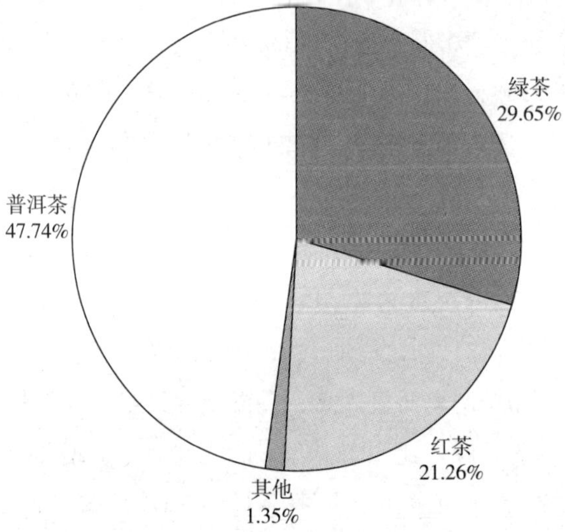

图2　2012年云南成品茶生产结构

（二）云南省茶叶加工业发展现状

云南省茶叶企业加工能力提升，产业集中度进一步提高。2012 年茶企年加工量3000 吨以上的企业达 7 家，同比增加 2 家，加工量增加 0.85 万吨，增幅达 35.56%；年加工量 500 ~ 1000 吨的企业数量有一定增加。产值超亿元的企业数量达 10 家，增加 1 家，产值同比增加 29.82%；产值 5000 万 ~ 1 亿元的企业 18 家，同比增 12 家，产值增长 203.71%；产值 2000 万 ~ 5000 万元的企业 39 家，同比增 14 家，产值增 50.86%；产值 1000 万以上企业共 118 家，同比增加 19 家，加工量为 10.89 万吨，产值达 57.34 亿元，同比分别增长 10.9%、43.78%，分别占全省加工量、产值的 39.82%、33.09%。表明云南省茶企总体加工能力不断提升，产业集中度迅速提高，为拓展市场、打造品牌奠定了良好基础。

二　云南省茶叶市场发展现状

随着云南普洱茶产业的迅速发展，云南省茶叶市场发展日新月异。据统计，2012 年，云南省共有 6000 多家茶叶企业，其中，省级、国家级龙头企业 30 家，企业利润总额 16.10 亿元；省、市级茶叶科研机构 8 个，茶产业相关从业人员 1100 多万人，各地的合作社带动了 200 多万茶农创富；云南省市级以上茶叶市场共有 8 个，其中最大的茶叶市场拥有 670 个摊位，茶馆数量增至 5000 多家。

昆明作为云南茶叶最主要的集散地，茶叶市场发展也发生着变化。据 2012 年统计，昆明市主要有金星雄达茶城、云南康乐茶叶交易中心、云南前卫茶叶交易市场、大商汇国际茶城、邦盛国际茶文化产业中心、螺蛳湾国际茶文化城 6 家茶叶市场。其中，南市区的康乐茶叶交易中心拥有的摊位数已达到 670 个，与北市区的金星雄达茶城一起成为昆明茶叶市场规模和影响力最大的两个茶叶市场。

三　云南省茶叶消费情况

（一）茶叶销售价格情况

普洱茶市场稳步扩大，滇红茶市场不断拓展。2012 年毛茶平均价格为

25.99 元/千克，较 2011 年上涨 3.49 元/千克，涨幅 15.51%；尤其春茶单价 28.87 元/千克，上涨 8.85 元/千克，涨幅 44.21%，春茶农业产值 27.05 亿元，同比增加 10.29 亿元，增 61.4%，成为茶农增收的新亮点；夏茶单价 25.06 元/千克，涨 2.36 元/千克，涨幅 10.4%，夏茶农业产值为 28.12 亿元，增加 4.74 亿元，增 20.27%；秋茶单价为 23.55 元/千克，同比下跌 1.06 元/千克。由于成品茶产量增加、成品茶精制率提高和销量增加，加之价格上扬，综合效益明显提高。农业产值为 71.09 亿元，同比增加 15.99 亿元，增长 28.29%，工业产值为 102.20 亿元，增 22.89 亿元，增长 29.02%。工农业总产值为 173.29 亿元，上涨了 28.95%。单价提高，成品茶平均价格为 60.01 元/千克，较 2011 年上涨 2.01 元/千克。全年茶叶销售平均单价为 50.28 元/千克，较 2011 年上涨 6 元/千克，涨 13.55%。据统计，2012 年全省出口茶叶 1.05 万吨，较 2011 年增 4400 吨，增长 72.1%，创汇 4200 万美元，同比增加 2100 万美元，出口平均单价为 4 美元/千克，同比增加 0.57 美元/千克，增长 16.62%。出口的国家和地区普洱茶“量价齐增”。

（二）云南省茶叶服务业发展现状

1. 茶业会展业

云南省成功举办了“第七届中国云南普洱国际博览交易会”；组织参加了“2012 中国（广州）国际茶业博览会” “2012 中国太原国际茶业博览会”“2012 中国西安茶博会”“香港美食节博览会”“第二届亚欧博览会（新疆）”“第二十届中国昆明进出口商品交易会”等专业展会和综合展会，取得了显著成效。据不完全统计，全省有 500 多家（次）茶企、3000 余人次参加了各类茶展促销。普洱市在“2012 北京国际茶业展 2012 北京马连道国际茶文化节·第十二届中国普洱茶节”中承办了“高端品茗暨普洱养生体验交流活动”，取得了良好效果。

2. 茶业旅游业

大理华庆茶业有限公司茶园是南涧县实施 2012 年全国基层农技推广补助项目确定的茶叶示范基地。2012 年 11 月下旬至 12 月中旬，时值樱花盛开，到该茶叶基地参观的游客一天最多时达 1000 多人，全年超过 2 万余人次。这里成为南涧县对内促进产业发展，对外展示科技成果应用的示范基地和发展生态茶园观光旅游的新亮点。

3. 云南农业大学普洱茶茶学院

云南农业大学于1972年建立茶学专业，至今已办学42年，形成了由本科生、硕士研究生、外国留学生等组成的多层次办学格局，2006年成立普洱茶学院，成为云南高等茶学教育的摇篮。为云南乃至全国、全球培养了大量优秀的茶学人才，在教学、科研、人才培养等方面均取得了许多非常可喜的成果，为云南茶叶产业发展做出了重要贡献。

近年来，学院承担国家、省、部科研项目40余项，科研经费达9000余万元。截至2012年，云南农业大学普洱茶相关研究先后获得国家自然科学基金12项，为云南茶学学科建设、学术水平的提升搭建了良好的平台。学院科学研究成果显著，在利用有益优势菌种提高普洱茶品质、普洱茶特征成分以及品质标准研究等方面达到领先水平，科研成果“利用微生物提高普洱茶品质”获云南省科技进步奖三等奖和第二届中国茶叶学会科学技术二等奖。

4. 2012年云南省茶叶产业特色和亮点

（1）云南省茶叶产业特色

云南是茶树的发源地，其茶树种质资源极为丰富，目前世界上总共发现了47个种和3个变种的山茶属茶组植物，云南就占35个种和3个变种，其中有26个种和2个变种属于云南独有。在云南省的199个地方茶树品种中，有性系良种有153个，无性系良种有49个，其中，勐库大叶茶、云抗10号、云抗14号、勐海大叶茶、凤庆大叶茶等5个品种属于国家级良种，云抗27号、云抗37号、云抗43号、长叶白毫、云选九号、73-8号、73-11号、76-38号、云瑰、云梅、佛香1号、佛香2号、佛香3号、矮丰等19个属于省级良种。目前云抗10号、云抗14号、凤庆3号、凤庆9号、长叶白毫、雪芽100、矮丰、清水3号等品种在生产上应用较多。

（2）云南省茶叶产业亮点

2012年，云南省普洱市茶叶生产总产值达60.38亿元，较2011年同期增长66.84%，生态茶园建设成效凸显。截至11月中旬，普洱市茶叶总面积达

146.22 万亩，较 2011 年同期增长 1.78%。

“十一五”期间，在改造茶园、大力创建新型生态优质茶园和有机茶园的号召之下，昌宁县积极响应，共完成茶园低改 12.6 万亩，新植高标准生态优质茶园达 3.07 万亩，通过认证的有机茶基地有 0.33 万亩、无公害茶基地有 4.2 万亩、绿色食品茶基地有 1.6 万亩。目前，昌宁县共有包括 3 个有机茶认证、4 个无公害茶认证、3 个绿色食品认证在内的 24 个茶叶注册商标。云南省出入境检验检疫站的相关数据显示，在云南省已签订的茶叶出口合同中，昌宁红集团与各国茶叶公司签订的茶叶销售合同就已经高达 2160 吨，其中，提供 1500 吨红茶给联合利华公司；提供 250 吨红茶和 20 吨普洱茶给英国 Twining 公司；提供 100 吨绿茶和 180 吨红茶给俄罗斯 Orimi 公司；提供 100 吨绿茶给德国 J. FR 公司；提供 10 吨红茶给法国 Lepalais 公司。按出口均价计算，总共可以实现产值 756 万美元，约合人民币 4778.6 万元；按 15% 的出口退税计，可达人民币 716.79 万元。

2012 年，腾冲县团田乡茶叶产量、产值平稳增长。全年茶叶总产量为 2431 吨，比上年增加 79.7 吨，增 3.4%。茶叶总产值达 4577 万元，比上年增加 541.4 万元，增 13.4%，茶农收入 3760 万元，比上年增加 444.8 万元，增 13.4%。工作成效显著，亮点突出。

四　云南省茶产业发展主要政策与措施

按照《全国标准茶园创建活动工作方案》《农业部茶叶标准园创建规范》和《云南省标准茶园创建实施方案》的要求，2012 年，由农业部列项在 12 个县组织开展了标准茶园创建工作，开展以“三改”为重点的技术推广，示范面积 1.5 万亩，有 10 个县通过验收，起到了良好的示范作用。

临沧市委、市政府出台了《关于扎实推进 2012 年度 20 个方面重要工作和 72 项重大建设项目的通知》，把茶产业作为重点，完成中低产茶园改造 0.83 万公顷，引进企业投资 10 亿元兴建了“凤庆滇红生态产业工业园区”。目前，该园区有无性系高优生态茶园 0.3 万公顷，占临沧市总面积的 35%；有机茶园认证面积为 1.41 万公顷，占临沧市总面积的 16.2%。

西双版纳州出台了《西双版纳傣族自治州古茶树保护条例》及《西双版纳傣族自治州古茶树保护实施办法》，完成了 0.15 万公顷的中低产茶园改造，完成了 0.018 万公顷有机茶、0.021 万公顷绿色食品茶和 2.15 万公顷无公害茶园的认证。

五 云南省茶产业发展存在的问题

2012 年云南全省茶产业继续保持增长态势，但与国内外产茶强省、强国相比，产业自身仍存在一些问题，与国内外先进水平存在较大的差距，亟须茶叶科技创新来提升产业技术水平。必须切实采取有效措施，不懈努力，推动云南茶产业进一步加快发展。

（一）茶园基础设施薄弱，中低产茶园面积大

云南省全省中低产茶园为 17.87 万公顷，占茶园总面积的 46.21%，全省平均单产 57.93 千克/亩。无性系茶园面积仅为 14.67 万公顷，占总面积的 37.93%；有机茶园为 2.81 万公顷，占总面积的 7.26%。云南省茶地主要分布在山区，通路缺水问题突出，有水灌溉的茶地仅有 5%。

（二）茶叶初制滞后，机械化程度低

云南省茶叶初制“规模小、设备差、实力弱”的情况突出，全省 6000 余个初制所中有 2000 多个设备陈旧，固定资产不足 30 万元，年加工毛茶 20 ~ 30 吨，造成毛茶产品质量参差不齐，效益低。

（三）科研基础尚薄弱，科研平台建设落后，精深加工极为欠缺

科技创新方面，近年来茶科技成果较多，但转化率低。云南省大多茶企底子薄，生产起点低，茶叶产品的科技含量不高，生产的产品还局限于初产品，精深加工少，产品结构单一，新产品开发滞后，产品档次低，工业化水平不高，产品附加值低。

（四）云茶品牌群尚未形成，产业组织化程度低，带动能力弱

云南省茶叶企业小、散、弱的局面还没有根本改变，茶产业品牌多而杂乱。云茶品牌知名度低，产品整体档次不高、龙头企业带动力差，企业集中统一度低，仍未形成品牌群，在市场竞争中处于劣势。

六　云南省茶业发展主要研究结论

总体上看，云茶产业有着明显优势，品种独特、环境生态、茶类多样，普洱茶发展空间大，滇红茶增长潜力大，民族茶文化浓郁，云茶产业已具备较好的产业发展基础。为进一步增加茶园采摘面积，提高茶叶产量，增加茶叶产值，提高茶农收入，云南省有关部门提出注重“一个强化”，突出抓好五方面工作。一个强化：强化政策支撑。突出抓好五方面工作：一是着力打造10个茶产业综合产值10亿元的强县，30个亿元乡镇，100个千万元专业村（办），1000个茶叶专业合作社，5000个专业户，衬托茶叶大省的称谓。二是集中力量建设10个“万亩亿元”的高优现代茶园示范园区。辐射带动50万亩产值5000元高优茶园基地的建设、100万亩有机生态茶园建设、200万亩中低产茶园改造，夯实基地建设。三是重点培育10个年产值5亿元以上的茶叶龙头企业集团。带动20个亿元茶企的培育发展，改造提升1000个初制所，通过装备提升，品牌打造，市场拓展，提高附加值，努力实现云茶产业精深加工水平达80%。四是努力构建10个国内云茶区域营销展示中心（窗口）。以广州、上海为重点辐射源，以大型茶企为骨干，引导组织茶企积极努力开拓北方市场；依托香港市场，积极拓展东南亚为重点的国际市场。拟发展1000个一级代理商，建设1000个专营店，发展5000个连锁店，重点培育一支1万~2万人的专业营销队伍，为拓展市场奠定基础。五是着力巩固和打造十个“中国驰名商标”（已取得5个）、十个地域性古树茶知名品牌，建设十个集茶园产品展示、观光为一体的茶庄园。力求在云茶民族茶文化建设上有新突破，为提升云茶品牌寻求突破口。

七　经典案例评析

（一）云茶电子商务异军突起——云茶营销新途径

云南茶叶，历史悠久，品质优良，有着庞大的消费群体与厚实的市场基础。网络是现代营销与传播不可或缺的工具，电子商务也是应网络而生的现代商务方式。目前，茶叶这一传统产品也正在走向网络。利用现代电子技术更好地为云南茶业发展服务，有利于云南茶叶在电子商务大潮引领下焕发出新时代的生机与活力，有利于将富含健康与生态元素的云茶推介给更多的消费者，让更多的人因消费云茶而受益。

电子商务是现代信息技术的产物，也是潜力巨大的新兴商务模式，电子商务模式正改变着传统的生产模式和运营管理模式，将实体市场营销环境转向虚拟市场环境，利用电子技术整合企业业务内容，使企业内部成本控制与外部产供销管理一体化，实现企业可持续发展。电子商务正以其全球性、及时性、便利性、低成本、高效率、互动性等特性得到越来越多茶商的青睐。如今，这一新兴领域也开始在云茶发展中大放光彩，云茶电子商务已悄然前行。

2007～2010年，云茶电子商务称得上草根茶商创业的天堂，这一时期是云茶电子商务的摸索期。在此基础上，2011年，云茶电子商务有了一个新的突破点，是云茶电子网商谋求突围、品牌网商迅速崛起的一年。在这一年里，云茶电子商务主要有以下几点发展。

1. 电子商务成为云茶营销中推广品牌的重要平台

经历了2007年普洱茶的狂热时期，从2010年起，云南茶叶营销稳步发展；进入2011年，市场愈加规范，竞争愈加激烈，同时企业运营成本明显增高，众多商家已意识到电子商务较传统营销而言，有低成本、传播广、互动性强等特性，发展电子商务开始成为行业的共识。

目前，开网店已成为一种销售的新渠道，很多营销云南茶叶的商家都同时经营起了自己的网店或网站。单就普洱茶而言，通过网络销售，使普洱茶走出大山，以亲民的价格和品质走向大众消费，吸引了众多粉丝，得到了越来越多消费者的喜爱与认可，满足了消费者对普洱茶的需求。

2011 年淘宝网的数据显示，普洱茶网上销售的份额在所有茶类中居于首位。除淘宝网店外，专业性的网店如“51 普洱”也持续赢利，欲建成云茶的网上沃尔玛，发展势头强劲。通过网络发家的云南茶叶商家，如“呆子茶业”“才者茶业”等，借助电子商务搭建的平台，目前都开始成立自己的茶叶公司，并生产和专营自己的品牌茶叶，在拥有众多忠实消费者的基础上，针对自己的目标群推出自己的品牌产品，一是继续保证自己的信誉度，二是塑造自己的茶叶品牌。2011 年进驻普洱茶的“福村梅记”，充分利用微博的互动性、传播性、生活化，以消费者的需要和情感关怀为切入口，以多种语言形式如亲切的问候和无微不至的情感关怀，有效推广自己的品牌，在一年多的时间里创造了许多佳绩，可谓电子商务运营的成功代表。

2. 电子商务为云茶传统优势品牌的推广发挥了积极作用

云南传统茶品牌一直拥有良好的口碑和忠实的消费群体，通过网络营销，已有的信誉度可以帮助他们快速发展和扩大市场及消费群体，同时网络营销也是增加效益减少成本的有效方式之一。随着国民上网的普及，电子商务的发展条件逐渐成熟。

2011 年，大益正式入驻淘宝商城，实现了官方网络的直接销售；云南普洱茶（集团）有限公司、兰茶坊等传统品牌茶企也都正式开始了网络销售；云南滇红集团成立电子商务平台，在上海正式运营，其电商负责人称，发展滇红电子商务，是集中互联网经济的优势，可有效地将传统渠道、直销、电话营销、传媒分账等销售模式汇集在互联网的统一架构下，更好地发展“滇红”，让“滇红”走到更多地方。云南省唯一的国营茶厂——“黎明茶厂”也在这一年高调触电，其 2011 年新品——“里程碑”产品在网络进行全面的推广宣传，介绍了“里程碑”产品的研发过程、包装材料等，让网民全面参与其中。“里程碑”是“黎明茶厂”与消费者深度合作的一款产品。此次产品宣传充分利用了网络的互动性和传播性，前期充分造势，产品实现网络和市场同步上市。面市第一天，网络销售就取得不凡的战果，生产的 30 吨“里程碑”产品，110 元/千克，在网络上销售一空。“里程碑”成功的网上营销成了这一年传统茶企“触电”的经典案例。

众多的传统品牌茶企纷纷进驻电子商务，不仅将更好的普洱茶带给了消费者，同时也提升了电商茶企茶叶的品质，更坚定了云南茶企的时代步伐。

3. 规范云茶电子商务发展，打造云茶电子商务基地，筹建云茶电子商务协会

近年来，云茶电子商务获得了快速发展，成效卓著，但较之沿海地区，云茶电子商务从业者各自为战，一盘散沙，对云南茶叶电子商务的发展极为不利。为使云茶电商具有凝聚力，改变自行其是的局面，解决好销售渠道、包装、物流等一些切实关系到商家利益的问题，2011 年 9 月 18 日，由云南省商务厅、云南省茶叶产业办公室、云南普洱茶协会，携手云南康乐茶文化城，共同支持建设的云南省茶叶交易平台——云茶报价网（现更名为云茶网）正式成立，并举行了“电子商务改变云茶，建设营销新模式”论坛。

云茶网首倡“茶叶批发市场 + 实体店 + 网店”的新型营销模式。政府的支持、茶协的帮助、云茶网的第三方管理以及银行为中小茶店提供的信贷，将有利于云茶产业的快速发展。云茶网的运行使用不仅开辟了云茶电子商务的新模式，也体现了政府对云南茶产业电子商务发展的支持与重视。我们深信云茶网的出现，将积极地促进云南茶叶电子商务向着更规范、更健康的方向发展。

4. 云茶电子商务在深度变革中焕发生机和活力

2011 年是云茶电子商务发生深刻变化的一年，资本、品牌和智本相互较力，充满创造活力的云茶电子商务市场不会僵化，各方势力想方设法实现突围。在这个新点子、新思维、新策略层出不穷的电子网络时代，创新英雄们将会化危为机，创造更加辉煌的业绩，继续拓展云茶的市场空间。“思普茶业”“呆子茶业”等云茶淘宝商户正在逐步成为新兴时代的网络品牌，改变着目前云茶的品牌格局。“51 普洱”等茶商，营建独立网站，取得了较好的业绩，成为潜在的品牌。淘宝改变游戏规则为建立茶叶平台提供了大好时机，云茶网“以价格规范市场，用数据整合产业”，欲构建权威数据仓库，打造茶界的淘宝。2011 年，淘宝红人“胡公子”做起茶叶品牌，取名 Mr. Hu，胡公子的茶叶网店短短数月就做到双皇冠，这让人看到了云茶电子商务的巨大潜力。2011 年，淘宝商城大幅提高入驻门槛，云南茶企“吉盛祥”为了提高自身竞争力，联合在淘宝上做食品、鞋服、玉石、保健品等的其他云南商家，组建成集团军进军淘宝商城首页中的“钻石展位”，打造出具有云南特色的商品街，成功打破了云南企业在电商领域单打独斗的局面。

云茶电子商务格局在2011年发生了重大变革，资本与品牌的地位和作用凸显，压缩了低层次茶商的生存与发展空间，各发展层次茶商都在积极想办法，找出路，谋发展，希望可以在残酷的电商竞争中得以立足和进步。各级各类云茶电子商务茶商特别是低层次茶商面对品牌与资本当家的云茶电子商务时代，要迅速做出积极反应，开拓创新，独辟蹊径，找到适合自身发展的科学道路，努力提升和拓展整个云茶在电子时代的生存与发展空间。

电子商务已成为云茶发展的重要途径之一，“云茶网”的出现将会使电子商务更好地为消费者和茶企服务，促进云南茶产业的发展。预计2015年将会进入真正的全民网购时代，电子商务的真正春天届时才会到来，相信云南茶叶会乘着电子商务的翅膀，走向更广阔的天空，在实现美好的产业发展愿景的过程中，给更多的人带去健康与福祉。

（二）葡萄酒与普洱茶的缔结——柏联普洱茶庄园案例分析

云南柏联集团将普洱茶与庄园联合起来，以一种新的理念，在云南省景迈山建起中国第一个茶庄园——柏联普洱茶庄园。

普洱茶所体现的特殊地域性，决定了普洱茶产品的奇特性；普洱茶产品加工工艺的独特征，令普洱茶产品及其文化更加迷人；普洱茶的家族传统性和私密性，使其具有古老的气息和传奇的色彩，使普洱茶与庄园得到完美的结合。

柏联普洱茶庄园自2007年以来，先后投入8000多万元资金，对原有的6300平方米旧厂房进行了改扩建。新建5000平方米晒青大棚、7500平方米精制厂房及辅助用房，建设了游客接待中心、300平方米的广场、1000多平方米的绿化带、1300米长的游客参观通道、30个车位的停车场、4个具有地方民族特色的傣亭和可容纳50人的会议厅，形成了日接待游客100人次的能力，创造了一座集后现代建筑美感和傣式民族特色于一体的盛世经典庄园。其主要特色在于如下几个方面。

1. 理念国际化

柏联集团结合云南省景迈山茶区本身的自然特色，将普洱茶种植与庄园有机地结合起来，融文化、休闲、生态、旅游等为一体，全新打造出柏联集团独特的品牌，更好地体现了普洱茶产品的地域性、生产工艺的独特性以及家族的传统性和私密性，通过一个多功能茶庄园的建设把当地多门类的经济串联起来，让当地经济链条灵动地运作起来，将景迈山普洱茶庄园打造成“普洱绿三角”，为拓宽普洱茶产业链探索了一条新路。

2. 基地规模化

柏联普洱茶庄园采取“集团 + 公司 + 基地 + 农户”的产业化模式，实行茶地“分户承包、分户经营”的管理办法，1867 公顷具有 1300 多年种植史的古茶园、667 公顷现代茶园都按照茶农的人口数和能力、茶地等级签订承包经营合同，明确企业和茶农的责、权、利，调动农户生产经营的积极性。茶农承包茶地后，严格按照公司的要求管理茶地，适时对承包茶地进行采摘、除草、病虫害防治、深翻、施肥、修剪、改种改良等作业。同时，柏联普洱茶庄园对茶地的浅耕、深翻、修剪等，均由专门的技术指导员对茶农进行适时指导，积极推进基地建设向标准化、规模化方向发展。

同时柏联普洱茶庄园按照“优质、高产、高效、生态、安全”的原则，引导农户发展无公害、绿色、有机茶园，加强茶园基地的绿化、道路和水利等基础设施建设，不断提高茶叶原料的品质和产量，保证普洱茶产业持续、稳定地发展，满足人们对绿色、环保食品的迫切需求。

3. 生产科学化

柏联普洱茶庄园采用良好的农业操作规范，建立起可追溯的茶园和加工厂。柏联普洱茶庄园一贯坚持生产“绿色健康的茶叶饮品”，遵守可持续发展的理念，通过环境保护等方法，保证茶叶产品品质，实现生产和经营上的低碳化；做到从柏联普洱茶庄园里走出的茶叶，都符合国家绿色茶叶标准。

4. 设计精品化

柏联集团坚持走精品路线、做高端品牌。该公司将云南少数民族特色与现代化建筑元素相结合，使制茶坊与周围茶园浑然一体。为了方便游客观光，保证生产环境的整洁，参观的走廊与茶园相融，使茶坊成为从“茶园里长出来的制茶坊”。

按照国际化定位设计的柏联普洱 LOGO——生命之树，体现了人与自然和谐发展的环保理念。柏联普洱茶设计的产品外形包装把云南民族元素特别是景迈山的土壤、石头、弹石路、茶园、建筑、民俗、服饰等元素融入其中，体现了少数民族的风情。

5. 产业一体化

柏联普洱茶庄园，不是一般意义上的茶庄、茶园、茶山，它为普洱茶产业和旅游文化产业找到了结合点。柏联集团依托景迈山具备走向世界的三个唯一性，即唯一保留的北回归线上原始森林中的万亩千年古茶园，唯一的一处百越、百濮先民的千年茶文化遗存，唯一的独具风味的景迈香普洱茶（景迈香是一种兰花香，是一种山野之香、雨林之香、王者之香），在庄园里设计了茶园、茶山寨、制茶坊、储茶仓、茶道馆、茶博物馆、茶禅合一会所、“景迈雨林”会所等 8 个保护和开发项目，形成普洱茶文化的展示和体验景区，使普洱茶向文化、旅游等行业渗透，实现了茶产品与茶文化、茶旅游的一体化经营。

柏联普洱茶庄园转变经营理念，打造“品牌营销”，在昆明黄金商业区柏联广场建设了 300 平方米的旗舰店、1000 平方米的普洱茶会所，在柏联 SPA 酒店建设了全省乃至全国收藏老茶最全的普洱茶博物馆和普洱茶品饮、销售场所，腾冲和顺小巷和柏联普洱茶庄园内也有柏联普洱的产品展示馆和销售终端。柏联普洱旗舰店是一个集中展示柏联普洱的品牌精神和品牌风格的形象店、概念店，是柏联普洱茶产品进入流通环节的一个重要平台，在未来普洱茶走向国际化市场中扮演着重要角色，它将把普洱茶庄园的品牌精神和高品质产品带到世界各地。

柏联普洱茶庄园的建设和运营转变了传统茶园模式，是一种应用商贸带动农业发展的新型茶业经营模式，扬弃了片面的枯燥的品茗活动，依靠美食、旅游等丰富了庄园的经营内容，带动了更广泛人群的介入，而且融进了所在地的少数民族文化特色，使柏联普洱茶庄园成为城郊型的都市农业观光园。柏联集团通过建立柏联普洱茶庄园，发展了集种植、生产、营销、文化、旅游、科研于一体的全新运营模式，该模式实现了“用法国葡萄酒庄园的理念做普洱茶”的设想。

柏联普洱茶庄园的国际认证工作也在筹备之中，相信被贴上国际认证标签的柏联普洱茶庄园能让更多的消费者信赖，放心前往旅游和购物，为柏联普洱茶庄园拓展国际市场、塑造国际品牌形象创造新的条件和机遇。

（三）普洱茶行业的时尚代表——帝泊洱品牌打造案例分析

1. 以制药的理念做精做好普洱茶

天津天士力集团于2008年10月在云南省普洱市注册成立了云南天士力生物茶科技有限公司，注册资金为4000万元，主要进行生物茶技术的研发、服务、成果转让和药品、食品、保健品的开发研究。在选择进入茶行业之时，天士力没有选择其他茶类，而是选择了普洱茶。

天士力集团是看准了普洱茶的保健养生功效，作为一家药企，选择这样的项目最合适。天士力集团依靠云南省及普洱市根据发展绿色经济的战略思路和传统茶产业升级的契机提出的“科学普洱”全新发展战略的指引与大力支持，依托十多年来将传统中药打造为现代中药的先进思想、文化、科技、管理的结晶，发扬云南省及普洱市普洱茶生态茶园及千年普洱茶发展的精髓，力争实现产品的功能化、便捷化、国际化，最终将健康、养生、文化、品牌转换成价值。

2. 以时尚健康的元素打造普洱茶精品

天士力是中国首个将现代中药技术引入茶行业的企业，它基于让人人能喝到健康时尚茶饮的理念，在其优质的生态环境上选用云南省大叶种普洱茶，根据科学的生产程序，打造出接近纳米级的纯天然、含高倍普洱茶精华的“帝泊洱”品牌即溶普洱茶珍系列产品，这打破了传统普洱茶砖、饼、沱的固有紧压形态，符合当代人们的理念及要求。帝泊洱即溶普洱茶珍喝起来很方便，就像速溶咖啡一样，撕开包装，倒入白开水，就能饮用了，使饮茶过程实现了便捷化。

3. 以高标准的要求做强做大普洱茶产业

帝泊洱的定位是“健康、便捷、纯生态”，让人人都能喝上优质普洱茶，化繁为简、随时随地喝普洱茶，让普洱茶成为一种时尚健康的饮品。为了使其产品成为满足消费者期待的一种安全、便捷的饮品，帝泊洱公司制定了一套完整的从种植、采摘、加工到运输、仓储、销售全程标准化的生产标准。帝泊洱改变了普洱茶“生产过程不卫生，工艺独特但缺乏标准，饮用效果显著但缺乏科学数据，国内外很有名气但缺乏品牌”的形象。

帝泊洱把科研成果转化为企业产品，形成品牌，延伸产业链，实现茶农增收，达到了多方共赢的目标。2008～2009 年，帝泊洱公司开发出袋泡茶、粉状速溶茶、罐装茶等新产品。2009～2010 年，帝泊洱公司又开发出具有降血糖、降血脂、抗衰老等系列功能的普洱茶。2010～2013 年，帝泊洱公司开发出普洱茶抗肿瘤、抗衰老等系列新药。

按照发展大健康产业的总体思路，天士力集团从健康生活的第一要素——饮食之一的茶入手，寻找到最优质的茶产业资源和最具优势的茶产业区域，运用现代技术，改造茶叶传统产业，提高茶叶产品的科技含量，开发了以“帝泊洱即溶普洱茶珍”为龙头的一系列新产品，取得了可观的社会效益、经济效益，为中国茶业的升级换代提供了宝贵的可资借鉴的发展经验与模式。

参考文献

1. 中国茶叶流通协会：《2012 年全国普洱茶市场产销形势分析报告》。
2. 云南省茶叶产业办公室：《云南省云茶产业发展振兴总体规划（2011～2020 年）》。
3. 云南省茶叶产业办公室：《2012 年云南茶叶产业总结报告》。
4. 梁名志：《普洱茶科技探究》，云南科技出版社，2009，第 14～65 页。
5. 何钢、何方：《中国茶叶如何真正走向世界》，《林业科技开发》2003 年第 17 期。
6. 中国经济网，http：//www. xfcha. com/cs/csxy/2012/0209/5058. html。
7. 白马非马：《云茶电子商务：品牌崛起与草根突围》，《普洱杂志》2012 年第 2 期。
8. http：//www. puercha. cc/.
9. http：//www. pure－puer. com/flash/zy. html.
10. http：//blog. sina. com. cn/s/blog_ 54e751330100dwyp. html.
11. 胡笑红：《天士力 30 亿元全面进军普洱茶业》，《中国茶叶》2010 年第 4 期。
12. http：//www. cmmo. cn/article－128963－1. html.
13. http：//www. yn. xinhuanet. com/newscenter/2012－12/27/c_ 132067008. htm.
14. http：//www. foodqs. cn/news/gnspzs01/20131791337084. htm.
15. http：//www. zgny. com. cn/ifm/consultation/2012－7－23/226988. shtml.
16. http：//info. 1688. com/detail/1028743901. html.

B.8

2012 年湖北省茶产业发展研究报告

宗庆波*

湖北是世界三大茶人“茶祖”神农、“茶神”诸葛亮、“茶圣”陆羽的故乡，产茶历史悠久，茶文化底蕴深厚，茶区气候条件及生态环境优良，为大力发展优质茶叶生产奠定了良好基础。兼处江南、江北茶区的湖北省一直是我国主要的重点产茶省份，也是我国绿茶、传统红茶、黑茶生产大省，已成为全国各大茶类的重要集散地。近几年，在省委、省政府的农业强省战略推动下，湖北省茶叶生产发展势头强劲，加快了从茶叶大省向现代茶业强省发展的步伐。

一　全省茶叶产业发展状况

（一）产业规模进一步扩大

“十一五”以来，现行农业政策加快了全省茶叶产业的发展速度，“四大茶区”种植格局进一步形成并已显现板块优势，品牌建设取得突破性进展，传统茶类生产正在恢复性提高，市场体系建设逐步完善，产业综合实力明显提升。2012 年全省茶园种植总面积为 390 万亩，茶叶总产量为 20.7 万吨，茶叶产值为 80.7 亿元，与 2011 年相比，分别增长了 11.2 万亩、2.3 万吨、10.1 亿元，增幅分别是3%、12.5%、14.3%。茶叶综合产值突破200 亿元，在全国 20 个产茶省市中，湖北省茶园面积、茶叶产量和产值分别位居第 3 位、第 4 位和第 4 位。

目前全省共有 63 个县市 300 多个乡镇种植生产茶叶，其中面积达 10 万亩

---

* 宗庆波，湖北省农业厅。

以上的省级重点产茶县市有15个，随着茶叶优质经济板块的不断推进和建设，茶叶产业已成为湖北省山区农业经济和农民增收致富的支柱产业和朝阳产业。

（二）产业化经营进一步提档升级

随着标准化茶叶基地的不断建设，优势茶叶经济板块在逐步形成，更加快了全省茶叶产业的升级速度，茶叶种植、生产加工、市场运营体系各环节较2011年都有新突破。至2012年底，全年茶叶产值和销售额过亿元的企业有9家，有13家茶企茶叶基地建设辐射规模过万亩，几乎都以种植、加工、经营一体化的实体经营模式为主流。产业提档升级主要体现在以下两个方面，一是标准化茶叶基地规模逐年增大，按照农业部园艺作物标准茶园创建活动的有关要求，全面推行标准茶园创建“六个100%”的建设目标：生产资料统购统销、种苗统育统供、病虫害统防统治、商品化处理、品牌化销售、食品安全“六个100%”。经专家考核验收，宜都、夷陵、宣恩、竹山、保康、大悟、赤壁7个县市被列入2012年农业部标准茶园创建县市，给予项目扶持。二是加工提档升级，以现代化农业和现代化工业相结合的模式打造地方茶叶产业。一批综合型茶叶加工实体相继建设，2012年萧氏集团现代茶产业科技加工园被列入省十大农业产业链之一重点扶持，中国农科院茶叶研究所与鹤峰县走马镇联合建设的茶叶深加工项目速溶茶提取正式试投产，竹溪县梅子贡茶食品产业园抓紧建设即将完成验收，为全面提升全省茶叶加工水平迈出了坚实步伐。

（三）产品全面开发，质量稳中有升

湖北省茶类产品品种丰富，涵盖了六大茶类产品，是我国紧压茶、传统花茶的重要生产省份。2012年，全省各茶类产品产量统计数据为：绿茶16.5万吨（81.4%）、红茶2.2万吨（10.8%）、黑茶1.14万吨（5.6%）、乌龙茶4116吨（2%）、白茶151吨、黄茶10吨。其中，全省各类名优茶产量达到8.9万吨，产值为56亿元，分别占全省全年茶叶产量的44%和总产值的69%。同比2011年提高了1%和2%。

各类茶产品主要呈现以下特点。

一是产品安全质量进一步稳定。全省现有投产茶园都达到或超过了无公害

茶叶生产标准，新建茶园符合绿色茶园标准要求。政府鼓励并扶持产区进一步开展生态茶园建设，2012 年底，全省茶叶绿色食品认证面积达到 70 万亩，已有 50 多家茶叶企业荣获国内外有机茶生产与加工认证，全省无公害茶叶农残检测抽检合格率为 100%。全省首次开展了乌龙茶质量专项检查，深入湖北省所有乌龙茶生产企业现场抽取乌龙茶样品，检测表明产品质量安全状况良好。

二是名优茶结构呈现新变化。名优品牌进一步壮大。过去湖北省名优茶全部是绿茶，并以春茶为主。近两年，各茶类名优茶也在推陈出新、蓬勃发展。据统计，2012 年全省名优茶中，名优绿茶、名优红茶、名优黑茶和其他茶类所占比例分别为 74%、15%、5% 和 6%。随着产品质量不断提高，传统湖北地方名茶品牌如采花毛尖、萧氏名茶、恩施玉露、武当道茶、邓村绿茶、黄鹤楼茶、英山云雾、大别山悟道茶等品牌的知名度进一步提高。

三是传统历史品牌茶类迎来重大发展机遇。2012 年起，省农业部门在充分调研的基础上做出重大战略调整，把恢复提高湖北红茶生产、青砖茶生产作为近期 5 年的工作重点。6 月 13 ~ 15 日，全省乌龙茶开发暨茶叶板块基地建设现场会在十堰竹溪县召开。全省 10 个市（州）、24 个县（市）的农业局、茶叶局负责人和乌龙茶生产企业代表等 180 多人参加会议，专题研讨了多元化开发转型问题。首次提出实施“一主（绿茶）三辅（乌龙茶、红茶、黑茶）”多元化开发战略，提高夏秋茶资源利用率；实施“走出去”战略，加大品牌宣传促销力度。要用产品特色的魅力、市场的竞争力、行政的推动力、科技的支撑力、企业的实力、老板的魄力、媒体的影响力、社会各方的注意力“八种力”来打造宣传茶品牌，得到各地广泛的认同和积极响应，有着百年历史的“宜红”工夫红茶和青砖茶生产发展迎来重大历史转机。

（四）市场流通渠道更为畅通

湖北已成为我国中部地区最大的茶叶交易省份，宜昌三峡国际旅游茶城、宜昌采花茶城、英山大别山茶叶广场、恩施硒都茶城等专业市场成为产区主要茶叶集散地，呈现出一派繁荣景象。武汉是中南地区茶叶贸易中心城市和最大的茶叶交易市场，全市现有各类茶叶专业市场 5 个，分别是汉口茶市、陆羽茶都、一品天下茶叶市场、香港路茶叶批发市场以及首义路茶叶市场。五大市场年交易总额达到40亿元左右，充分发挥了各大网点茶类交易中心的作用。湖北地县级的茶叶专业市场正在逐步形成，并各具区域特色和产区茶叶产业服务功能。总体上看，湖北茶叶市场建设正朝着集茶叶流通商贸、文化、旅游、产业开发等于一体的多功能型方向发展。

（五）茶叶出口逐年上扬

湖北茶叶出口正在从低谷中走出。2012年全省共有14家企业从事茶叶出口经营，出口产品还是以传统茶类为主，如珍眉绿茶、工夫红茶、名优茶类等。据统计，全年茶叶出口量为3977吨，同比2011年增加40%，其中名优茶类出口数量为930吨，占出口茶总量的23.3%，其余出口品种为中低档红茶、各级类珍眉茶、袋泡茶类等。全年茶叶出口创汇总额为2603万美元，同比2011年的1330万美元增加了近1倍，这充分反映了湖北省茶叶出口有恢复发展的好势头。只要充分调动和鼓励省内外茶叶出口经营商的积极性，合理进行资源搭配，加大政策扶持力度，并充分利用和发挥湖北茶叶产品在国际市场上的潜在优势，湖北茶叶出口将再上新台阶。

（六）茶产业综合服务全面展开

省财政厅、省农业厅、省科技厅、省供销社都对全省茶叶产业给予了相关扶持政策，立专项、拨专款对各茶叶产区和企业进行了立项开发。2012年，省财政争取中央现代农业生产发展资金项目，在13个县市建设高效标准茶园，投入资金1.06亿元；省农业厅安排茶叶板块基地建设和乌龙茶产业开发项目1800万元以上；省供销社全力打造“宜红”茶品牌，投入资金6000万元，由宜红茶股份有限公司和恩施馨源生态茶业有限公司合作开发“宜红”茶品牌；萧氏茶叶集团被纳入省委、省政府农产品加工业“四个一批”工程等。这些扶持政策有力助推了全省茶产业发展。依靠和发挥省内外各茶叶科研机构、各大专院校对茶产业的科技支撑作用，湖北省茶园品种优化、基地建设和新产品开发等方面的科技水平不断提高。省农科院茶果所、各大专院校也与产区企业和相关机构进行了项目对接和开发合作。中国农科院茶叶研究所、安徽农业大学、湖南农业大学等相关单位与湖北省五峰、十堰、恩施、宜昌萧氏集团等建立了战略合作关系，在红茶产业、砖茶产业、深加工等领域进行广泛合作。

（七）茶事活动繁荣，品牌建设卓有成效

政府重视、企业参与、“三会”（学会、协会、茶文化研究会）牵头参加、职能部门大力支持，2012 年湖北茶事活动有声有色，社会影响很好。

一是由省茶叶学会、省茶叶协会、陆羽茶文化研究会联合举办 2012 年 5 月 10～13 日在武汉国际会展中心举行的“第五届中国武汉茶业博览交易会暨陶瓷艺术展”。省人大常委会副主任罗辉，省政协副主席涂勇，省农办主任刘田喜，省农业厅党组副书记、副厅长余胜伟等领导应邀出席开幕式。参展规模为五年之最，国内省内参展企业达到 800 多个，武汉茶博会已成为中南地区规模最大的茶叶展示会。

二是组织全省 15 家重点茶企于 2012 年 5 月 11～15 日抱团参加 2012 年上海国际茶文化旅游节·茶乡旅游博览会。以“同饮长江水、共品湖北茶”为主题，举办了湖北品牌茶叶推介日启动仪式。上海市政府对外合作交流办、闸北区政府和区旅游局及帝芙特茶叶广场的有关领导，茶叶采购商、销售商和参展茶企及新闻媒体工作人员，共计 200 余人参加了启动仪式。省农业厅伍昌胜副巡视员主持，徐能海副厅长致辞。采花毛尖进行了畅享全国巡回展——上海站仪式、宜昌萧氏举行了“萧净尖”高端绿茶全球品鉴会（上海站）等活动。

三是宣传推介英山云雾品牌。2012 年 4 月 21 日，大别山生态名茶“英山云雾茶”授牌仪式暨新闻发布会在武汉成功举行。省人大刘友凡副主任，省农业厅祝金水厅长，国家、省、市 20 多家主流媒体记者，共计 400 余人出席了授牌仪式。刘友凡副主任、祝金水厅长共同为英山县授牌并作重要讲话，省农业厅宗庆波研究员进行了现场点评。

四是精心打造大别山悟道茶。2012 年 4 月 28 日，安徽农大、华中师范大学等省内外知名茶叶专家和文化专家组成评审论证委员会，对大别山悟道茶进行了评审和论证，推荐认定“大别山悟道茶”为中华孝文化名茶。5 月 5 日，“中华孝文化名茶——大别山悟道茶”授牌仪式在武汉隆重举行。省政协副主席陈柏槐，省农业厅厅长祝金水，党组书记戴贵洲，孝感市市长陶宏，省市

20多家主流媒体记者等300余人出席了授牌仪式。

五是打造湖北高香型名茶——襄阳高香茶。2012年9月3日，襄阳市组织省内外知名茶叶专家进行评审和论证，省农业厅发了专题通报。

六是组织参加在湖南沅陵县举办的武陵山区首届茶产业经济论坛。

七是宜昌夷陵区政府和邓村绿茶集团组织策划，2012年4月在宜昌夷陵邓村乡成功举行春茶开园节，11月成功举办了首届中国三峡斗茶大赛，充分展示了邓村绿茶的绿色生态形象和品牌形象。

二　存在的主要问题

（一）茶叶生产发展问题

湖北省茶叶种植面积仍然在逐年增大，但无性系良种优化比例仍很低，衰老茶园、中低产茶园比重过大，超过100万亩。2012年全省无性系良种茶园面积为101.5万亩，占全省茶园总面积的26%，比2011年增加了4%，但远低于2012年全国46.3%的平均水平。同时，近几年新发展的幼龄茶园还没有投产，加上近年严重自然灾害频发，湖北省茶叶产业的自然资源优势和产能还未充分显现。

（二）市场流通体系有待健全

市场体系的建设直接影响着市场流通功能的发挥。湖北境内各类茶叶市场和经销网点众多，但缺乏供销环节平衡力、产品“消化”力、产业导向力，以及茶叶产品必需的文化氛围，最终直接影响茶产品价值的实现与转换，很大程度上制约了茶产业的健康发展。总体看，主要问题有：一是产品流通方式落后，缺乏现代市场营销理念，如湖北境内茶楼会所少且功能单一，茶叶电子商务及远程交易起步迟缓，促销及广告宣传力度不够。二是市场辐射区域狭小。缺乏全方位激活市场的工作力度，就内销市场看，大多数企业过分依赖本地区或本省现存渠道，对省外市场的拓展急需加大力度，产品定位与开发有待调整优化。三是市场自身建设问题。各类茶叶专业市场在设施、环境、交通、监管、服务等方面有待进一步完善提高。四是茶叶内外两大市场发展不平衡。大都十分重视国内销售市场开发而忽略了国际茶叶市场这个大舞台，导致湖北省茶叶出口多年在全国严重滞后，是典型的“生产大省、出口小省”，出口量、创汇额仅分别占全国的1%和2%，与湖北省茶叶大省的地位极不相称。

（三）品牌建设问题

湖北茶产业品牌众多，良莠不齐，近年来仅有“采花毛尖”“萧氏名茶”“邓村绿茶”“恩施玉露”“武当道茶”“大别山悟道茶”等少数品牌在上海、北京等大中城市有一些影响，大多数品牌“省内热闹、省外无名”，还缺乏全国范围的社会知名度，也很难渗透进省外市场。主要原因是多年来茶叶品牌宣传力度不够，重点单一，只注重新兴品牌产品的培育而忽略了本身传统历史品牌产品的利用和开发。如历史悠久的湖北“宜红工夫茶”和“川字牌青砖茶”的品牌价值也是在中国“红茶热”“黑茶热”风暴的背景下，刚刚引起各级重视，而其历史品牌资源的价值和品牌内涵还需花大力气深入发掘。要把湖北省茶叶的品牌资源优势转化成品牌市场优势，还有相当长的路要走！

（四）龙头企业培育问题

目前湖北省缺少一批能带动全省茶叶产业发展并具备强劲综合实力的龙头企业。企业的品牌战略大都局限于企业自身，最多也只起到对地方区域的局部带动作用，很难站在全省和全国茶叶产业高度上发展，而且在发展过程中还有强烈依赖症，离不开政策支持，缺乏自主创新与经营优化意识。因此要尽快通过现代企业管理手段、通过资源重组和技术联合等方式，打造带动和辐射能力强的国家级、省级重点龙头企业。目前，全省有大小茶叶企业4000多家，进入茶叶产业化经营的企业有500多家，但500万元以上规模的企业不到200家。总体看，茶叶企业实力不强，机制不活，眼界不够开、胸怀不够广，具有包容、合作胸怀与魄力的老板还很少。“宁为鸡头，不做凤尾”，小富即安，急功近利的思维盛行。

（五）生产成本问题

随着农村城镇化建设的推进和打工经济发展的需求，加上全球范围内经济波动以及国内物价上涨等因素的影响，农村劳动力缺乏现象日益加重，茶园管理成本、采茶与生产加工成本逐年上升，产业经营各环节的综合成本也在不断提高，促使茶价上涨影响市场销售，严重影响着广大茶农参与生产的积极性。同时，大部分茶叶加工厂房设计落后，机械设备不配套，连续化、自动化、标准化程度低，离食品加工业要求还有较大差距，存在二次污染隐患等问题，亟待优化改造和提升。

（六）茶叶深度综合开发问题

湖北省在产业精深加工以及综合利用开发方面明显落后于国内先进省份。近年来全省也有多家茶叶企业涉足茶饮料生产、茶食品加工、茶多酚提取等项目的实施开发，但生产规模和效益明显不够，其主要原因是科技力量不雄厚。据不完全统计，全国近70%的茶学高级人才都立足于上海、浙江、湖南以及发达的沿海地区，湖北省大部分重点企业拥有的茶学及相关专业的博士、硕士和本科生人才寥寥无几，茶叶深度综合开发人才，红茶、砖茶和乌龙茶开发人才，企业茶叶专业人才紧缺，已严重影响到企业发展后劲和做大做强。

三　湖北茶叶产业发展思路与措施

（一）指导思想

实施“走出去”和“1+3开发”战略，巩固发展绿茶，完善提升乌龙茶，重点开发红茶和老青砖茶。推广良种建设大基地，突出加工培植大龙头，弘扬茶文化，振兴历史大品牌，创新营销模式，抢占大市场。促进茶产业持续快速健康发展，实现茶叶大省向茶业强省的跨越。

（二）发展目标

到2017年，全省茶叶综合产值突破500亿元，湖北茶叶综合效益跃居全国前三位；无性系良种占有率提高到40%以上，茶园总面积稳定在480万亩左右，培育万亩标准化、规模化、生态化示范茶园30个以上；夏秋茶鲜叶转化加工利用率提高到60%以上；出口创汇翻两番；茶农人均收入增加60%以上；唱响名优绿茶品牌，重塑湖北“宜红茶”“青砖茶”两大历史品牌，培植驰名中外的茶品牌3～5个，打造国家级龙头企业3～4家，茶产业现代化建设取得突破性进展，推动湖北迈进茶业强省行列。

（三）产业布局

省农业厅、供销社、农科院和茶叶协会在充分调研的基础上，积极为省政府当好参谋，对全省茶叶产业布局进行了战略性调整，提出要发展四大优势茶区、构建现代茶叶加工体系，促使四大优势茶区产业分工更为明细、地域特色更为鲜明、产业结构更为合理、产品种类更为丰富。

四大优势茶区：鄂西南武陵山及宜昌三峡茶区：以恩施州和宜昌市各县市为主，建设230万亩优质茶叶基地，重点开发宜红茶、乌龙茶、青砖茶、绿茶及精深加工产品，也是恢复发展出口茶产品的重要设定区；鄂东北大别山茶区：以英山、大悟、红安、孝南、黄陂、新州、麻城等为重点，茶叶基地建设100万亩，重点开发建设无性系良种繁育基地，生产名优红茶、名优绿茶并出口茶产品；鄂西北秦巴山茶区：以十堰、襄樊、神农架等地区为重点，茶叶基地建设100万亩，重点开发高香绿茶、武当道茶及深加工茶产品；鄂南幕阜山茶区：以赤壁、咸安、崇阳、通城等县市为主，茶叶基地建设50万亩，重点开发湖北青砖茶产业。

构建现代茶叶加工集群：在优势茶区鼓励建设茶叶精深加工园区、宜红茶出口加工园区、乌龙茶和青砖茶加工园区等，促进茶产业加工提档升级。

（四）主要措施

1. 加强茶叶基地建设，实施良种配套工程

筛选5～6个适合湖北发展的茶树品种，开展高香型乌龙茶、花香型红茶、低氟青砖茶等专用新品种的试验、示范和推广，按照优势布局要求，分别在宜昌、恩施、孝感等地重点建设3～5个育苗基地，辐射主产县市，建立良种繁

育栽培网点，力争全省年出圃种苗5亿株以上，建立全省茶树良种繁育推广一体化、产学研相结合的现代种业体系，至2017年，茶树良种覆盖率达到40%以上。

2. 继续实施标准化茶园创建工程

为巩固湖北省“全国茶叶生产大省”的地位，要充分利用好中央现代农业发展专项资金，按照高效茶园建设要求，加强园林、路、水、电等基础设施配套建设，通过新建茶园和低产茶园改造的方式，建成200万亩以上的标准高效茶园，并能确保内销与出口外销产品的农残安全性要求，建立健全茶园基本数据库，包括土壤数据、病虫害预防、土肥管理等多项内容，大力推广茶园机耕、机修、机采、机防、生态种养等现代农业措施，并强化科技运用与人才培养工作，通过优质高效生产技术的集成与示范，使全省的茶叶种植和生产规模化、高效化、标准化。

3. 加快实施加工转型升级工程

在优势茶叶产区建设一批全国一流的高标准现代产业加工园区，逐步构建现代茶叶加工集群，保证茶叶加工产值与农业产值比达到2.5∶1。按照清洁化生产的要求，在传统红茶、青砖茶产区重新布置新型原料茶初制加工网点，特别是要抓紧建设标准化示范晒场，以保证红茶产业和青砖茶产业的原料需求，包括产品数量、品质质量、农残安全质量的需求，也要鼓励企业自主创新、加大新产品开发力度，同时要大力开发茶食品、茶提取物、茶保健品、茶日用品等终端产品，进一步拓宽和延伸茶叶产业链，促使湖北省茶产业全面升级。

4. 实施科技创新支撑工程

充分利用和发挥行业协会、学会、茶文化研究会的职能和功能，发挥相关科研机构的科技研发能力，加强茶叶产业公益性技术推广服务体系建设，用科技创新手段和质量安全标准引领茶叶产业发展，在种植和加工环节重点把控品种筛选与技术推广、病虫害预测与防控、新产品开发及技术转换等，认真开展产品质量检测和鉴评，研究制定并规范各类产品省级地方标准，促进全省茶叶产品质量水平再上新高度。

5. 实施品牌打造与市场体系建设工程

要充分利用产业资源和楚茶文化资源优势，加大品牌打造宣传和市场开拓力度，着力培育鄂茶品牌的国内外市场网络，提高鄂茶的市场竞争力和占有率，在巩固提高现有知名绿茶品牌的基础上，重点打造宣传“宜红”“青砖茶”两大历史品牌，推进红茶和黑茶产业实现突破性发展。大力支持全省茶企抱团出击，实施“走出去”“重出口”战略，组织并举办好各类茶事活动，加强农业、供销、商务、旅游等部门的合作发展，制定奖励政策，扶持扩大省外销售和茶叶出口的“外向型”重点龙头企业，支持各地鲜叶交易市场、茶叶专业市场、电子商务、农超对接等市场体系建设活动，进一步弘扬茶叶历史文化和创意文化。努力推进湖北省知名茶品牌立足湖北、唱响全国、进军国际市场大舞台，全面促进湖北省茶叶产业的大发展。

B.9 2012年广东省茶产业发展研究报告

黄建璋* 尹北晖 曹潘荣 黄子锋

广东是茶叶生产和销售大省，也是茶叶消费大省，茶产业在增加山区农民收入、扩大就业和稳定农村社会方面发挥着重要的作用。近年来各地政府针对市场环境和自身能量充分发挥其优势，如今广东茶叶产业已走上蓬勃发展的道路，茶叶经济效率逐年递增，茶文化产业也取得了巨大的成就。

一　广东省茶产业发展现状分析

广东是海上丝绸之路的东方发祥地，历来是中国茶叶的产饮大省和贸易大省。近年来，广东省茶业依靠政策、投入和科技进步进入了新的发展阶段，并呈继续扩大之势。总体上看，茶叶生产保持稳步发展，茶园面积稳步扩大，茶叶产量不断增加，产品结构不断优化，名优茶不断增多，特色产品不断涌现，生产效益有所提高。绿色食品生产技术规程、无公害农产品技术规程、良种标准、低碳茶园及茶叶实验基地、标准茶园示范区先后建立，茶叶品质有所改变，质量安全得到重视，茶叶市场建设逐步完善，销售渠道不断拓宽。重点茶叶销售区逐步建立了初具规模的茶叶市场，经营大户已形成多层次、多形式的销售网络。特种茶和茶食品研发初显成就，茶学和茶文化事业的发展在全国有突出表现，茶叶商品在国内销售年年保持良好的发展态势，销量略有增长，出口平稳发展，价格基本保持上升水平，茶产业在农村经济中依然起着重要的作用。2012年，全省实有茶园面积已达4.1837万公顷，仍然保持在全国第12

* 黄建璋，广东岭南茶叶经济研究院。

位，产量为6.3095万吨，位居全国第八，茶叶单产一直位居全国第一，茶叶农业产值为19亿元，茶叶总产值近60亿元，涉茶总产值过百亿元。虽然茶叶产值占广东经济指数的比例不高，但在一些山区，茶叶已是当地财政和农民收入的重要来源。在整个产业链上全省茶企超过10万户，茶叶市场有30多个，茶叶初制厂有3000多个，精制厂接近100个，茶叶产品种类以乌龙茶、绿茶为主，其他有红茶、黄茶，另有少量黑茶生产。全省年销售周转量超过12万吨（本省茶基本自己消化掉，向外调茶叶的省份主要是福建和云南）。总交易额约为200亿元，人均消费1.1千克，均价为150元/千克，消费量约为11万吨，消费额为160亿元，总体人均消费稳居全国第一。预计2013年全省茶园实用面积达到4.20万公顷，毛茶产量达到6.5万吨，毛茶产值预计达到20亿元。但随着茶叶市场竞争面临多重任务、多重挑战，也要有应对市场价格回落的准备。相应地，广东红茶产业将会在本省市场具有较好的发展前景，茶价仍将保持低速增长。

（一）茶叶生产发展现状

1. 种植业发展状况

2012年，广东省茶叶种植面积稳步扩大，茶叶总产量稳步增加。统计显示，全省茶叶实有面积已达4.1837万公顷，同比增长1.7%；总产量为6.3095万吨，同比增长5.8%。目前全省无性系良种茶园已占茶园总面积的70%以上，优新品种规模不断扩大，生产持续发展。茶类结构也在调整，在历史上，红茶曾是广东省的重点茶类，但是自从20世纪90年代以来广东省茶产业结构进入调整期，茶叶生产转以绿茶和乌龙茶为主。2012年广东省生产乌龙毛茶3.0143万吨，增长10.6%，占茶叶生产总量的47.8%；绿毛茶2.5741万吨，增长1.7%，占茶叶生产总量的40.8%；红毛茶0.1338万吨，增长4.6%，占茶叶生产总量的2.1%，黄毛茶0.0008万吨，占茶叶生产总量的0.013%，黑茶和其他茶0.5865万吨，增长1.2%，占茶叶生产总量的9.3%。与往年相比，广东全省茶叶面积和产量与历年相比有所增长，但出入不大（如表1、表2所示）。

表1 2000～2012年广东省茶叶种植面积和产量

项目＼年份	2000	2004	2005	2006	2007	2008	2009	2010	2011	2012	2012年比2009增长
年末实有面积（万公顷）	3.47	3.89	3.60	4.01	3.73	3.68	3.76	4.08	4.113	4.1837	11.3%
产量（万吨）	4.21	4.04	4.45	4.47	4.89	4.84	5.14	5.33	5.9637	6.3095	22.8%

数据来源：广东省农业厅《2012广东农业统计年报报告》。

表2 2012年广东省各类茶叶生产情况

项目	年末实有面积（万公顷）	总产量（万吨）	所占比重（%）	同比增长（%）
茶叶	4.1837	6.3095		
红毛茶		0.1338	2.1	4.6
绿毛茶		2.5741	40.8	1.7
乌龙毛茶		3.0143	47.8	10.6
黄毛茶		0.0008	0.013	0
黑茶及其他茶		0.5865	9.3	1.2

数据来源：广东省农业厅《2012广东农业统计年报报告》。

2. 区域分布情况

根据广东省的地形地貌和土壤气候等因素，广东茶叶分为粤东、粤北、粤西三大产茶区和珠三角茶叶流通区。

广东因茶区特殊，历史上形成了粤东乌龙茶基地、粤北绿茶红茶基地、粤西大叶绿茶青茶基地、珠三角贸易流通中心四个区域基地。粤东茶区一直是广东茶叶生产大区，粤西茶区茶叶生产发展迅速，是茶叶良种种植基地，粤北茶区茶叶保持着增长态势，珠三角地区一直是广东省茶叶主销区。

3. 无公害茶园

历年来，广东省无公害有机茶园管理是坚持按照《NY5197－2002有机茶生产技术规定》的要求进行的。2012年认证企业已有30多家，认定面积超过1万公顷。

4. 茶类结构

中国六大茶类广东基本都有。茶类结构以乌龙茶、绿茶、红茶为主。2012年，全省茶叶产品结构调整趋势仍在发生变化，其中毛茶结构方面：绿毛茶增长了 1.7%，红毛茶增长了 4.6%，青茶（主要是乌龙茶）增长了 10.6%，成品茶结构也发生了变化，红茶上升比例较大，绿茶上升不大，青茶也在持续上升，普洱黑茶比例下降。

5. 品种结构

广东茶树品种以本地水仙种和白毛种为主，但新选育的和外省引进的优良品种为数也不少。近几年主要推广无性系茶树品种，品种结构以岭头单枞、凤凰单枞为主，2012 年英红九号、丹霞 1 号和从外省引来的金观音、黄金桂表现突出。

（二）茶叶加工业发展现状

近年来，广东省茶叶加工业发展迅速，主导性优势日益显现。生产方式上，初制茶加工业基本保留着传统工艺方式，现代加工体系及深加工比重仍有待进一步提高。在精深加工方面，现有茶叶生产企业规模相对较小，精深加工增值滞后，仍无法适应时势。在产业上，广东省茶叶产业龙头企业为数不多，能评上全国百强茶叶企业的更少。在整体上，广东茶产业的组织化程度相对比较低。目前，茶区的主体依然是单个小而全的农户，小企业多，大多是家庭小作坊式经营，厂房相对陈旧，设备简陋，加工技术滞后，科技含量和附加值较低，特别是普洱茶经营加工企业卫生安全意识非常薄弱，茶叶中掺杂夹杂物等超标现象随时可见，其产品质量参差不齐。部分绿茶、乌龙茶产区毛茶加工能力与茶叶种植规模还是不太匹配，影响了毛茶制作质量，产销市场也不相匹配。资料显示，广东省有 83 个县生产茶叶，产量为 6.3095 万吨，仅占全国的 4% 左右，而广东每年省内消费达 11 万吨。广东省茶叶外销历史超千年，在海外，只要一听到喝茶就联想到潮州工夫茶，潮籍华人常纷至沓来抢购广东的乌龙茶和家乡特种茶叶。历年来，广东省内茶叶市场的发展令人瞩目，全省茶叶周转量超过 13 万吨，且每年都在递增，形势十分可观。如今全球消费口味越来越多样化，且要求环保、安全，更要有特点。这样的情况，这样的背景，这些变化，这种发展，势必造就新的市场机会，使广东省的茶企发展带来一些蝶变。2012 年，广东省各茶类中名优茶、地方特色名茶显著增加，无公害茶叶生产也在进一步发展，茶企产品品牌建设也得到加强，目前全省已近 60 个茶叶产品被列为广东省名牌产品。可见广东省茶叶生产已在逐步从注重数量增长向注重质量优化和安全转变，竞争力在不断提高。

纵观历史，由于自然环境优越，区位优势明显，广东岭南历来被誉为优异佳茗产区，其茶叶种类众多，约有百种，名茶记载有50个左右，每一种茶叶又由于采摘时节不同、产地不同、工艺不同等可分出众多子类。然伴随着历史的推移及技术的创新，广东茶叶生产技术有较大突破，产品也在不断创新，与茶叶种类品类多相对应。在现实中，广东省从事茶叶种植、加工和销售的企业和人群众多，分布广泛。资料显示，2012年全省销售企业仍保持在10万户之多，涉茶人数超过300万人，但在这300多万人中从事加工业的人数不多，形成的加工企业数量仅在3000多家，其中成规模的精制企业不到100家，且这其中绝大部分为初制企业。另据了解，全省茶叶加工业真正上千万产值规模和具有重大贡献的为数不多。可见广东茶叶生产加工业发展有待提高，生产发展方式仍需要进一步改进，加工技术也需加强和创新，经营体制改革要加快步伐。

（三）重点龙头企业发展情况

近几年，随着茶叶经济的全球化与现代化发展，广东省茶产业通过优化，生产能力不断增强，有力地促进了茶产业生产水平的提高，陆续涌现了一批有规模、专业化程度高、技术含量高、产品质量较好的大型茶叶龙头企业。据省农业厅相关部门提示，目前能列为省重点龙头企业的茶企业分别是大埔县西岩茶叶集团有限公司、广东德高信种植有限公司、广东国宾集团有限公司、梅县雁南飞茶业有限公司、广东农垦华海集团公司、河源市丹仙湖茶叶有限公司、河源市石坪顶茶业发展有限公司以及顺德云峰土产茶叶有限公司和江门市台山古兜山白云茶场等。这些企业均有其自身优势和发展条件。

广东省大埔县西岩茶叶集团有限公司：年产值超亿元，实行了一体化产业化经营，主要茶类是乌龙茶。

广东农垦华海集团公司：产值超亿元，自有茶园，实行产供销一条龙、一体化经营，以绿茶类为主。

梅县雁南飞茶业有限公司：产值千万元，自有茶园，实行产销结合、茶旅游一体化经营模式。

河源市石坪顶茶业发展有限公司：产值八千多万元，自有茶园，实行产销一体化经营，多茶类发展。

江门市台山古兜山白云茶场：自有茶园，实行产销一条龙、多茶类发展，野生古茶园、野化茶种植生产是其特色。

广东国宾集团有限公司：产值数千万元，自有茶园，实施产销一条龙经营，主要茶类是乌龙茶。

河源市丹仙湖茶叶有限公司：产值数千万元，自有茶园，实行产销一条龙经营，主要茶类是乌龙茶和绿茶类。

顺德云峰土产茶叶有限公司：产值数千万元，精加工茶企业，产销结合，主要茶类是普洱茶。

广东德高信种植有限公司：股份制外资企业，自有茶园，一体化、产业化经营，主要发展茶类是红茶和绿茶及乌龙茶等。

其中广东省大埔县西岩茶叶集团有限公司、江门市台山古兜山白云茶场、广东德高信种植有限公司、顺德云峰土产茶叶有限公司四家企业在 2012 年度被评为全省最具发展潜力的茶企业。

（四）茶叶流通市场发展现状

广东历来是全国最大的茶叶销售和消费大省，也是全世界茶商茶人的交流活动阵地。统计显示，自从 2000 年以来，茶叶销量每年递增。据统计，2012 年全省茶叶销售量已达 12 万多吨，销售额达 200 亿元。在消费层面上，广东省茶叶市场消费发育比较健全，历年来茶叶消费均在持续增长，质量水平也相应提高，特别是中高档次消费明显增长，尤其是名优茶增幅更大。广东的消费茶类主要是乌龙茶，其次是普洱茶，再次是绿茶和红茶。其中乌龙茶消费稳定，价格平稳，略有下降；绿茶平淡，但价格略有上升；红茶目前需求强劲，价格上扬，消费市场在逐渐增长。普洱茶由于消费群体对其卫生和健康安全产生怀疑，加上饼型茶冲泡不便，文化内涵欠缺，2012 年销售明显下降，尤以高层消费群体更为明显，基本回避普洱的消费。从消费层面上普洱茶势头不佳，但其炒作行为仍在持续，市场容量还在增大。在销售层面上，广东普洱茶与乌龙茶的销售量最多，且两者比例相当。从整体上看，广东茶叶消费需求量年年在扩大，市场很广阔。从市场表现看，广东省茶叶市场在中国居老大地位，这是不可否认的，同时也反映了广东茶叶市场是最具有竞争力的，但也存在美中不足的一面，茶叶批发市场年年重复建设，茶店众多，效益不佳。此外，在这个市场中，有些滥竽充数的茶商仍然存在，好在广东老板善于吸纳国内外经营管理经验和茶叶科学技术，并以童叟无欺的诚信之道和薄利多销的方法进行经营，他们大多来自茶乡，对种茶、制茶了如指掌，茶的品质一看便知，这是广东省茶叶市场繁荣且经久不衰的首要原因。广东茶叶市场在全国茶叶销售市场的地位仍然是不可动摇的，创富平台仍然强势。

（1）市场交易方式

广东茶叶产销历史悠久，一直保持着浓厚的岭南茶文化特色和商贸特色，历来是我国茶叶贸易的主要窗口。其市场流通和销售渠道仍然保持了专业茶叶批发市场、专业零售市场、商场、超市专柜、茶楼茶馆等五种交易方式。

（2）批发市场

广东全省茶叶专业批发市场众多，遍布省内大中城市和各个主要角落，已呈饱和状态。从现象上看，批发市场的性质在变，其名称是批发市场，但实质上早已零售化了，其业态发展前景不太乐观。

反之，从产区来看，广东茶叶生产地区的茶叶专业批发市场相对薄弱，如饶平和英德两个古老茶区分别堪称乌龙茶名茶之乡和红茶之乡，但至今尚未建立像样的茶叶专业批发市场。相比之下，产地茶叶专业市场将会成为广东省茶产业发展的一个新增长点。

（3）零售业状况

广东饮茶人多，茶叶销售网络亦多。据统计，2012 年全省茶叶店已超过 10 万户，人数也超过 300 万。经调查，这 300 万从事茶叶零售业、茶馆业、茶楼服务业等第三产业的工作人员当中，零售业人员比重最大。零售商分别来自本省及福建和周边省份，农民较多。按每户 15 万元计，全省茶叶店销售额可达 160 亿元左右，人均产值仅在 6 万元左右。可见广东茶叶零售商效益很低，有待改造提升。

零售区域：广东茶叶最大的销售和消费区域是广州，其次是潮汕，再次是深圳。在广州销售最多的茶叶是普洱茶，其次是乌龙茶，再次是红茶，最后是绿茶，湖南的黑茶有声无市。其中乌龙茶与普洱茶发生了变化，绿茶与红茶也发生了变化。在广州有行话说，“有钱人喝铁观音，无钱人喝普洱茶，办公室泡铁观音，大排档泡普洱茶、茶梗、菊普茶”。在汕头销区专营茶叶的店铺有6000多家，其中大多数经营乌龙茶，福建茶最多，其次分别是单枞茶和云南普洱茶及部分红茶。在汕头，多年前人均年消费茶叶就保持在1千克左右，人均消费额约200元，以全市600万人口计算，年消费茶量达6000吨，消费额不低于12亿元。而据《茶艺》2011年的调查统计，汕头茶区人均年消费已不止1千克，应该为2千克左右，年总消费量达1.2万吨，消费茶价保持在200元/千克左右，若以现有人口计，则年茶叶消费额已达24亿元。2012年汕头销区的茶叶消费量和消费额经调查变化不大。汕头销区对茶叶的爱好长期以来有四种类型：第一类是无特殊偏好者，这类最多；第二类是一般爱好者，这类消费者在空闲的时候泡茶喝，但对茶没有很深入或很专业的认识；第三类是特别爱好者，这类消费者的茶叶消费量比较大，对茶叶品质、品种要求较高；第四类是专业爱好者，这类消费者已上升到对茶叶文化及历史的研究。汕头人喝工夫茶特别注重气氛和泡艺，工夫茶流行已久，对茶叶要求滋味浓厚。目前，该区茶叶零售价格由高到低依然依次是铁观音、单枞、大红袍、普洱茶。汕头销区的零售业依然相对稳定，不过铁观音已没有早期那样强劲。

（4）品牌建设

广东茶区自有产品品牌基本没有，叫得响的企业品牌亦不多，外来企业基本以经销商身份占据市场。广东人茶品牌意识淡薄，有待提高和改进。品牌建设必须走向大众，走向诚信制度建设。

（五）市场状况

广东茶叶市场是一个非常庞大的市场，但从市场渗透度和比较优势来看，目前广东茶叶市场面临很大危机，当务之急是要整顿和提高整体质素。若按广东省现有茶叶经销店的数字和业绩分析，年销售额为160亿元，户年均收入为15万~16万元，人均产值仅6万元左右。以这个数字为基数，若按30%盈利率计算，现有多数茶叶店是要赔本的，许多茶店目前没办法赚钱，均勉强维持。如广州芳村茶叶专业批发市场，由于几年一轮的顶手费，如果不是靠高利润和普洱茶炒作支撑，根本没有办法生存。按这种局势发展，广东茶叶店将会再回到2000年时期的茶叶零售店“为地主打工还要赔本”的局面。可见广东省茶叶行业面临转型和升级，市场的茶叶老板面临更新换代。新一代的茶人目前正在崛起，其实，产业转型、换代也是一种新的跃升，新的导向，而这种导向在某些程度上关系到消费的各个领域和各个层面。

1. 消费方式

在消费方面，广东一直是个多元化的文化特质区域，包容性强，市场变化迅速，应变能力也强。在现实中，广东人喝茶已很普及，且更讲究嗜好和实惠，特别是历史悠久的广州茶楼，耗时较长。市民选用的茶需要耐泡好喝，又要便宜。老茶客较注重口味的醇甘度，新茶客对新的茶品很爱尝试。在人群中一讲到喝茶，广东人会很骄傲地说，在母亲肚子里就开始喝了。进入新时期，广东茶企在市场营销上正在加强创新，加强拓展，产地政府也在向前台进行推广，造就了某些产品营销引领新消费潮的态势。广东茶叶的消费形式也在发生变化，在某种形式上，广东茶叶正在走向一种新的消费方式。

2. 消费需求

茶叶作为世界三大饮料之一，被认为是健康饮料，受到广泛欢迎。在国际茶叶市场上，茶消费出现快速持续增长，在现实中，茶叶已成为全球性的健康天然饮料。有关资料报告显示，中国茶叶消费量近年来一直以5%～8%的幅度递增，而广东市场则达到9%～10%的增长率。专家预测，21世纪将是茶饮料的天下，广东将会是茶的世界。

其实，广东省早已是中国重要的茶叶产区和消费大省，饮茶历史悠久，茶文化底蕴深厚，有着浓厚的岭南茶文化特色和商贸氛围。从地理位置讲，广东省背靠全国茶产区，面向港澳，辐射世界茶叶主销国，有着得天独厚的区位优势，是中国茶走向世界的重要门户。从市场地位讲，广州市拥有全国规模最大的茶叶批发市场，年交易额达到25亿元，是全国最大的茶叶集散地，在中国的茶叶流通领域起着主导作用。广东省茶叶市场，特别是广州市场，历史上曾是茶叶商家的必争之地，如今依然如此，发展非常乐观，相信凭借深厚的岭南茶文化底蕴和广东人的特质，广东茶叶消费市场将会继续领先中国。

3. 消费水平

广东历来是中国茶叶的产饮大省，如今又是中国的经济强省，茶叶消费水平一直高于全国平均水平。

从数字看，全省年人均消费数量约为 1.1 千克（其中珠三角地区人均消费量超过 2 千克）。若按广东省现有 1 亿人口计，全省茶叶消费每年达 11 万吨，显然是全国最高的省份。而据 2012 年统计，广东省茶叶年总产量仅有 6.3095 万吨，年消费需求缺口达 5 万多吨。尽管每年茶叶产量都在增加，但年人均消费水平也在相应提高。尽管前些年省内有大量普洱茶囤积，但随着人们消费水平的提高，对安全和健康的关注，此存量不会构成广东茶叶消费的主体，充其量只能满足一小部分生活水平较低的人群的消费而已。从产销数量看，广东自产茶除部分出口及省外销售外，年茶叶需求缺口在 6 万吨以上，可见广东茶叶产销不成比例。从消费层面看，广东茶叶消费总量水平或人均水平将继续上升，但上升幅度不会太大。

4. 消费结构

广东茶叶市场多种茶类共同发展。在珠三角地区，近年来高档乌龙茶和绿茶消费数量稍减，但其他茶叶消费稳中有升；在粤东地区，乌龙茶市场需求保持上升态势；粤北地方特色产品白毛茶供不应求，英德红茶以其出色的品质，市场销售旺盛，特别是在茶科所“金毫茶”的驱动下，其价格一路飙升，已刺激了红茶需求的升温；粤西地区茶叶市场发展迅速，阳江、湛江、茂名茶叶消费逐年上升，已成为广东省茶叶消费新的增长点。然而，随着社会经济的发展，消费人群年龄结构和生活方式的变化，求新、求健康的心理需求趋势会促进茶叶产品的深度开发，科学技术的发展也将成为今后茶产业发展的一个新趋势，广东的茶叶消费结构会随着时代的变化而变化。

5. 消费环境

“客来敬茶”一直是广东人的生活习俗，特别是工夫茶早已成为茶饮文化象征。乌龙茶类和红茶类的工夫茶一直被茶人追捧和热爱，其发展潜力仍然巨大。而红茶的优势在于“清饮”和“和胃”“保健”的特点，是老年人的最佳饮品。因此，红茶类产品市场潜力广阔，但必须发挥其高香和花香之特色，才能适应新一代茶人的饮用需求。

（六）茶业服务业发展情况现状

茶楼、茶馆业、茶会展业、茶文化创意产业和茶旅游业四大突出重点产业，是广东茶业服务业的一道风景线。

1. 茶楼茶馆日趋饱和

茶楼茶馆业是广东茶业服务业的传统产业，数量多，规模大，经营模式多样。以广州为中心的珠三角地区是我国饮茶文化最浓厚的地区，叹茶、一盅二件、品粤剧、一壶茶、一笼包、一个下午，似乎是广州人的特质。广州人喝茶具有很强的包容性，各类茶叶产品都有消费人群，“客来敬茶”又是岭南广东人传统的生活习惯。广东省自明清以来，各主要城镇大小茶楼遍布，服务优异。伴随社会的发展，1990 年代，新兴茶艺馆业兴起，茶文化气氛浓厚，广东特别是广州举办节会的得天独厚的优势，又助长了珠三角茶市的繁荣，同时形成了一批成熟的茶馆艺业经济实体。不过，广东茶艺馆业从整体而言不如传统茶楼。传统茶楼不仅为人们提供饮茶，也有带岭南风情的饮食文化，其特色和风格已成为岭南城市性格的代表，而茶艺馆业在这方面的发展不尽如人意。除了在功能上难以迎合广东本地的生活习俗外，茶艺馆业的内涵也不够鲜明。另外，广东省茶艺馆业的投资经营者多数不是为品茶品艺的功能进行投资，有的是在利用茶艺馆场所牟取暴利，变相经营。广东茶艺馆业在理念上也有很多欠缺，如企业精神、企业形象、经营理念、宣传口号、发展战略、文化氛围以及制度标准等都未能完善。因此，广东茶艺馆业从某种程度上来说，经营状况不太乐观，有待提高。

2. 茶叶会展业发展迅速

茶叶会展业是广东茶业服务业的后起之秀，历年来一直吸引着各界的眼光。在事实上，广州是中国茶叶交易最为兴旺发达的城市，广州茶叶市场规模之大、数量之多，在国内也是首屈一指的。在现象上，广州是中国最大的茶叶商贸集散地，这是毫无疑问的。

从事实上看，有千年商都之称的广州，是中国经济最活跃的地区之一，是珠三角地区的中心城市，是中国根基最深厚的城市。从市场消费量看，广州年人均茶叶消费达 2 千克以上，是中国年人均消费量的 5 倍，显然，广州是中国茶叶消费力最持久、最强盛的城市。有学者称，广州的茶叶贸易可以用雄踞天下来形容。事实上，从清末的通商口岸开始，茶叶交易就是广州这个千年商都最具持续性的标志性商业活动。如今“广州价格”俨然成为国际茶叶交易的重要指标，在广泛的群众基础和深厚的历史背景下，笑傲同侪的广州茶博会应运而生了。在此背景下，广州茶展业发展成为茶服务业最为突出的形式，体现了广州地区兴办茶节会的重要性，也凸显了广州地区平台之大。也正因为其平台之大，广州茶博会还曾出现过一场所谓的“官民大斗法”，即 2007 ~ 2008 年广州茶博会出现的“广州国际茶文化节和茶博会”与“广州国际茶业博览会”双胞胎不合群的不良现象。这一怪象一直持续到 2009 年 11 月，在多方的呼唤声中，当地政府将“广州国际茶文化节和茶博会”与“广州国际茶业博览会”合二为一。尽管勾心斗角依然存在，但广州茶展业经过整合后，进行资源共享、优势互补，其发展无论在规模上，还是在专业化方面，都较以前有了更大的变化和进步。

2012 年，广州茶博会继续发展，各地茶企、茶商参展，络绎不绝，云南、贵州、福建、台湾等茶产区均有组团参展，声势浩大。据查实，2012 年广州的茶博会仍然有近 1000 个标准展位，展览面积达 36000 平方米，参展企业达 400 多家。尽管参展商还是以零散普洱茶企为主，但由于参展茶企分布的地域较广，参展规模较大，参展人数较多，人气依然非常旺盛。而令人心动的数据后面，参展商、专业人士也表达了一种担忧，即“博”有向“杂”发展的危险，博与专之间如何抉择？走过了十多届历程的老牌广州茶博会，到了该仔细打量自身，考虑转型升级的时候了。可以看出，老牌茶博会面临新的抉择。

事实也表明，广东茶博会活动形式“丰富多彩、包罗万象”，包括各类国内或国际经贸论坛和洽谈会、新产品/新技术成果推介会、名优茶评比、茶艺技能大赛、知识文化讲座及各地特色茶艺表演、紫砂文化展、书画瓷器展、免费品茗、抽奖等，但也存在“名不副实”的不良现象。因此，从表面看，茶展馆的活动氛围的确不错，但从经贸洽谈角度来说，效果不太明显。

广州茶叶会展业的发展备受茶人关注。作为一个政府主导型展会，“广州茶博会”已经取得成功，并获得了社会的赞赏，但随着专业会展的迅速发展，这一由政府搭台的模式也遇到了一些挑战。从总体上评价，广州茶会展业显然有助于推动广东茶市场的发展，但也给广东本土茶产业带来了一些不利因素。

3. 茶文化产业不断壮大

广东省近年来各类文化事业得到较快发展，茶文化产业研究机构和学术团体也迅速增多，队伍迅速发展壮大，研究领域拓展深入，成果的数量不断增多、质量不断提高，学术活动和对外交流日趋活跃和频繁，茶艺异军突起，茶文化研究蓬勃发展，形成前所未有的繁荣兴旺态势。

2012 年，在书刊方面，最突出的是由英德市政协与广东省文化学会茶文化研究专业委员会和广东岭南茶叶经济研究院共同完成的《英德茶韵》，由广东人民出版社安排出版发行。广州茶文化促进会主办的《茶文化》双月刊 2012 年正常出版，截至目前，《茶文化》已出版 77 期；广东省文化学会主办、茶文化研究专业委员会承办的《茶艺》双月刊，2012 年也正常出版，截至目前，《茶艺》已发刊 60 期；由广东省茶叶学会主办的《广东茶叶》改刊《广东茶业》，至今也已发刊 120 多期。广东近年来出版的茶书还有《邬梦兆的茶诗三百首》《丁俊之文选》《潮州茶叶》《中国凤凰茶》《方金福文选》《梅州茶叶》《张茶学丛书》等。2010 年，由广东经济出版社出版的《安溪茶经》（78 万字），以及由广东人民出版社出版的《饶平茶业三百年》（20 万字），被称为广东茶叶的杰作。《安溪茶经》还获广东省文化学会优秀成果贡献奖。安溪茶产地不在广东，而《安溪茶经》由广东编写和出版，体现了广东人的包容性和爱茶的心志。2012 年广东人民出版社又出版《英德茶韵》一书，以上茶书均被广东图书馆和省立中山图书馆收藏。

4. 科研社团组织逐步成立

载至 2011 年，广东茶学和茶文化研究机构有 10 多个，各地茶叶相关学会组织有 20 多个，茶科普单位也有 10 多家。较早成立的有广东省茶叶学会、广州茶文化促进会、广东省文化学会茶文化研究专业委员会、张天福与张宏达茶学研究中心，随后有广东省茶业协会、广东省茶文化研究会等，在各地市也成立了各种研究会、商会、协会。目前较有影响的是广州茶文化促进会、广东省茶业协会和广东省文化学会茶文化研究专业委员会。随着茶文化研究专业机构的兴盛，茶文化产业科研机构也随之出现，近年来成立的有广东省省情调查研究中心茶文化经济研究所、广东岭南文博研究院茶文化研发中心等。

2012年，广东成立了“广东岭南茶叶经济研究院”。该院的成立是广东茶产业发展的一大重要举措。该院专家队伍中，既有权威的经济学家，著名的茶学专家和茶文化专家，又有资深的政府决策咨询专家、企业战略研究专家，人才济济，精英云集。该院将致力于构建实施广东饮茶强省建设项目、打造岭南文化高端产品、实施岭南十大佳茗惠民等重大项目。广东的茶产业科研和茶艺文化创意产业已登上新的台阶。与此同时，韶关茶区成立了“韶关茶叶协会”，广州筹建了“广州茶业协会”。

5. 茶叶旅游业成为亮点

茶叶旅游是现代旅游业的一个新亮点。除了对农业的突出贡献，其以茶为主题的旅游正契合了当今休闲旅游的发展趋势。从某些角度来看，茶文化旅游业是在人们追求返璞归真、体验自然环境、感受文化气氛的要求下产生的。广东省茶文化旅游业发展较早，也具有特色，如梅州雁南飞，创意有突破，经营管理、服务体系较为成熟，茶文化色彩浓厚。2012年，广州德高信投资集团在英德市正式立项，以原生态人文艺术为基础，企图打造具有岭南原生态茶文化旅游观光休闲度假综合体性质的茶文化创意产业园，该项目已经进入规划实施阶段，其构创展现了岭南茶文化的另一大特色，其定位是“春来归”。该产业园将打造成让人们有风景可观、有佳茗可品、有活动可参与、有纪念品可购，并留以深刻茶文化感受的综合体。

6. 人才培训有待提升

近年来广东许多高等院校纷纷设立茶学、茶艺、茶文化相关课程，为社会培养茶叶生产加工、茶文化传播经营的大量专业人才。但是由于过度注重数量，培训时间较短，资质不对称，老师不专，学员只混个资格证。“茶艺师”不伦不类，组织程度低，资质低劣，培训出来的学员难以走上社会。

（七）茶叶教育与科技发展现状

2012年，广东省政府继续加大对茶叶领域科学研究的经费投入，各地政府和相关企业也在与茶叶科研单位进行密切合作，力图实现科学研究与解决企业实际问题和企业提质改造的结合，实现多赢，从根本上解决科学研究经费不足的问题。目前已构成以华南农业大学茶叶科学系、华南农业大学茶叶科学研究所、广东科贸职业学院（茶艺和贸易）、广东岭南职业技术学院（茶艺术与茶营销）、广东省农业科学院茶叶研究所、广东省省情调查研究中心茶文化经济研究所和广东财经职业技术学校等为代表的茶学科研和人才培养机构。这些单位每年为国家、为社会培养了大量各层次的茶叶科技人才，开展了大量茶叶科研工作，不仅在行业标准建设和科研基地建设等方面卓有成效，同时取得了一些优异成果，适应市场需求，深受市场欢迎，有力地支撑了广东省茶产业的持续发展。

（八）广东省茶产业特色和亮点

广东省发展茶叶产业具有得天独厚的优势。

广东省茶产业的特色：一是茶树资源丰富、生产范围广、具有地方特色茶种；二是生态环境优越，气候环境良好，所产的产品香高味浓，富有地方特色；三是有利的区位与市场优势，是历来商家必争之地；四是茶叶生产加工历史悠久，茶叶产品品质风格鲜明；五是饮茶气氛浓厚，社会各阶层茶文化底蕴深厚；六是科研人才基础扎实，人才教育培训体系基本形成。

广东省茶产业的亮点大致有五点：一是由于广东地理条件优越，产茶历史悠久，名特红、乌、绿茶均具有特色。在“十二五”发展中，以“粤红”的英德红茶为代表的红茶受到重视并日益得到消费者喜爱，有较好的发展前景。广东“粤红”茶有其单产优势，与闽红、祁红比浓度较强，与滇红、川红等比香气和鲜爽度较高，秋茶有其独特的花香。

二是潮州凤凰单枞和深坑单枞等区域性名茶文化具有竞争优势。其成品茶香气高、浓度强，花香特显。同时，广东省历史文化名茶众多，要充分利用，将资源优势转化为市场竞争优势。

三是茶产业链终端的大流通平台。广东是中国的饮茶大省，也是最重要的外销区。在17世纪，广东就是中国对外贸易的主要口岸，历经三百多年，经久不衰，这也是广东的优势特质。

四是茶文化底蕴深厚，民俗文化丰富，特色显著。广东从明清至今，饮茶成风，茶事活动盛行。其接纳了各地茶文化，融合吸收，推陈出新，在民间形成了粤港茶文化强大的社会基础。毛泽东主席说“饮茶粤海未能忘”。这是一种具有社会性、经济性的巨大力量。

五是由中山大学茶学界泰斗张宏达发现的广东独有的宝贵资源“毛叶可可茶”和“张科可可茶”被国家林业局认定为优良品种，成为广东茶产业乃至全国茶产业发展中的另一大特色和亮点。“毛叶可可茶”和“张科可可茶”是孪生姐妹茶，各有特点。可可茶产业的兴起是不可避免的，可可茶成为人们时尚的追求也是不可避免的，可可茶将是中国茶业发展的新的里程碑，它是广东茶产业的一大特色和亮点。

近年来，广东省相关单位组织实施重振茶叶强省雄风活动，开展以岭南为题拓展“岭南十大佳茗”的惠民活动，此必将成为岭南茶文化展现风采的重要平台，也标志着广东茶叶消费市场已开始进入一个崭新的历史时期。

二 广东省茶产业发展存在的问题

广东是茶叶生产和消费大省，近年来茶叶生产保持较快发展，面积稳步扩大，产量不断增加，产品结构优化，名优特茶增多，市场供应充裕，产品销售畅旺，生产效益提高，茶叶产业呈现良好的发展势头，取得的成绩可喜，但仍然存在许多问题，必须高度重视、采取切实措施认真加以解决。

①良种普及率低，茶树品种布局欠合理，片面追求和扩大茶园种植，生产效益难以提高；②生产技术措施不到位，茶叶栽培和茶园管理粗放，抗害能力弱；③加工设施条件落后，产品质量不稳定，龙头企业底气不足；④组织化程度不高，生产经营程度低，成本高，效益差，无法参与市场竞争；⑤茶厂规模小，厂房简陋，设备落后，茶叶加工技术含量低，综合开发能力不足，基地研究工作滞后；⑥科研机构和社团组织职能发挥不充分，恶性竞争问题存在；⑦市场流通体系不健全，质量监管不到位，产品质量安全存在隐患；⑧品牌意识淡薄，产品种类多，品牌少，名茶多，名牌少，缺乏竞争力。

三　广东省茶产业发展趋势

进入21世纪，中国茶产业必将迎来一个新的发展时期，机遇与挑战并存，茶产业亦面临重大考验。广东茶产业要化蛹成蝶，突现“广东创造”“广东消费”，全力迈向区域化布局、专业化生产、一体化经营、企业化管理、社会化服务的发展方向。

从产业发展层面看，广东省有悠久的茶叶生产历史，有丰富的种质资源和市场优势，是公认的中国大茶市。目前无论销售额还是消费量均居全国之首。广东省茶产业在一些山区已成为农村经济的重要支柱。也可以说，茶产业必将是广东省社会主义新农村建设的重要支撑产业之一。其发展优势主要表现在产业涉及面广、产业带动性强、产业贡献大、产业平台性好。

从市场消费层面看，在作为中国茶叶消费第一大省的广东，随着现代食品加工技术的发展，人们对消费的要求日益提高，观念已在变化，茶叶市场呈现出新的消费时尚观。市场发展趋势主要有：①茶叶精品化转向明显，②产品多样化、多元化突出，③追求功能化趋势明显。

从比较优势层面看，广东省茶叶的国内外市场发展前景比较好，大宗茶类销售呈上升趋势，目前在省内乌龙茶销量平稳，绿茶变化不大。普洱茶经过“三国演义”转入春秋战国时期，眼下的主战场已经转移。红茶消费在升温。其发展主要表现在：①世界茶叶经济持续发展，茶叶消费不断增长，②国际市场绿茶、特种茶需求强势增长，市场空间大，③国内需求旺盛，市场前景广阔。

概言之，蝶变之基是广东茶产业的战略性跨越。茶产业作为广东省的优势产业之一，在新的发展时期，将会出现一些新的变化。如种植业、加工业、茶叶品质、茶叶产品线路、茶叶科研、企业和公共服务事业、人才等方面都会产生相应变化。

变化是一种更新，也是一种转型，其结果是升级。广东的茶产业升级是创造广东茶产业全球竞争优势的驱动力。因此，广东探索出一条符合广东实际、具有广东特色的新型产业化发展道路已刻不容缓！黄建璋研究推测，广东省茶产业发展将会实现从“纯农业型”到“茶产业、茶经济、茶文化、茶科技、茶旅游”五驾并驱的蝶变。同时认为，广东省茶企业经营运营模式将会从“传统观念”向“研发创新、品牌建设、出口并内销、人才战略、创新经营思想”五大路径转型，走出一条以自主创新提升核心竞争力的发展之路。

我们的结论是：广东省茶产业依然有着充足的活力，打造广东茶产业升级版指日可待。

附录 1　数据统计表

附表 1　2012 年广东省茶产业基本情况调查

茶园面积(万公顷)	4.1837	+1.7%
茶叶产量(万吨)	6.3095	+5.8%
其中		
绿茶	2.5741	+1.7%
红茶	0.1338	+4.6%
乌龙茶	3.0143	+10.6%
普洱茶、花茶、白茶	0.5865	+1.2%
黄茶	0.0008	
全省茶叶消费总量(万吨)		
全省主要消费茶类及消费量		
——消费最多茶类	乌龙茶	
——消费最多茶类数量(万吨)	4	
茶叶总产值(亿元)	农业产值 19 亿元，总产值 60 亿元	
茶叶出口量(万吨)		
茶叶出口额(亿元)		
有机茶产量(万吨)		
有机茶园面积(公顷)		

附表 2　广东省茶叶企业、市场与科研情况

全省茶叶企业数量(个)	(茶商)10 万户，初制厂 3000 个，精制厂 100 个
茶产业相关从业人员(个)	涉茶 300 多万人，其中农业 200 多万人
茶叶企业利润总额(万元)	
龙头企业(省级、国家级)	10 个
合作社带动的茶农数量(个)	
全省县级以上茶叶市场数量(个)	30
最大的茶叶市场拥有的摊位数(个)	1000 多个
全省茶馆数量(个)(在工商部门注册)	
全省茶叶科研机构数量(个)	教学 3 个，研究所 3 个，社团 5 个

参考资料和数据来源：

1. 广东省农业厅、广东省统计局
2. 《茶艺》杂志
3. 广东省省情调查研究中心
4. 广东省文化学会茶文化研究专业委员会
5. 华南农业大学
6. 广东岭南茶叶经济研究院

B.10

2013 年山东省茶产业发展研究报告

张丽霞　李玉胜*

2013 年山东茶产业的发展情况可归纳为以下几点：(1) 茶园面积继续扩大，品种无性化、建园规模化、环境生态化、栽培有机化的特点更加突出，与文化、休闲体验的结合更加紧密；(2) 茶叶品质提高，早春大棚茶逐渐减少，冬棚茶退出市场；(3) 充分利用资源，实现多茶类协调发展的理念获得普遍认可，红茶产量大幅增加；(4) 传统赢利的高价茶量价齐跌，中高端市场受挤压，市场面临困局，山东茶产业发展由“技术制约型”向“市场、技术双重制约型”转化；(5) 山东茶产业发展模式正处于转型升级阶段，从外延式向注重质量的内涵式方向转变。

2012 年 12 月 4 日，党中央发布了《关于改进工作作风、密切联系群众的八项规定》(简称“国八条”) 以及“六项禁令”，由此拉开了中国政府“廉政、节俭”的新政风暴，重创了以政府采购和高端礼品消费为主要支撑的诸多行业，中国茶产业也列于其中。对于以礼品茶市场为主体市场的山东茶产业，2013 年是不平常的一年，下面让我们全面回顾和总结 2013 年山东茶产业的发展情况，分析存在的问题，提出突破原有盈利模式、实现山东茶产业全面升级的策略。

一　山东省茶产业发展现状分析

(一) 山东省种植业发展现状

1. 茶叶产区继续拓展

2013 年，山东植茶区域继续扩展，在原有 9 个植茶地市（日照、临沂、

* 张丽霞，山东农业大学园艺科学与工程学院茶学系；李玉胜，山东省农业厅果茶技术指导站。

青岛、泰安、潍坊、烟台、威海、济南、淄博）的基础上，新增莱芜市。至此，全省16个地市共有10个地市植茶（见附表1），占62.5%。莱芜市植茶区域主要位于莲花山麓，境内生态环境优美，土壤、水质宜茶。

2. 茶叶面积、产量和产值上升

据山东省农业部门统计，2013年山东省各地市茶叶面积、产量和产值情况见表1。从表1可知：全省茶园面积继续增加，其中泰安、烟台发展较多，其次为临沂、潍坊、济南，而日照、青岛几乎没有增加；产量以日照增幅最大，其次为潍坊、烟台、威海、泰安，而临沂、青岛出现了减产，增产的原因与前几年新发展茶园投产以及天气较好有关，而减产原因则有待进一步调查研究；茶叶产值总体上升，但烟台在产量增幅较大的情况下，其产值却与上年基本持平。这与烟台以往茶叶价格偏高而2013年茶价下跌幅度大有关。各地市茶叶均价为160~720元/千克，其中济南、威海、泰安价格较高，临沂、潍坊价格较低，全省均价为195.8元/千克。

表1　2013年山东省茶叶生产情况统计表

地区	茶园面积(万亩)		茶叶产量(吨)		茶叶产值(万元)		均价(元/千克)
	新增	总量	新增	总量	新增	总量	
日照	0	20.00	1578	10700.00	42000	187000	174.8
临沂	0.28	7.5013	-224	2451	2075	39425	160.9
潍坊	0.2	1.7	270	1020	1320	16320	160.0
青岛	0.03	10.87	-280.25	3178.84	9215	55714	175.3
威海	0.202	2.337	106.56	340.81	3066	23590	692.2
烟台	0.6	1.8	200	500	0.12	12000	240.0
泰安	0.6202	2.225	90.01	495.03	5400.60	29701.8	600.0
济南	0.15	0.55	18	41	1378.800	2952	720.0
总计	2.0822	46.9833	1758.32	18726.68	64455.52	366702.8	195.8

注：因莱芜、淄博茶园面积较小，目前尚未进行统计。

3. 茶树品种引进向多元化方向发展

山东茶园品种均引自南方，主要来源于浙江、福建、湖南和安徽四省（见附表2）。为了适应茶叶消费的多元化需求，进一步提高山东茶叶经济效益，山东引进品种的结构正逐渐由有性良种向无性良种、由大众化无性良种向珍稀无性良种、由单一适制绿茶向多茶类适制的方向发展。过去主要引进的黄山群体种、鸠坑群体种逐渐被福鼎大白、龙井43、龙井长叶等无性良种的种子或无性苗代替，黄金芽、黄金茶、安吉白茶等珍稀品种被引进，适宜绿茶、红茶、乌龙茶等多茶类加工的茶树品种如金萱、金观音、福鼎大白等品种受到青睐。

4. 茶园规划和设施水平提升

2013年的新建茶园以大型企业或集团公司的投资为主体，资金实力雄厚，主要通过土地流转方式租赁或购置了几百甚至上千亩土地，然后进行农业综合开发，规划大面积的连片茶园，并按现代农业园区要求，水、电、路配套设施齐全，并打造了优美的环境。这不仅实现了茶叶的规模化种植、集约化管理，而且与当地的文化、旅游以及休闲体验相结合，有效拓展了茶产业内涵，实现了多样化经营。这些企业主要包括山东泰茶农业发展有限公司、济南长清莲心雪芽白茶有限公司、山东日照公路茶业有限公司、日照瀚林春茶业有限公司等。从新建茶园的规划和设施水平可以看出：山东茶园经营管理正在经历转型升级，由过去以茶农为主体向以大型企业（公司）为主体的方向转化。

5. 茶园劳动力成本不断上升

与全国其他茶区一样，山东茶园也出现了劳动力短缺且成本持续上升的趋势。目前，山东劳动力价格为60~120元/天，企业的1芽1叶原料采摘成本高达10~20元/斤。在茶叶采摘期内（4月中下旬至9月上中旬），若遇其他重要农事活动如春播、割小麦种玉米、秋收秋种等，即使高工资也很难聘请到采茶工和茶叶加工工。

6. 茶园管理更注重原料质量的提高

在现有茶园的管理上，以茶叶安全质量和品质提升为中心的理念逐渐得到落实。在施肥上，更加重视有机肥的施用，通过幼龄茶园多茬间种黄豆埋青（待开花时）、施用沼液和茶园专用有机肥或自制黄豆发酵肥等方式，不断增加茶园有机肥，提高茶叶内在品质。在病虫防治上，大力推广应用物理防治（杀虫灯、黄板）和生态防治（种植诱虫或避虫植物、改善生态环境增加天敌），提高茶叶安全质量。在设施越冬防护上，重点突出其越冬防护的作用，而不断弱化其提早采茶的功能。过去一些4月底揭膜的大棚提前到2月底至3

月初揭膜放风，春棚茶量价均减，冬暖大棚已不再在茶园中应用，过去在元旦、春节前后上市的“冬茶”也已淡出人们的视野。

（二）山东省茶叶加工业发展现状

1. 茶叶产品种类增加，品质提高

山东茶叶产品以名优绿茶为主，多茶类协调发展的理念开始受到各界的重视和企业的认同。在名优绿茶产品的开发上，应用乌龙茶包揉工艺研制开发出的颗粒形绿茶（茶名：白毫青茶）具有以下品质特点：外形颗粒紧结匀整，色泽墨绿，汤色黄绿明亮，香气（栗香、花香或清香）浓郁持久，滋味鲜醇，其内质水平特别是滋味的鲜度方面明显高于同类原料加工的卷曲形绿茶，能很好地体现出山东绿茶的内质优势，同时避免因原料不匀导致的外形劣势。此外，此款茶还具有流动性好、便于包装、有利于绿茶鲜度保持的优点。如果控制茶叶干燥度（含水量低于5%），加上低温、隔氧、干燥保存，茶叶可保存五年而品质不发生明显的变化。2013 年山东红茶生产量大幅提升，一些引种的乌龙茶品种也用来加工红茶，品质极佳。目前山东乌龙茶、茉莉花茶的生产量仍然很小。由于山东泰沂山区对老干烘（霍山黄大茶）的喜爱和目前黑茶热的兴起，山东粗茶类产品的研发工作也取得了重要进展，将进入技术推广阶段。山东茶叶品质水平进一步提高。2013 年荣获“中茶杯”特等奖 3 个，一等奖 20 个，其中绿茶 15 个、红茶 8 个（见表 2）。与上届“中茶杯”评比结果相比，红茶获奖比例明显提高，由 2011 年的 17% 上升到 2013 年的 35%。茶叶品质的提高主要与无性系良种引进、茶园有机化管理、实现早春露地化栽培、加工技术水平提高有直接的关系。

2. 茶叶加工设备引进的档次提高，种类增加

2013 年山东茶叶加工设备的引进和应用出现三个特点：第一，增加了连续化（或模块化）中型名优绿茶设备的引进和应用；第二，新型微波设备（前端加远红外，出汽口大小由不可控到可控）得到推广应用。这种新型的微波设备，不仅克服了传统微波设备杀青不足、只能作为辅助杀青设备的缺陷，而且使其在杀青原料的嫩度方面适应范围更为广泛，通过对“远红外 + 微波”杀青干燥机出汽口大小的数字化控制，可以使嫩叶、老叶都能达到最佳

表 2　2013 年山东省"中茶杯名优茶评比"获奖名单

奖项	单位	茶名	单位	茶名
特等奖	日照浏园生态农业有限公司	浏园春牌润峰茶	莒南县老子峪茶业有限公司	老子峪茶
	日照御景茶业有限公司	御景春芽	临沂临港经济开发区杰青茶业有限公司	杰青牌杰青芽
	日照清吟茶业有限公司	清吟牌曲毫		
一等奖	日照市北经济开发区十和茶业有限公司	百秀牌百秀迎春	日照冠清茶业科技有限公司	冠清牌冠清绿茶
	日照浏园生态农业有限公司	浏园春牌玉龙展颜	日照市义泉茶业有限公司	义泉金贡红茶
	山东日照碧波茶业有限公司	日照碧波牌碧波春	日照市茶叶科学研究所名优茶开发中心	海润曲红
	日照达摩茗茶发展有限公司	达摩牌达摩绿茶	山东日照公路茶业有限公司	祥路碧海·日照红
	山东天宝茶业有限公司	浮来天宝牌天宝茗茶	日照南湖马陵春茶业有限公司	马陵春红茶
	日照市凤玉茶厂	始皇牌始皇春绿茶	泰安金女儿茶业有限公司	金女儿红茶
	日照南湖马陵春茶业有限公司	马陵春牌马陵春贡茶	青岛市崂山区神水泉茶场	神水泉牌红茶
	日照清吟茶业有限公司	清吟牌翠兰	济南南湖玉露茶叶科技开发有限公司	泉城牌红茶
	日照市共青茶厂	共青绿牌共青绿茶	海阳市步鹤山茶果专业合作社	步鹤山牌鹤山正红

的杀青效果，从而可以更好地满足山东茶区多茶类加工的需要。第三，红茶加工成套设备或红茶发酵机的引进和应用增加。但目前加工企业普遍存在鲜叶摊放、红茶萎凋配套用具或设施不足的问题。

3. 茶叶加工企业结构发生变化

山东茶叶企业按加工原料来源可分为三类：第一类，企业建有规模较大的自有茶园，并全部用自有基地原料加工。这类企业主要是后期发展的，一般经济实力雄厚，注重产品质量，主要定位生产高档茶，重视品牌和企业文化建设。第二类，企业建有一定规模的自有茶园，同时还需收购周边茶农的鲜叶进行加工。这类企业一般有较强的营销能力。第三类，企业无自有茶园，主要通过成立茶叶专业合作社与茶农建立较为紧密的关系，保障鲜叶供给。这类企业一部分是政府的招商引资企业，一部分是个体茶农发展起来的企业。其总体生产规模较前两者小。目前，第一类企业所占比重逐年增加，体现了山东茶产业经营主体的转型与升级。

（三）山东省茶叶市场发展现状

1. 硬件环境得到提升

过去的茶叶专业市场通常由仓储房产转化而来，总体环境较差，店面较小。现随着我国房地产的发展，一些商住型房产被建成了茶叶专业市场，如潍坊的中金茶都、北方茶都和泰安的“泰山茶博城”。同时也出现了以茶为中心的房产项目，如潍坊的“中华茶博城”，使茶叶专业市场的面貌焕然一新，其门店宽敞，装潢讲究，有些门店甚至与会所融为一体。

2. 数量继续增加

目前全省共计有57个茶叶专业市场（见附表3），仍然是济南、青岛数量较多、规模较大、辐射影响力强。2013年新增泰山茶博城、中华茶博城等专业市场。

3. 格局有所变化

虽然茶叶销售仍然以茶叶专业批发市场、茶叶店为主体，但随着茶叶会所和茶馆改变经营理念，努力将品茶体验和茶叶销售紧密结合起来，茶馆和会所也成了高档茶、礼品茶的重要销售场所。

4. 茶叶市场内部竞争更趋激烈

体现在实体店的优胜劣汰和各茶类产品之间的相互竞争上。以茶叶专业批发市场中进驻的经营主体而言，具有影响力的品牌公司逐渐增加，以家族和合作社为基础的茶商逐渐减少。经历各茶类轮番此起彼伏的宣传后，山东茶市产品的种类结构正在发生变化，逐渐由过去一类茶独大（如茉莉花茶）的格局向多茶类竞争共存的格局发展。目前各茶类有不同的消费群体，如茉莉花茶主要在农村消费较多，其次为城市中的老年人；名优绿茶、普洱茶、台湾乌龙茶受到一些经济条件好的中年人的喜爱；这两年湖南黑茶异军突起，受到一些注重保健人群的关注。山东自产茶则主要依托茶叶专卖店、茶馆进行销售，同时通过政府、企业的团购或人缘关系进行营销，只有极少数企业进入茶叶专业批发市场。

5. 新型媒体发挥重要作用

继电子商务平台后，社会媒体特别是微信在吸引顾客、服务顾客上逐渐发挥了越来越重要的作用。随着智能手机的逐渐普及，微信在营销中的作用被人们所认识。2013 年，新建的与山东茶叶有关的微信平台有：山东茶叶信息平台、日照绿茶、崂山茶专家_ 晓阳春、金女儿茶等。其中后两个平台为企业所建，企业通过在微信上介绍茶叶科学知识，讲解茶艺，同时通过举办活动，吸引大众参与，从而与客户紧密相连。崂山茶专家_ 晓阳春通过微信推出了企业 2013 年的“双 12 活动”，其参与方式分为青岛本地和外地。本地的参与者通过关注“崂山茶专家_ 晓阳春”微信平台，并转发分享活动内容到微信朋友圈，即可到店免费领取崂山茶。“双 12”当日购茶的可获得晓阳春茶店 500 元喝茶充值卡和 2014 年世园会门票的抽奖机会。其他地区的朋友进入晓阳春淘宝店铺可享受 9. 9 元包邮购买超值茗茶的机会。由于微信通过移动互联网改变了传统 PC 端的运作模式，使用起来更便捷，将在未来的茶叶营销中起到更为重要的作用。

（四）山东省茶叶服务业发展现状

1. 茶业会展业

2013 年山东茶业会展异常活跃，全省各地共举办展会 29 个（见附表 4），比上年增加 1 倍。其中仅省会济南就共计举办茶叶展会和茶事活动 9 次，分别由农业部、市政府及职能部门、行业协会、茶叶批发市场、媒体、展会公司等单位主办，其数量之多、规模之大、级别之高，均创历史最高；其次为青岛，举办展会 3 个，与上年持平；烟台、威海、潍坊、临沂、泰安、东营各举办展会 2 个；日照、淄博、济宁、德州、滨州各举办展会 1 次。如此众多的茶叶展会，一方面反映了山东展会业的繁荣和所获取的巨大经济效益，另一方面也折射出茶叶市场竞争的日趋激烈化，南方茶叶进驻山东市场的强度日趋加大，速度也随之加快。同时山东本地茶叶的市场化进程也在加快。

2013年山东的茶叶展会呈现出主办单位多元化、承办单位专业化、参展单位国际化、活动内容多样化、媒体覆盖立体化的特点，但普遍存在展会效果不尽如人意的突出问题，集中反映在展会期间民众和消费者的参与度极低，不能很好地发挥展会的宣传推介作用，而主要转化为促进茶叶行业内部的信息交流和相互学习。究其原因，主要有以下两个方面：第一，缺乏广泛的知茶、爱茶的消费群体。这需要加大茶文化知识的全民普及工作和爱茶群体的培育，这需要一个相对较长的时间。第二，缺乏对展会主办方的有效监管和展会效应评估机制。主办和承办方缺乏全力为客户着想的意识，缺少努力扩大展会效应的原动力，所以，反映在行为层面也自然不会全力去策划系列活动方案吸引民众参与展会。

2. 茶文化及旅游业

2013年山东茶文化活动较往年次数更多，内容也更丰富。9月2泰安市举办了“泰山茶博城杯首届茶艺表演大赛”，日照、潍坊也分别举办了“祥路碧海杯”和“圣地博杯”茶艺技能大赛。此外，各地结合茶文化博览会和茶事活动还开展了丰富多样的茶文化活动，取得了一定的推广效果。

目前，山东主要依托茶博园、茶文化博物馆、茶博城开展茶文化旅游、休闲体验活动。如御海湾茶博园、御青茶博园、崂山茶文化博物馆、泰山茶苑、蒙山龙雾茶博园等。2013年，青岛万里江茶业有限公司又以2014年在青岛举办“世界园艺博览会”为契机，在“青岛世博园”内新建“万里江茶博园”，拟打造以北方茶文化为内涵，集茶科研、茶观光、茶体验、茶文化展示、茶交流、茶传播为一体的茶文化主题博览园。目前，主体工程已全部完工，2014年能如期开馆。此外，一些高标准规划的与文化旅游结合的生态观光茶园正在建设之中。

3. 茶学专业教育和职业培训单位及机构

随着山东茶产业的发展，茶叶专业人才培养体系逐步建立并完善（见表3）。目前，山东农业大学、青岛农业大学都设有茶学本科专业，并培养茶学硕士研究生，山东农业大学还招生培养茶学博士、博士后。同时，山东农业大学、山东省茶文化协会、御青茶艺学校、山东省茶叶质检站（日照）、日照茶叶研究所等单位或机构还开展茶艺师、评茶师、茶叶加工工职业资格的培训。

表 3　山东茶叶人才培养体系一览

编号	单位名称	人才培养层次					职业资格培训				
		博士后	博士	硕士	本科	专科	茶艺师	评茶师	茶叶加工工	茶园艺工	检验员
1	山东农业大学	√	√	√	√		√	√	√		
2	青岛农业大学			√	√						
3	山东省茶文化协会						√	√			
4	山东省茶叶质检站							√			√
5	日照茶叶研究所								√		
6	济南茶叶批发市场							√			
7	御青茶校						√				

（五）山东省茶叶科研发展现状

1. 科研机构

2013 年，省级和市级科研机构没有新增，共计 8 个单位，但依托企业的茶叶研究机构数量仍在增加，达到 20 家（见附表 5）。济南市的茶企则大部分直接定位为“茶叶科技开发有限公司”，如济南南湖玉露茶叶科技开发有限公司。同时各科研机构的人员数量有所增加，少数企业也引进了茶学硕士，科研实力有所增强。

2. 科技项目

目前，山东省正在进行的项目有岚山区十万亩茶叶优质安全标准化生产技术开发（国家科技富民强县项目）、山东茶树冻害防护技术集成与示范推广（科技部成果转化项目）、北方茶树抗寒良种选育与产业化开发（山东省自主创新成果转化重大专项）、茶树抗寒良种工厂化繁育与技术推广（山东省农业科技成果转化资金）、山东生态茶园关键技术集成研究及产业化示范以及新产品开发、加工基地提升、新品种新技术引进等项目。其科研课题仍然集中在抗寒品种选育、茶树越冬防护技术、茶树设施栽培技术、生态茶园建设等方面，同时也加强了茶叶加工和新产品研发方面的研究工作，但目前对于茶叶深加工、茶叶生物化学、茶树分子生物学等方面的基础研究仍然较少。

二　山东省茶产业发展存在的问题及主要对策

（一）存在问题

山东茶产业发展目前面临的问题已经由过去的“技术制约型”向“市场、技术双重制约型”转变，主要困境体现在以下四个方面：（1）利润下降；（2）市场生存空间受挤，拓展日渐艰难；（3）产业内部缺乏核心竞争力；（4）产业的内聚力不强。

1. 利润持续下降

据调查：2013 年山东高端茶价格下跌 20% ~40%，销售量减少 20% 左右；同时土地流转租金、劳动力工资增加，茶叶生产成本上涨。山东茶产业利润明显下降。

2. 市场生存空间受挤，拓展面临压力

山东茶叶长期以来主要利用本土优势占据高端礼品茶市场，但这一格局正在发生明显改变。第一，在高端茶市场，一方面外地高端茶和知名茶品牌通过直销、代销和连锁经营等多种形式，配合山东各地举办的茶叶展销活动强劲进驻山东市场。由一些高端客户对南方茶的钟爱程度不难看出，南方茶在抢占山东高端茶市场上已取得初步成效。另一方面，少部分本地企业和外地茶商为片面追求利润而将外地茶冒充山东茶进行销售，使消费者对山东茶失去了应有的信任。加之高端礼品茶市场由于国家新政实施份额急剧减小，山东茶高端市场空间锐减，开拓面临困境。第二，山东茶生产成本高，中、低端茶的利润空间不足以支撑茶产业发展所需的应有利润，同时又有南方茶稳定占据，使得山东茶在中、低端市场很难有大的作为。

3. 产业内部缺乏核心竞争力

在山东茶产业的发展过程中，虽然不乏在种植栽培技术上的创新，但关乎产业核心竞争力的创新还较缺乏，企业更多的还是照搬南方的技术经验。如：山东省“南茶北引”已成功 50 多年，但现在新建茶园时仍然实行“南茶北引”，还没有应用具有自主知识产权的当地茶树品种；茶叶加工技术的学习也习惯于从南方聘请制茶师傅手把手教，而不是进行系统化、专业化的训练；茶叶经营上也有很大一部分沿袭家庭模式，还非现代企业制度下的管理模式，而现有的小农经营模式，很难吸纳人才和拓展产品市场。一个产业的发展依赖其核心竞争力，而核心竞争力打造主要在于建立高素质的人才队伍，进行科技创新和经营管理创新，最终推出有竞争优势的产品和优质的服务体系。

山东茶的品质特点是其核心竞争力之一，但目前产品质量有待进一步提高。虽然山东早春绿茶具有“香气高、滋味浓、耐冲泡”的品质特点，深受消费者的喜爱。但其原料为群体种，外形匀度差，加之加工过程中揉捻偏重和干燥后期不合理的搓团，因此干茶色泽偏暗、茶条断碎不完整；此外，受当地消费习惯的影响，干燥火温偏高，高火、老火茶所占比重较大。一些扁形茶加工过程中还出现茶用油用量过大的问题。近年来，山东红茶发展速度较快，但目前红茶加工的技术来源多，有高校、科研单位培训的，也有聘请南方制茶师傅加工的。一些人由于不知晓红茶的发酵原理，在加工红茶时，揉捻偏轻，发酵时则片面提高温度、延长时间，导致茶叶发酵不匀、叶片酸馊劣变等现象，其品质有待进一步提高。

4. 产业的内聚力不强

山东茶产业整体意识不强，呈现出显著的“诸侯”产业化格局，产茶地市各自为政，还没有从全省的高度对产业发展进行总体规划、资源有效整合、市场规范以及对外宣传等。

（二）山东茶产业的发展策略

一个产业的发展离不开市场的需求、效益的驱动。要使一个产业实现可持续发展，就必须最大限度地满足市场需求，提高产业效益。下面从四个方面对山东茶产业的发展提出几点建议。

1. 合理进行产品的市场定位

生产成本高、品质优异（相当于南方高山茶）以及本土人文优势三个特点，决定了山东茶的主要市场定位应该是：坚守高端茶（非高价茶，而是优质、安全、价格合理且接受度高的茶叶），拓展中端茶。虽然目前山东茶在高端茶市场受到“内忧外患”的影响，但是针对高消费人群，仍然可以坚守一部分高端茶市场，同时，要充分利用山东旅游资源的优势，大力开发“旅游商品茶”，促进大众化礼品茶的销售，扩大中端茶市场。

2. 多茶类协调发展，满足市场需求，提高产业效益

山东春季采茶时间较南方晚，在抢占新茶市场上没有优势，而全年主要产量也集中在夏季，所以提高山东夏茶的经济效益是提高产业的关键之一。目前，利用夏茶生产红茶取得了很好的效果，并逐渐形成“春绿、夏红、秋乌龙”的基本格局。2013 年若没有红茶的生产，山东茶产业效益将显著降低，并影响到茶产业的可持续发展。除了开发多茶类产品外，对于同一类茶，山东还应在外形和内质上着手研发出系列产品，以满足市场多元化的需求，同时更大程度地发挥原料的最大经济效益。例如：对绿茶，可以根据季节不同，依次生产扁形、剑形、卷曲形和颗粒型产品；可以将工夫红茶与一些香花植物结合，研发出花茶类产品。

3. 全过程、全方位打造高端茶

山东茶产业应借鉴台湾茶产业的发展经验，从生产的全过程入手严格把控茶叶品质，从生产、营销、品牌等方面全方位打造高端茶。具体需要从以下几个方面着手。

（1）全过程打造山东高端茶品质

目前山东茶在生产过程中还存在以下影响产品质量的主要问题：无性良种比例低，茶叶外形匀度差；生态有机茶园少，茶叶的安全性和内在品质有待进一步提高；茶叶加工技术人员缺乏系统和专业化培训，不能随时根据原料嫩度、季节以及品种的变化合理确定最佳的加工工艺和技术参数；在加工工艺上还存在一些认识上的误区和不合理的做法。针对上述存在的问题，山东茶产业需要采取以下技术措施：①引进和选育适应本地气候和土壤条件的优良茶树品种；②严格新建茶园选址，杜绝茶叶污染源；③构建植物多样性生态茶园，为茶树防风、遮阴、增湿、防控虫害，并为茶树生长提供适宜的生态环境；④施用有机活性肥，合理间作豆科植物，培养茶园土壤肥力，实施生态有机栽培；

⑤对茶园病虫害进行综合生态防治；⑥引进和应用新型加工设备和先进加工工艺，实施清洁化生产，提高茶叶品质；⑦对茶园管理和加工人员进行系统化、专业化培训，提升从业人员专业素质。通过以上努力，将山东茶切实打造成“安全、品质优异、特色明显”的高端茶。

（2）全方位打造山东高端茶形象

①开展基地形象宣传：山东高端茶形象的打造，除采用常规的包装进行形象宣传、广告媒体宣传外，还可以通过开展一些与消费者互动的活动，如举办“品茶会”“采风”“踏青”“摄影”等活动，组织一些消费者实地参观茶叶生产基地，让他们亲自了解茶树生长环境，茶叶加工过程，使他们增加对产品的深度了解，增强对品牌的忠诚度。日照圣谷山茶叶有限公司与半岛都市报联合举办的“‘圣谷山’杯春茶摄影大赛”，就是一个非常好的创意。通过生产基地进行形象宣传，必须具备一定的条件。如：茶园要达到生态化、园林化的标准，茶厂要达到清洁化的要求。对于拥有自有茶园的企业，通过种植一些观赏性、经济性或生态性的植物，既能使茶园达到“四季常绿、三季有花、二季有果”的美观效果，还能有效进行病虫害的生态防控，增加经济效益，提升企业形象。有条件的企业还可在园区内建设一些茶楼、茶亭和供游客体验炒茶的小型茶叶加工场所等设施，开展旅游休闲与茶文化体验活动，起到一举多得的作用。

②品牌形象塑造：品牌不仅是一种符号结构，一种产品象征，更是企业、产品、社会文化形态的综合反映和体现，是企业、产品与消费者之间关系的载体。品牌的底蕴是文化，品牌的目标是关系。在产品丰富多样的现代社会，各种产品已进入品牌竞争的时代。品牌形象不在于产品包装的华丽，更重要的是消费者对它的感知和认同。品牌只有注入企业的经营理念，才有自己的灵魂；只有独特的运作和服务模式，才能赢得忠诚的客户。山东茶界要学习同行打造品牌的成功经验，如四川的“竹叶青”、福建的“八马”、云南的“大益”等，同时结合当地的自然、人文特点，塑造出山东茶独特的品牌形象。

③建立完善的质量保证制度：在当代中国，人们在经历了一次次重大食品安全事故以后，对于食品安全的忧患意识大大增强。产品质量安全成为高端茶

必备的一个条件。建立完善的产品质量保证体系和追溯体系，可以使消费者买得放心，喝得放心，在很大程度上可以提升产品的美誉度。现在茶叶企业非常重视相关质量认证，如无公害茶、绿色食品茶甚至有机茶，但更为重要的是要在生产中严格按照认证的要求去做，在各个环节达到相应的要求。切忌只重形式、轻视内容的做法。

4. 凝心聚力拓展市场

目前山东茶的推介主要由地方政府主导，结合当地旅游文化特色展开，还没有整体向外开拓外部市场。同时只有少数企业建立了较为完善的茶叶销售渠道，相当一部分企业过去主要依托政府采购和亲情营销的方式。所以，山东茶叶产业亟须加快市场化进程，建立多方式的销售渠道，同时齐心协力维护山东茶形象，共同拓展市场。

当下，山东茶产业发展面临新的挑战和前所未有的压力，一方面要充分认识到形势的严峻性，另一方面要采取积极的心态应对，及时调整企业战略目标，制订切实可行的营销方案，扎扎实实做好茶。同时，通过科技创新、经营理念创新，走高效、特色和品牌化发展之路，促进山东茶产业实现转型升级和可持续发展。

附录1　数据统计表

附表1　山东茶叶产区分布

地市	主产区、县、市	零星种植区、县、市	地市	主产区、县、市	零星种植区、县、市
日照	岚山区、东港区、五莲县、莒县	开发区	青岛	黄岛区、崂山区、即墨市	青岛开发区、城阳区、胶州市、平度市、莱西市
临沂	莒南县、临港开发区、临沭县、沂水县	沂南县、费县、平邑县、郯城县、苍山县、蒙阴县	泰安	泰山风景区、泰山区、岱岳区、新泰市	肥城市、宁阳县
潍坊	诸城市	临朐县	烟台	海阳市	莱阳市、莱州市、牟平区、蓬莱市、栖霞市
威海	乳山市、荣成市		淄博	鲁山县、沂源县	
济南	长清区		莱芜		

附表 2　山东引种茶树品种名录

类型	适制性	数量	品种名称
有性系种	绿茶	5	黄山种、鸠坑种、紫阳种、宜兴种、龙井种
	红绿兼制	2	祁门种、云台山种
无性系良种	绿茶	29	黄金芽、黄金茶、龙井 43、龙井长叶、中茶 108；浙农 113、浙农 139、翠峰、青峰、碧云；洛舍、黄叶早、乌牛早、寒绿、茂绿、鸠坑早、安吉白茶；白毫早、玉绿、玉笋；舒茶早、安徽 7 号、金寨 1 号、黄山特早；早白尖；信阳 10 号；春波绿、福鼎大白、福安大白
	红绿兼制	17	迎霜、劲峰、菊花春、平阳特早、浙农 117、浙农 12；高芽齐、尖波黄、碧香早、农抗早、农抗早 4 号、农抗 1 号、安徽 1 号、安徽 3 号、仙寓早、皖农 95；福云6 号
	乌龙茶	24	金观音、金萱、翠玉、铁观音、黄棪、毛蟹、白芽奇兰、本山、梅占、武夷水仙、奇兰、桂花香、黄枝香、山茄叶、八仙茶、百岁香、瑞香、北斗 1 号、半天妖、春兰、小红袍、金锁匙、丹桂、矮脚乌龙
合计		77	

附表 3　山东茶叶专业市场一览

地市	数量	名　　称
济南	9	济南茶叶批发市场、老屯茶城、广友茶城、舜和茶城、七里堡茶城、盖世农贸茶叶批发市场、济南市福辛茶叶市场、黄台茶叶批发市场、全福茶叶批发市场
青岛	11	利客来茶叶市场、青岛茶叶批发市场、青闽茶叶批发市场、吉食来金座茶城、茶叶批发一条街、春茗茶城、兴邦茶城、青岛宏铭茶叶批发市场、青岛汇茗茶叶批发市场、东李茶叶市场、李村茶叶市场。
淄博	7	淄博市江南茶城、金乔茶叶批发市场、鲁中茶叶市场、洪沟茶城、中心茶城、玉峰茶城、淄博红星茶城
东营	4	东营茶叶批发市场、东营市江南茶叶批发市场、东营胜利茶城、东营茶城
潍坊	6	潍坊茶叶批发市场、中华茶博城、潍坊茶城、北王茶城、北方茶都、中金茶都
日照	4	东辰茶叶市场、日照王府井大街茶叶市场、日照茶博园市场、东方购物广场茶叶市场
聊城	3	天润茶叶批发市场、御贡茶城、一品茶城
德州	3	德州市金华茶城、德州市福建茶城、齐齐发茶城
滨州	2	滨州高杜茶叶市场、站前茶叶批发市场
临沂	2	临沂茶叶批发市场、临沂凯歌国际茶城
烟台	2	烟台三站茶叶批发市场、烟台市茶叶批发市场
济宁	1	济宁江南茶城
泰安	2	泰山茶叶批发市场、泰山茶博城
枣庄	1	鹏翔茶叶批发中心
合计	57	

附表 4　2013 年山东茶叶展会和茶事活动一览

	会展名称	主办单位	承办/协办单位	时间	地点
1	济南长清第二届茶文化节	济南长清区人民政府	万德镇人民政府、长清区农业局、长清区旅游局、灵岩寺管委会	4 月 19 ~ 20 日	灵岩寺景区
2	2013 首届泰山茶博览会暨“泰安人最喜爱的茶品牌”评选	泰安市泰山茶叶协会、泰安市茶产业技术创新战略联盟、泰安日报社、泰安市旅游商品与装备行业协会	泰安日报社	4 月 24 日 ~ 5 月 1 日	泰安市岱庙
3	2013 第六届中国北方茶业交易博览会	济南市人民政府 齐鲁晚报	齐鲁晚报天一会展有限公司	5 月 3 ~ 6 日	济南舜耕国际会展中心
4	2013 第四届中国北方茶业交易博览会暨紫砂艺术节 · 潍坊	潍坊市人民政府 齐鲁晚报	齐鲁晚报天一会展有限公司	5 月 3 ~ 6 日	潍坊富华国际展览中心
5	2013 山东茶博会暨临沂茶文化、紫砂壶、古典红木家具展	临沂市农业委员会、临沂市茶叶学会、沂蒙晚报	青岛海之星商务会展有限公司、沂蒙茶叶网	5 月 17 ~ 20 日	临沂商城国际会展中心
6	2013 山东(淄博)国际茶文化暨紫砂艺术展览会	中韩茶叶经贸商会	青岛名博会展有限公司	5 月 17 ~ 20 日	淄博国际会展中心
7	中国(济南)第七届国际茶博览会暨首届茶文化节	中国茶叶流通协会、山东省茶文化协会和济南市政府	济南市供销社、济南市农业局、济南市商务局、济南市旅游局、济南市园林局、槐荫区政府、济南报业集团等单位	5 月 17 ~ 20 日	济南茶叶批发市场
8	2013 第八届山东国际茶文化博览会暨紫砂工艺(山东)展览会	济南市人民政府、山东省茶文化协会	济南世博展览策划有限公司	5 月 23 ~ 26 日	济南舜耕国际会展中心
9	2013 第七届中国(青岛)国际茶文化博览会暨紫砂艺术展	青岛国际会展中心，青岛市政府会展业发展办公室、半岛都市报		5 月 31 日 ~ 6 月 2 日	青岛国际会展中心

续表

	会展名称	主办单位	承办/协办单位	时间	地点
10	2013 鲁西南首届茶业及茶文化博览会	济宁市中区人民政府、济宁市工商联	济宁豪德商贸城、济宁市茶业商会承办，济宁经济开发区管理委员会协办	5月31日～6月2日	济宁豪德商贸城茶业专业市场
11	2013 第三届威海国际春季茶博会暨鲁茶名品联展	威海市农业局、威海市旅游局、威海市贸易办公室、威海报业集团	威海国际会展有限公司	5月31日～6月3日	威海国际展览中心
12	2013 海阳首届绿茶推介会	海阳市人民政府	海阳市农业局	6月1～2日	海阳市新元广场
13	2013 中国(烟台)第五届国际茶博会暨紫砂艺术展览会	烟台市人民政府、亚洲国际工艺品交易协会、日韩商品贸易促进委员会、烟台市茶叶协会、烟台市茶文化协会	青岛雅雄会展有限公司承办，香港显晨国际会展有限公司、中国茶叶市场、中华茗茶网、中国茶叶信息网协办	6月8～11日	烟台国际博览中心
14	第二届鲁北茶都茶文化节	德州市贸易促进委员会	德百集团、德州之窗网、德州电视台	6月11日	德州德百批发城
15	2013 第三届中国东营国际茶文化博览会暨宜兴紫砂艺术展览会	东营市茶文化行业协会、亚非拉文化交流促进会、青岛华信会展服务有限公司	青岛华信会展服务有限公司、东营市茶文化行业协会秘书处	7月5～8日	东营黄河国际会展中心
16	2013 第四届中国日照绿茶节	山东省贸促会、日照人民政府	日照贸促会、农业局等六家单位	7月12～14日	日照会展中心
17	2013 第五届中国北方茶博会暨紫砂艺术节	济南市人民政府、齐鲁晚报	齐鲁晚报天一会展有限公司	8月9～12日	济南舜耕国际会展中心
18	2013 中国山东(诸城)茶文化博览会暨紫砂工艺品展览会	中国食品工业协会	诸城市人民政府、诸城市经济和信息化局、诸城市茶叶协会、济南博澳会展服务有限公司	9月4～9日	诸城会展中心
19	2013 第四届威海国际秋季茶博会暨紫砂茶具展	威海市农业局、威海市旅游局、威海市贸易办公室、威海报业集团	威海国际会展有限公司	9月6～12日	威海国际展览中心

续表

	会展名称	主办单位	承办/协办单位	时间	地点
20	泰安第二届泰山茶展示会暨第三届泰山茶炒茶技能大赛	泰安市农业局、市旅游局	泰山茶叶协会、泰山茶产业技术创新战略联盟	9月28日~10月3日	泰安
21	2013首届青岛(城阳)国际茶文化博览会暨紫砂、红木工艺品展	青岛海之星商务会展有限公司	青岛海之星商务会展有限公司	9月13~16日	青岛:山东国际农展中心
22	首届中国·济南(槐荫)茶文化博览会	第十届中国艺术节济南市执委会、中国国际茶文化研究会、山东省茶文化协会、中共济南市槐荫区委、济南市槐荫区人民政府		10月19~21日	济南:广友茶城
23	2013中国茶叶博览会	农业部优质农产品开发服务中心、中国优质农产品开发服务协会、中国茶叶学会、中国农科院茶叶研究所、海峡两岸茶业交流协会、山东省农业厅和济南市人民政府共同主办	山东省农产品产销协会和全国各茶叶主产省农业部门协办	10月23~26日	济南舜耕国际会展中心
24	2013中国(青岛)国际茶业茶文化博览会	深圳市华巨臣实业有限公司		10月30日~11月3日	青岛国际会展中心
25	2013第二届中国(临沂)茶文化博览会暨紫砂壶、红木家具、书画、收藏精品展	临沂市农业委员会、临沂市茶叶学会、沂蒙晚报	青岛海之星商务会展有限公司、沂蒙茶叶网	11月8~11日	临沂商城国际会展中心
26	2013第九届山东国际茶文化博览会暨紫砂工艺(山东)展览会	济南市人民政府、山东省贸促会、山东省茶文化协会	济南世博展览策划有限公司	11月14~17日	济南舜耕国际会展中心

续表

	会展名称	主办单位	承办/协办单位	时间	地点
27	2013 中国(山东)国际茶文化博览会及紫砂、红木、书画、收藏精品展览会	济南市人民政府、山东省经济和信息化委员会	济南市经济和信息化委员会、济南市商务局、中国国际贸易促进委员会济南市分会、济南市食品工业协会、山东国际会展管理有限公司、青岛海之星商务会展有限公司	11 月 22 ~ 24 日	济南国际会展中心
28	2013 年中国滨州国际茶文化紫砂陶瓷艺术展暨红木工艺品书画珠宝博览会	鲁中晨报	青岛名亚会展有限公司	11 月 28 日 ~ 12 月 2 日	滨州月星展示中心
29	2013 山东(东营)国际珠茶文化暨紫砂艺术博览会	中韩茶文化经贸商会中国茶叶流通协会		12 月 5 ~ 8 日	东营黄河国际会展中心

附表 5　山东省茶叶研究所一览

类型		数量	名　称
省级		4	山东农业大学北方茶叶研究所、青岛农业大学茶叶研究所、山东省农科院茶叶研究中心、山东茶叶工程技术研究中心
市级		4	日照茶叶研究所、青岛农科院果茶研究所、泰山林业科学研究院茶叶研究室、泰安茶叶工程技术研究中心
企业类	日照	7	日照市乌龙茶研究所,百满茶叶研究所、五莲县北方茶叶研究所、莒县茶叶研究所、山东日照太极茶叶技术研究所、日照市梨园春茶叶研究所、日照市卧龙山茶叶研究所
	青岛	5	青岛北方茶叶研究所、青岛市崂山区云启山茶叶研究所、青岛即墨市茶叶研究所、胶南市海青茶叶研究所
	临沂	2	莒南县有机茶叶研究所、沂南县茶叶研究所
	潍坊	2	诸城茶叶研究所、桃林茶叶研究所
	济南	4	济南南湖玉露茶叶科技开发公司、济南圣虎山茶叶科技开发有限公司、山东立泰山茶业科技开发有限公司、济南白茶研究所
合计		28	

附录 2　山东省茶叶产业发展案例

青岛万里江茶业有限公司

青岛万里江茶业有限公司成立于 1997 年，是拥有国家农业综合开发项目示范区的企业、山东省农业产业化重点龙头企业、中国驰名商标企业。十几年来万里江以推动崂山茶行业发展、提供高品质名优好茶为企业理念，以打造中国北方名牌为目标。公司拥有 20 个国内名优茶树品种，多台（套）国内先进的加工科研设备，一个国家专利茶叶品种。万里江已成为集茶叶种植栽培、精制加工、销售、茶叶科研培训、茶文化休闲旅游观光于一体的大型现代化茶场，是崂山茶中的一朵奇葩。

1. 强化产品质量，实施名牌战略

茶产业是青岛市调整农业产业结构、重点发展的主导产业之一，也是崂山农业的支柱产业，崂山茶优异的品质在省内外享有较好声誉。2010 年，万里江牌崂山茶被评为"青岛市十大特色旅游产品"。近年来，为了将"崂山茶"这一优势产业做大做强，促进农村发展、农业增效、农民增收，进而实现企业的跨越式发展，打造出国际知名农业品牌，万里江发挥了企业的龙头示范带动作用，围绕青岛市发展"都市农业、观光农业、特色农业、创汇农业"的方向，着力进行了《崂山茶标准技术研究》等课题研究，以科技创新为先导、以制度创新为动力、以标准化生产基地为支撑，大力实施名牌战略。2011 年 5 月由万里江牵头起草的《地理标志产品　崂山绿茶》国家标准已由国家标准委发布并开始实施，2011 年万里江牵头成立的"青岛市茶叶技术创新战略联盟"获得青岛市科技局批准，万里江茶业有限公司是茶叶联盟首届理事长单位；2011 年 11 月"万里江"被国家工商总局商标局评定为"中国驰名商标"。

2011 年公司"北方茶博园"项目被列入"2014 年青岛世界园艺博览会"规划。该项目占地约 145 亩，建成后将极大地提高万里江茶业的硬件、软件环境及公司的综合实力。2014 年青岛世园会将助推万里江名牌走向世界。

2. 为确保茶叶质量安全所采取的措施

为确保茶叶质量安全，万里江牵头制定了《地理标志产品　崂山绿茶》

国家标准。此标准的实施对规范崂山茶的种植加工过程、提高品牌知名度有着积极的作用。公司内部进一步统一思想认识，制定了企业技术质量标准，建立了高标准茶叶生产示范基地，通过开展技术培训、加强质量检验、培育名茶品牌等措施，使公司职工的茶叶质量安全意识、标准化意识普遍增强，卫生质量上了一个新台阶，公司被评为青岛市食品A级企业。

（1）统一思想认识。为提高产销双方的茶叶质量安全意识，公司先后实施了无公害茶认证和有机茶认证，编制了无公害茶和有机茶发展规划，与崂山区科学技术协会共同编制了崂山绿茶生产技术科普知识小册子，确定了“大力发展无公害茶，有条件的积极发展有机茶”的发展思路。通过公司主管部门的大力推动及广泛宣传，大大提高了员工的质量安全意识。

（2）进行技术研究和技术创新。公司自成立以来，十分重视科技创新，2001年就成立了茶叶研究所，先后承担了十余项市、区茶叶科技计划项目。比如，公司2004年开发的“北方乌龙茶”填补了北方乌龙茶生产的空白。另外，公司引种、选育国家级优良茶树品种，不断提高茶叶产量与品质，产生了良好的经济效益与示范带动效应。公司已有1个自选茶树品系参加第五轮全国茶树品种区试，计划再用5~8年的时间选育出山东省第一个国字号的茶树良种，为北方茶叶的品质提升、效益提高奠定基础。

近年来，公司先后获得山东省科技进步三等奖1项、青岛市科技进步二等奖3项，发表论文近10篇。万里江本人连续3届被评为“青岛市专业技术拔尖人才”，2010年被评为“山东省乡村之星”，2012年当选为“山东省人大代表”。公司研究所所长茶学硕士生彭正云2009年、2013年连续两年被评为“崂山区专业技术拔尖人才”。长期以来公司的专业人才、科研成果、技术创新能力等方面都在青岛市同行业中首屈一指。

（3）建设生态茶园。为保障茶叶原料质量安全，公司花巨资在卧龙涧建立了万里江北宅生态茶园，在茶园建设过程中合理规划、加强过程控制、引进茶叶清洁化加工技术并进行推广、进行质量认证，在完善质量保证体系等方面下了很大功夫。

3. 举办技术培训

为加快茶叶质量安全控制等技术的推广步伐，公司内部先后组织、举办了茶叶产品质量管理、无公害茶叶生产技术和有机茶生产技术等培训课，编印了《无公害茶叶生产技术》等专业书籍和培训资料。2009 年与崂山区科学技术协会一起编制了《崂山绿茶生产技术》科技知识宣传小册子并及时发放到茶农手中。针对茶农和企业举办了多层次、多形式的茶叶种植加工技术、质量安全控制与无公害茶生产技术等方面的培训班。

4. 加强质量检测

强化两端检测，制定茶叶生产质量标准，完善茶叶质量保证体系。为确保茶叶原料的供应和产品质量，公司着力加强农药田间使用情况的监督检查，从源头上控制茶叶农药残留；同时加强初制茶厂鲜叶质量管理，控制灰分、有害微生物等超标问题；并强化了检测制度。

5. 营销创新

公司将万里江专卖店开到了济南南郊宾馆、北京山东宾馆等高档宾馆或酒店，提高了崂山茶万里江品牌的影响力。此外，近年来万里江茶业的加盟商、代理商迅速增加，质量也有很大提高，公司销售业绩也保持较快的增长态势，部分中高档产品供不应求。万里江品牌价值不断提升，在中高档崂山茶市场中具有风向标的作用，拥有较高的知名度与美誉度。万里江茶是中国好茶的优秀代表。

在未来几年，公司将以“北方茶博园”为重要任务、以牵头成立“青岛市茶叶产业技术战略联盟”“青岛市茶叶协会”平台为契机，以获得“中国驰名商标”为新的起点，实施创新型发展战略。以高标准的田间管理技术和精湛的加工技艺为手段，以绿色、安全、品质、信誉为承诺，引领茶农及茶企发展。与时俱进、改革创新，拓宽营销渠道，以卓越的品质，立足山东、面向北方、渗透全国，做大做强万里江品牌。为实现打造北方第一名茶、确立同行业龙头地位的战略目标而不懈努力。

B.11

2012 年河南省茶产业发展研究报告

段传章　夏国宗　田继武　张杰磊　张香萍　陈文予　王东辉*

中原地区是中国重要的产茶区之一，具有历史悠久的茶文化。2012 年，在多项利好政策的引导下，河南省茶产业继续呈现快速健康发展的良好态势。河南省高度重视茶产业的发展，在 2011 年省政府办公厅相继印发了关于鼓励支持茶产业发展的三个重要文件的基础上，茶产业高度集中的信阳市和南阳市也先后印发了《茶产业发展规划（2012～2020）》，并实施了多项政策措施，有力地推进了全省茶产业的持续健康发展。河南全省茶叶种植面积不断扩大，茶叶总产量增长强劲，并在茶叶新产品的开发、茶叶的产业升级、茶叶贸易等方面取得了良好的成绩。

一　生产环节

（一）河南省茶叶种植业持续发展

1. 面积、品种、产量

2012 年河南省茶园种植面积达到 145000 公顷，比 2011 年增加 24000 公顷，增长 20%。其中开采面积达到 77700 公顷，比 2011 年增加 4367 公顷，增长 5.96%。无性系良种茶园面积达到 30000 公顷，比 2011 年增加 3334 公顷，增长 12.5%。河南省信阳市茶园面积已达 140000 公顷，位居全国地级市第 2 位，成为我国江北最大的茶叶生产基地和全国知名的无公害茶产销基地。2012

* 段传章、田继武、张香萍、陈文予，河南省经济作物推广站；夏国宗、张杰磊、王东辉，信阳市茶产业办公室。

年河南省茶叶总产量为53500吨，总产值接近80亿元，均比2011年有较大幅度增长。

中原茶区在不同时期推广种植的茶树品种不尽相同。20世纪70年代中期以前，作为河南省重点茶产业基地的信阳茶区主要栽培种植“信阳群体种”。1975年以后，开始引进外地品种。目前主要品种有福鼎大白、乌牛早、白毫早、信阳群体种、信阳10号、迎霜、劲峰、龙井43号、安吉白茶、槠叶齐等品种。

2000多年来，河南省主产茶区信阳以产绿茶而闻名，是全国著名的名优绿茶生产区，现在信阳红茶异军突起，生产和销售比重逐年上升；另外，信阳和南阳桐柏县的部分茶企也加工生产了青茶、花茶、黑茶，虽数量不多，但丰富了河南茶的品种，更好地满足了中原人民的消费需求。

2. 绿色、有机茶园建设

目前，河南省有机茶园面积约为2100公顷，通过有机茶认证的企业超过10家。随着人们的生态、环保意识的增强，对茶叶的品质要求越来越高，有机茶成为人们尤其是一些高端人士的首要选择。因此，河南省特别是信阳、南阳茶叶主产区对绿色、有机茶园的建设也日渐重视，逐步扩大有机茶园的认证面积，进一步加大了对绿色、有机茶园建设的投入，特别是企业的投入积极性明显提高。桐柏县山野茶开发有限公司曾一次申报通过有机茶认证茶园666.7公顷。

（二）加工环节

河南茶区的名茶除全国十大名茶之一信阳毛尖外，主要还有信阳红、仰天雪绿、新林玉露、申林玉露、金刚碧绿、赛山玉莲、桐柏玉叶等地方名茶，而且各种地方名茶都具有独特的风味，现简要介绍蒸青绿茶加工技术。

蒸青绿茶是指利用蒸汽杀青制茶工艺而获得的成品绿茶。蒸青绿茶的新工艺保留了较多的叶绿素、蛋白质、氨基酸、芳香物质等内含物，形成了“三绿一爽”的品质特征，即色泽翠绿、汤色嫩绿、叶底青绿，茶汤滋味鲜爽甘醇，带有海藻味的绿豆香或板栗香。由于炒青绿茶居多，信阳新林玉露、申林玉露及五云蒸青茶是仅存不多的蒸青绿茶品种，三家企业都引进了现代化自动化日本蒸青茶叶生产线，产品质量稳定，并形成了较为成熟的消费市场。

二　流通环节

（一）交易方式

河南省的茶叶交易以茶企自建营销网点为主，茶企建的茶叶品牌店分布广泛，既宣传了自身的茶叶品牌，也有力地促进了茶叶的销售。如五云、文新等茶叶企业在全国主要茶叶消费城市、机场、茶叶市场广泛建立品牌展示展销网点，与北京、福建、东北等地的茶企、茶商开展战略合作，开展连锁、加盟、代理直销等业务。

随着电子商务的快速发展，网上开茶叶店已成时尚，这是潮流所引，社会进步的表现，也开辟了茶叶交易的新方式。茶叶批发市场常常进行大宗茶叶交易，也是主要交易方式之一。一些为数不多的优质茶叶，已开始采用拍卖的方式进行交易，真正体现了物以稀为贵的道理。另外，一家一户经营的小门市，这种古老的茶叶交易方式在信阳、南阳产茶各县（区）较为普遍，交易方式灵活，方法简便，颇受当地消费者欢迎。

（二）交易场所

近年来，河南省特别是信阳市等茶叶生产者在市场上做文章，政府加大扶持力度，科学规划，积极引导，强化措施，加大茶业综合市场、专业市场的基础设施投入，有序引导，强化市场推介，新建、优化了一批茶叶综合、专业市场，有力地促进了茶产业的繁荣。如高起点、高标准在信阳市羊山新区规划建设了中原一流、中部最大的茶叶大市场——信阳国际茶城，各主产县区及重点产茶乡镇均建成了一批茶叶批发交易市场。同时，郑州、洛阳等茶叶重点消费城市新建、扩建了一批大中型茶叶交易批发市场，如郑州国香茶城、郑州北茶城、郑州春来茶城等规模大、档次高，交易方式先进，茶商云集，生意兴隆。“八方茶商云集中原，河南名茶走遍天下”。

三 消费环节

（一）消费总体状况

1. 消费量、价格

据统计，2012 年河南省茶叶总产量达 53000 吨，产值近 80 亿元，其中，红茶产量为 8800 吨，产值超过 20 亿元。信阳毛尖和信阳红的销售区域以省内为主，在北京、上海、武汉、广州等国内大城市以及东北、西北等地也有销售。信阳、南阳等地生产的地方名茶主要在信阳、南阳市辖区内销售，平均价格约为 140 元/千克，信阳毛尖、信阳红和桐柏红等高档茶的销售价格均在 300 元/千克以上，最高销售价格可达 6000 元/千克以上。

2. 区域消费特点

河南茶的主要消费群体在中原地区和华北地区，湖北的武汉及临近信阳、南阳市的地区是信阳茶、南阳茶南销的重要地区。近几年，河南省茶叶集中产区信阳的茶产业发展迅速，尤其是随着信阳红茶的开发，市场的外延在不断拓展，南至广州，北到东北。信阳茶企已开始在全国设点，积极布局，抢占市场先机。

（二）第三产业

1 茶旅游

近年来，河南省主要茶区信阳市各级政府紧紧围绕省、市茶产业发展规划，依托信阳的区位优势、交通优势、生态优势、人文优势、资源优势、文化优势和红色资源，借助信阳国际茶文化节的宣传推介平台，结合开发浉河区环南湾湖、鸡公山、羊山茶产业园、平桥震雷山、光山净居寺、罗山灵山寺、固始九华山、商城金刚台和新县香山湖、金兰山等地的历史、文化、旅游资源，和信阳毛尖集团、信阳文新茶叶公司、河南蓝天生态茶业有限公司等重点龙头企业的茶文化资源，建设茶文化旅游设施，打造了一批融茶文化、民俗文化、宗教文化、山水文化、企业文化及休闲度假等为一体的精品旅游线路，带动了当地茶经济的发展，提高了信阳茶文化旅游的知名度和影响力，努力把信阳市打造成中国最具影响力的茶文化休闲旅游城市。南阳市各产茶县依据各自生态优势，以茶产业为平台，借助南水北调工程、生态移民工程，企业抢先进入，强力开发茶旅游，已显现明显效果。同时，桐柏开发的融茶文化、红色文化、佛教文化、淮源文化为一体的茶旅游也取得了明显成效。

2. 茶馆业

河南茶馆业快速发展，尤其在集中产区信阳、南阳市及各县（区），不同类型、功能的茶馆如雨后春笋般涌现出来，数不胜数。郑州、开封、洛阳、许昌、济源等城市的茶馆业也方兴未艾，遍布整个市区，成为一道亮丽的风景。信阳市内的大街小巷茶馆星罗棋布，据不完全统计，目前仅密布在信阳市区的各类茶艺馆就有 200 余家，全市总计达 500 家以上。坐落于浉河岸畔的“茶文化一条街”，30 多家茶庄、茶艺馆比肩林立，争奇斗艳，每天吸引着大量的茶客。

3. 茶艺

茶艺表演是茶道的重要组成部分，信阳的茶艺表演更是博采众长，丰富多彩。展示了信阳茶婀娜多姿、清香馥郁的内在品质和内涵丰厚、高雅灵秀的茶文化底蕴。信阳地处中原，南北文化荟萃、豫风楚韵交融，构成了信阳茶艺的独特风格。近年来信阳茶艺以及极具创意和特色的淮源茶文化中的南阳茶艺表演不仅配合地方党委政府的中心工作、经济建设、重大节日随时演出，而且走进北京、上海、郑州、武汉等大都市，登上大雅之堂，频频亮相，受到广泛的赞誉，赢得一片喝彩声。

四　各茶类产业分析

（一）河南绿茶（信阳毛尖）

1. 绿茶产业生产状况分析

2012 年，河南省绿茶生产面积进一步扩大，茶园面积发展到 145000 公顷，采摘面积为 77700 公顷，绿茶总产量近 44000 吨，茶叶总产量为 53500 吨；绿茶总产值为 58 亿元，茶叶总产值近 80 亿元。茶园主要分布如表 1 所示。

表1　2012年河南省主要产茶县（区）茶产业统计

县区＼项目	面积(公顷)	总产量(吨)	总产值(万元)
浉河区	34800	24000	486000
平桥区	9200	2400	17500
罗山县	16600	4300	55400
潢川县	9500	2500	20160
固始县	15800	4200	45000
光山县	18200	5500	59460
商城县	19100	5000	30480
新　县	17700	4400	58000
桐柏县	4100	1200	22000
合　计	145000	53500	794000

资料来源：信阳市茶产业办公室；南阳市经作站。

2. 加工业发展现状

与2011年相比，河南省茶叶加工企业规模变化不大，共有茶企800多家，从业人数120余万人，民营企业、国企、集体所有制企业的比重分别为45%、30%、25%，基本上没有三资企业。河南省重点龙头茶企业基本情况如表2所示。

表2　河南省重点龙头茶企业基本情况

企业名称	总资产（万元）	年产量（吨）	年加工能力(吨)	年销售量（吨）	年销售额（万元）	从业人数（人）
河南省信阳卢氏茶叶集团	30000	35000	50000	35000	50000	500
河南蓝天生态茶业有限公司	26000	500	1000	500	15000	500
信阳市文新茶叶有限责任公司	22773	240	100	210	31270	1800
河南信阳毛尖集团有限公司	198675	1075	1500	1100	53998	1258
罗山县灵山茶业有限责任公司	14160	285	350	310	10500	115
河南九华山茶业有限公司	14156	150	160	150	13246	500
信阳申林茶业开发有限公司	9000	280	300	280	7740	130
信阳佛灵山生态茶叶有限公司	8881	187	300	287	6625	138
信阳市信阳红茶业有限公司	7420	96	200	92. 27	5301. 68	312
潢川县光州茶业公司	7250	83	462	92	1780	660

续表

企业名称	总资产（万元）	年产量（吨）	年加工能力(吨)	年销售量（吨）	年销售额（万元）	从业人数（人）
河南新县新林茶叶公司	7186	530	800	530	11850	226
河南五岳生态茶叶有限公司	7065	50	50	150	6000	50
河南仰天雪绿茶叶有限公司	6360	80	100	80	7800	186
河南茗阳茶业有限公司	2000	100	600	100	1600	80
商城其鹏有机茗茶场	2300	180	400	180	2600	54
潢川县大别山茶业公司	1150	21	30	25	800	120

资料来源：信阳市茶产业办公室。

3. 省内消费情况分析

2012 年，河南省茶叶消费延续上年上涨趋势，人均消费达到 0.55 千克。从茶叶种类来看，受中原茶友的饮茶习惯和中国茶叶市场普遍趋势的影响，河南人的茶叶消费以信阳毛尖等地方名优茶为主，以铁观音和普洱茶为辅。调查数据显示，信阳毛尖、铁观音、普洱茶成为郑州茶商主流的销售品种。随着河南人对茶功能不同诉求的增多，茶叶的区域性消费习惯正在走向更为现代的、多元化的茶叶消费趋势，保健茶也逐渐成为茶叶消费的新宠。

4. 国际贸易现状

河南省的信阳市茶叶种植历史悠久，是我国著名茶叶产区，茶叶出口连续五年保持稳步快速增长势头。各出口企业及其销售额具体情况如表 3 所示。

表 3　河南省信阳市茶叶出口企业及其销售额

企业名称	年产量（吨）	年出口量（吨）	年出口额（万元）	主要出口地区	出口价格（元/千克）
信阳市信阳红茶业有限公司	96	2.5	15	东南亚	60
新县绿源茶叶精制厂	8000	8000	16000	非洲、西欧	20
河南辰龙茶叶公司	6500	6500	7000	东南亚、北美、非洲	11
光山县净居寺茶场	30	20	600	港澳	300
河南卢氏茶叶有限公司	35000	35000	50000	亚洲、非洲、西欧	14
潢川县光州茶业公司	83	5	85	欧盟	170

资料来源：信阳市茶产业办公室。

5. 市场情况分析

河南省茶叶交易方式以批发和零售为主，产茶县区均有多个批发市场，面积和年交易量如表4所示。零售企业在多个城市开有茶艺馆，名称、数量与分布如表5所示。

表4　河南省信阳市茶叶交易市场统计

市场名称	所在位置	市场面积（平方米）	年交易量（吨）	年交易额（万元）
大别山茶市	光山县白雀园镇	33000	1500	36000
杨帆茶叶市场	净居寺管理区杨帆街道	35000	338	1500
新县八里茶乡商贸城	新县八里畈街	10000	300	15000
城关茶叶市场	新县跃进路东段	2400	387	25000
踅孜镇茶叶市场	潢川踅孜镇	800	176	9000
成功花园茶叶市场	浉河区成功花园小区	2000	20	2400
张李湾茶叶市场	浉河区民权路	4000	25	3000
北京南路茶文化街	浉河区北京南路	4000	25	8000
董家河镇茶叶市场	浉河区董家河镇董家河街	10000	60	13600
浉河港镇茶叶市场	浉河港镇浉河港街	10000	65	14000
柳林乡茶叶市场	浉河区柳林乡	5000	30	3600
谭家河乡茶叶市场	浉河区谭家河乡谭家河街	8000	50	10000
东双河镇茶叶市场	浉河区东双河镇	10000	50	10000
五里店毛茶市场	平桥区五里店办事处	1000	300	9000

资料来源：信阳市茶产业办公室。

表5　河南省信阳市知名茶馆

名　称	营业面积（平方米）	连锁店数量（个）	分布区域
文新茶艺馆	2000	318	北京市、河南省
信阳市信阳红茶业有限公司	6200	26	福建省、湖北省、河南省
华祥苑茗茶	127702	665	北京市、上海市、福建省、河南省
信阳毛尖集团有限公司	2000	2	信阳市、郑州市
佛灵山茶艺馆	350	26	河南省
五岳国茶	2500	3	信阳市、郑州市
茗阳茶业	800	7	信阳市、商城县

资料来源：信阳市茶产业办公室。

6. 品牌建设

2012 年，河南省“信阳红”由信阳五云、信阳文新、信阳红三家企业按照质量标准、生产工艺、营销理念和商标品牌“四统一”的原则，统领销售，开创了一种全新的品牌创建推广模式。2012 年信阳毛尖品牌价值达到 46.06 亿元。2012 年 12 月，“信阳红”证明商标获国家工商总局批准。

为了促进名优茶开发、整合品牌资源、规范品牌建设，河南省经济作物推广站、河南省茶文化研究会于 2012 年 5 月 20 ~ 21 日联合举办了“2012 年河南省名优茶评审会”，按照名优茶评比打分标准和规则，坚持公开、公平、公正原则，组织专家对送审茶样分别进行了鉴评、复评和认定，通过鉴评、复评，信阳毛尖和其他地方名优茶共 15 种获得金奖，29 种获得银奖，13 种获得优质奖，新审定 19 种为省级新名茶，32 种获新产品奖，15 种茶叶品牌被评为最具潜力品牌。此类鉴评、复评和评审认定，极大地调动了企业发展名优茶的积极性。河南省信阳市主要茶叶加工企业如表 6 所示。

表 6　河南省信阳市主要茶叶加工企业

名　称	茶叶品牌
河南信阳卢氏茶叶有限公司	红龙牌
河南信阳毛尖集团公司	龙潭牌、五云牌
河南固始县九华山茶场	九华山牌
信阳市文新茶叶有限责任公司	文新牌
河南蓝天生态茶业有限公司	蓝天牌
河南新林茶业有限公司	新林玉露牌
河南固始县仰天雪绿茶业有限公司	仰天雪绿牌
河南申林茶业有限公司	申林玉露牌

资料来源：信阳市茶产业办公室。

（二）河南省红茶生产分析

2012 年，河南省红茶生产持续发展。红茶采摘面积达 72000 公顷，红茶总产量为 8800 吨，红茶总产值为 22 亿元，面积、产量、产值均有所增长。生产红茶的茶园主要分布于信阳市所辖的六县两区和南阳市及驻马店市的部分产茶县。其中“信阳红”产量占全省红茶的90%以上，南阳的“桐柏红”也有小批量产出。

五　2012年河南省茶叶发展的主要政策与措施

为了促进河南省茶产业更好更快地发展，河南省政府办公厅和茶叶高度集中的产区信阳、南阳两市都制定了促进茶产业健康持续发展的优惠政策，有力地促进了全省茶产业的稳步发展和产业升级。

（一）健全领导体制

主产区的各级党委政府把茶产业转型升级、实现持续发展作为农业工作的重中之重，充分发挥茶产业发展在“三化”协调发展进程中的支撑作用，切实加强对茶产业发展的引导和领导，实现领导到位、组织到位、责任到位、政策到位、奖惩到位，确保全省茶产业的持续健康快速发展。

（二）创新经营机制

进一步推进产业化经营，通过“公司+基地+农户”“合作社+基地+农户”的模式，扶持一批茶叶龙头企业和专业合作社加快发展。重点鼓励龙头企业带头建生产基地，实现规模化、产业化发展，带动农户参加生产经营；整合涉农政策性项目资金、工商民营资本和金融机构的贷款向茶产业发展倾斜，拓展茶产业融资渠道；引进“回归工程”，鼓励外出务工成功人士回乡投资茶产业，带动规模化、产业化发展；支持机关企、事业单位干部职工和技术人员走出来创业，通过人才、技术带动茶产业发展。

（三）加大财政扶持

加大财政投入力度，在农业结构调整、无公害农产品基地建设、农民专业合作社组织、农业产业化、退耕还林、茶叶标准园创建、现代农业、丹江口移民工程、国土治理、农业综合开发等项目中向茶产业倾斜，为全省茶产业发展提供支持。

（四）强化宣传营销

突出推介企业自主品牌，进一步加大宣传推介力度，提高河南省茶叶品牌的知名度和美誉度；制定优惠政策，吸引外商和国内大型企业来河南投资建设茶叶市场；鼓励知名企业到市外、省外、国外建立营销网络，拓宽茶叶营销渠道，不断扩大国内外消费市场。

（五）提升办节水平

通过总结信阳市前 19 届茶文化节的成功经验，由信阳市人民政府承办的信阳第 20 届茶文化节暨 2012 中国（信阳）国际茶业博览会于 4 月 28 ~ 30 日在河南省信阳市成功举办。本届茶节期间，共签约合作项目 90 个，总投资额 269. 12 亿元，再创历史新高。节会以“传承弘扬茶文化，共享共赢信阳红”为主题，聘请专业的公司和专业人士参与筹办，提升茶文化节的办节水平；邀请国内外的知名企业、客商参加，提升茶文化节的影响力；深挖节会中的人文元素，丰富节会的文化内涵，把信阳茶文化节打造为中原经济区的标志性节会，国家级有影响力的知名节会。目前该茶节已成为河南省对外开放的重要平台。

（六）注重人才培养

利用“新型农民科技培训项目”“阳光工程”和“雨露计划”，大力培养造就一批茶产业科技人才；依托河南农业大学、信阳农林学院、信阳农科院等省内高等院校和科研院所大力培养涉茶人才，为茶产业发展提供高素质人才支撑。

六　2012 年信阳市茶产业发展主要关注的问题

河南省信阳市茶产业经过“十一五”以来的快速发展，实现了由小到大的目标，茶园面积一跃成为全国地级市第 2 名，但从产量、产值和市场占有率来看，信阳仍处于国内茶产业发展第二方阵，与浙江、福建等产茶强省的茶叶强市相比还存在一定差距。信阳市茶产业进入了由大到强转型的关键阶段。谋划好未来几年茶产业的发展方向，对指导今后相当长时期全市茶产业发展具有至关重要的作用。

为进一步加快推进信阳市茶产业发展，促进茶产业全面转型升级，不断做优做强茶产业，实现兴茶富民，根据中原经济区建设指导意见精神、《河南省茶产业发展规划（2011～2020)》、《河南省人民政府办公厅关于进一步加快茶产业发展的实施意见》和《信阳市国民经济和社会发展第十二个五年规划纲要》，信阳市委、市政府决定编制《信阳市茶产业发展规划（2012～2020)》，并对规划编制工作进行了全面安排部署。信阳茶产业办公室组织专门人员成立了规划编制小组。编制小组围绕全市茶产业发展的重要问题，认真搜集资料，深入开展调研，以会议、座谈、提交书面报告等形式广泛征求意见，吸纳各方建议，数易其稿，在反复多次征求有关单位及业界意见的基础上，认真梳理归纳，去伪存真，系统整理，进一步修改完善，2012 年 11 月，该规划以信政文［2012］191 号文件的形式正式印发全市。

规划按照“打造生态经济高地、建设绿色农业强市”的农业产业化经营理念，抓住信阳市建设“一市一区两枢纽一基地”的机遇，以市场需求为导向，以龙头企业为主体，以品牌建设为主线，以科技人才为支撑，以“兴茶富民”为目标，大力推行良种化种植、机械化加工、标准化生产、集约化经营、合作化发展、社会化服务，力图进一步加快全市茶产业发展现代化进程，提升茶产业的核心竞争力和可持续发展能力，努力实现茶产业“安全、生态、高产、优质、高效”发展。规划立足信阳市茶产业发展实际，注重与上级规划的衔接，结构完整，重点突出，特色鲜明，可操作性强，为全市茶产业的发展提供了科学指导。

七　2012 年茶叶发展主要研究结论

（一）消费需求增长强劲

随着世界范围内绿茶、红茶、乌龙茶等销量的不断增长，茶叶正在成为世界饮料的主导产品，需求量位居三大天然饮料之首。绿茶是河南省茶叶出售的第一品类，在国际和国内市场上享有较高的声誉。由于消费市场的拉动，2012年信阳市茶业经济效益进一步提高，每亩收入可达4000元，较2011年增加1000元。同时，红茶的生产，从根本上改变了茶产品结构，破解了夏秋茶开发利用的难题，促进了更多相关产业的发展，带动了更多群众从事茶产业，走上富裕道路。

（二）质量安全要求日益严格

随着全民食品安全意识的提高，茶叶质量安全受到广泛关注，检测项目越来越多，检测标准越来越严。河南省建立了茶叶质量安全监督机制，制定了“信阳毛尖”和“信阳红”质量安全规范国家标准，茶叶质量安全问题愈来愈受到各级政府的格外重视和消费者的普遍关注。

（三）茶叶综合利用方式多样化

随着咖啡碱、茶皂素、茶多酚等茶叶有效成分的广泛开发利用，茶叶深加工综合利用发展势头强劲，茶产业的链条拉长，种茶制茶的经济效益进一步提高。近几年，信阳市通过强化茶叶精深加工及综合利用，拉长了产业链条。卢氏、辰龙、华隆等出口精加工企业不断发展壮大，茶饮料、茶食品、茶日用品以及茶包装、茶机械等相关产业得到快速发展。环宇绿茶天然纤维内衣、信阳毛尖集团的“得正”蜂蜜凉茶、新林茶业的速溶茶、灵山茶业的“信阳红”茶酒和茶多酚胶囊等茶叶深加工产品相继投放市场。

附录 1

河南省茶产业发展案例

根据《信阳市茶产业发展规划（2012～2020）》，信阳市人民政府将在信阳市产业集聚区打造羊山茶产业园区，集茶叶生产加工、科技研发、仓储物流、展示展销、信息发布、贸易出口、文化休闲和旅游观光等于一体，实现园区内产、学、研，储、运、销，游、购、娱一条龙，资源共享，功能配套，优势互补，互利共赢，形成全市茶产业旅游项目的集聚发展，利用集聚效应，实现信阳茶产业的持续快速发展。

在此理念的指导下，河南信阳毛尖集团启动了信阳国际茶城项目。信阳国际茶城位于信阳羊山新区北环路，总规划建筑面积500公顷，占地200公顷。建成后，预计每年将创造出1000亿元的交易额，实现每年100亿元的税收，增加10万个以上就业岗位。目前，信阳国际茶城已建成或正在建设的主要功能部门有以下几个。

（一）物流集散中心

充分利用信阳国际茶城得天独厚的有利位置，借助茶产业集群的优势，努力把信阳国际茶城打造成东进西出，南北通达的一流集散中心，推动多种物流模式有机衔接，实现茶叶无障碍流通、提高流通效率、降低流通成本。

（二）价格形成中心

信阳国际茶城联合信阳市政府质量检验检疫部门、认证部门、茶行业协会以及在茶行业有影响力的茶企共同制定最具权威性的茶产品等级分类标准，建立权威可行的产品批发、零售等价格体系，根据国际国内市场供求关系，合理确定市场价格，及时发布价格信息，有效平衡各类茶叶的价格，确保茶叶市场的繁荣稳定。

（三）信息发布中心

信阳国际茶城建设有三个信息系统，及时、准确地进行行业内信息的发布。一是现代化的网络信息管理系统，与国际国内市场对接，及时通报、掌握茶叶供求信息，衔接产销，稳定供求，满足市场需求；二是快捷、准确的公共信息收集发布系统，实现信息共享，增强市场集散力；三是功能齐全的茶叶信息采集系统，完善茶叶信息的收集、管理，为供销双方提供及时准确的市场交易实时行情。信阳国际茶城通过三个信息系统和网络信息平台，可以与全国各地的茶叶批发市场和零售终端实现网络信息共享，形成有效与及时的信息收集、处理与发送网络，将电子商务模式拓展至全球茶行业，做到市场“无国界”。

（四）会展贸易中心

信阳国际茶城经营种类涵盖全球各地茶叶、茶食品、茶具、茶包装、茶机械等茶关联产品，通过茶产业的集聚、交流合作，将逐步形成国际化的茶业会展贸易中心。同时，信阳国际茶城筹建了大型会展馆，每年将定期或不定期地举行世界茶品博览会、各产区名茶博览会、新品发布会、产品展销会等活动，通过多种会展形式促进茶品的展销，满足各类茶品及茶关联产品的贸易需要。

（五）科技研发中心

信阳国际茶城是茶产业科技流、信息流、人才流、资金流的汇聚之地，将邀请国内外权威的茶产业科研机构进驻，共同进行茶产业的科技研发。通过科技研发，提高茶产业的综合生产力水平，加快茶产业的发展。同时，信阳国际茶城将纵向整合茶产业上下游品牌、渠道、营销，横向集成产品、行业、技术、服务，为科技创新、成果转化和产业转型提供全方位交换平台，提升中国茶行业的科技水平和技术含量。

（六）文化传播中心

全球茶产区的茶企在入驻信阳国际茶城的同时，也会将各地的特色茶文化带到信阳茶城。信阳国际茶城建设了茶文化博物馆、茶文化风情街，并将借助网络、报刊、信息平台、专题报道等全面推动茶文化的传播。通过定期或不定期地举行茶文化交流学习座谈会、茶文化研讨会、茶文化发展高峰论坛、茶文化博览会、茶知识讲座、茶艺茶道培训交流等活动，向全国乃至全世界传播茶文化。

经过2012年紧锣密鼓的建设准备，信阳国际茶城于2013年初开始引导茶商入驻经营，并于4月28日在第21届国际茶文化节期间正式投入运营，29日组织召开国际茶商大会，引起广大茶商茶农关注，势必会强力助推河南省茶产业的发展。

B.12

2012年安徽省茶产业发展研究报告

杨 庆*

安徽省是国内传统重点产茶省，以名茶多、茶类多（红、绿、黄、黑）、茶区分布特别（地跨长江南北）、茶树品种适应性强而著称。2012年安徽省的茶产业继续保持了自2000年以来的发展势头，生产销售两旺。不仅“增产增收”的趋势保持到了第12年，且增长幅度也创了历史新高。

一 年度概况

（一）产销情况

据省统计局公布的数据：2012年，全省茶园面积为224.54万亩，其中开采面积为196.57万亩，分别比上年增8.47%和7.41%，净增面积17万多亩；茶叶总产量为9.54万吨，较上年增8.78%，净增近0.8万吨。其中绿茶为8.65万吨、红茶0.65万吨、黄茶0.2万吨、黑茶0.02万吨、乌龙茶0.007万吨。2012年茶叶增产主要是靠春茶增产。2012年春季气候正常，连续肆虐四年的早春低温冻害没有出现，春茶产量达到4.32万吨，较上年增22.72%，净增0.8万多吨，成为增产的主要部分。夏秋茶产量略减，达5.23万吨。全年茶叶一产产值为62亿元，较上年增34.78%，净增16亿元，为近年来之最。提前两年实现了省政府提出的收入翻番的目标。其中春茶产值为43亿元，增10亿余元。夏秋茶产值为19亿元，增5亿元。全年名优茶为3.2万吨，产值为44.23亿元，分别较上年增10.34%和26.28%。名优茶产量占全年总产量的33.58%，

* 杨庆，安徽省茶叶学会副会长。

产值占全省总产值的71.34%。全省茶农人均增收500余元，黄山市70万茶农人均茶叶收入突破3000元，继续担当着全省各产茶市标杆的重任（见表1）。

表1　2012年安徽省主要产茶市情况

单位：公顷，吨，万元，元/千克

	总面积	开采面积	产量	产值	均价
黄山市	52073	47192	27244	230000	84.42
宣城市	24152	20847	29324	83637	28.52
池州市	12103	10494	6325	36110	57.09
安庆市	25156	21224	9600	105000	109.38
六安市	25143	21974	17322	108000	62.35
其他市	11065	9317	5559	57253	102.99
全省合计	149692	131048	95374	620000	65.01

注：面积、产量省统计局提供，产值省农委统计。

（二）茶叶出口

2012年安徽口岸出口茶叶3.32万吨，换汇金额1.0722亿美元，较上年分别增14.04%和34.36%，居全国口岸出口第3位。年换汇超500万美元的出口企业达7家，比上年新增2家。7家出口8598万美元，占全省的80.19%。黄山市已从出口原料供应地转变成自营出口的重要基地。2012年，该市茶叶出口额为7064万美元，占全省总额的65.88%。全省茶叶出口额超1000万美元的企业有4家，黄山市就有松萝、微微和新安源3家。为促进黄山市外贸业的发展，该市先后出台了《黄山市中小进出口企业专项担保贷款风险准备金管理实施方案》《黄山市小微进出口企业“统保”工作方案》等系列支持政策，年度安排外经贸专项资金410万元，对进出口额100万美元以上的企业进行奖励，每美元奖励人民币2分钱；对在境外设立或并购营销网络、研发机构、国际品牌的，给予实际对外投资额5%的奖励，单个企业最高不超过50万元，有力地促进了该市茶叶外贸的快速崛起。

（三）茶园建设

结构优化稳步推进。全年新增无性系茶园5万亩，品种主要是舒茶早、农抗旱、龙井系列、安吉白茶等。其中安吉白茶占近一半，成为增长最快的品种。这些茶园主要集中在一些地域茶叶特色不明显的地区，如宣郎广地区，其他地区也有少量引种。原因是宣郎广地区自身迫切需要改变产品结构和市场取向，要打造新的市场卖点，转变过去仅仅作为国内低档出口原料茶生产基地的传统形象。面对江浙地区安吉白茶市场的兴起，茶农自发发展白茶品种的积极性高，面积发展很快，近些年每年的新发展面积都在几千亩，总面积已达3万亩左右。需要说明的一点是，2012年全省茶园面积统计新增17万亩，实际当年新增仅5万亩左右，其他新增面积主要是过去各地因交税基数问题而造成的部分面积隐匿，重新核实后申报增加。

基地认证保持稳定。全省“三品”认证面积一直稳定在170万亩左右，其中有机茶面积10万亩左右，绿色茶园近20万亩，无公害茶园140万亩，占全省现有面积的75%以上。但全省经过“三品”认证的茶叶产量比例还不高，仅在万吨左右，占总产量的10%多一点。其中经过无公害认证的产量在8000吨左右，占主要部分。

（四）茶叶加工

企业升级改造方兴未艾。全省现有茶叶生产、加工、经销企业6800余家，其中经工商登记的企业2531家，规模以上（2000万元）企业257家。全省现有茶叶省级农业龙头企业33家，其中国家级农业龙头企业3家。在工商部门登记的茶农合作组织807家（部分企业情况见表2）。2012年，初精制加工茶厂的清洁化改造仍旧是各地的主要工作。省农机局提供的资料显示，全省茶叶加工企业2012年内更新茶机数，仅享受国家农机补贴的就有20528台，总发生购机金额达12341.38万元，其中国家补贴3548.03万元，占总金额的28.75%。加上部分企业自筹资金购置的大型联装制茶设备（不在国家补贴范围），全省更新制茶设备（单机）2.1万台左右，总发生购机金额在1.5亿元以上。祥源集团投资3亿元新建的祁门红茶文化综合体中，和安徽农业大学联合自主研发的祁红初精制加工生产线，成为国内首条集自动化、连续化、清洁化于一体并具很高科研价值的红茶生产线。2013年春茶已投入使用。

表 2　2012 年安徽省茶叶主要企业情况

单位：万元

	主营业务收入	总资产	税收	企业地址
安徽省茶叶公司	38895.7	54887	1600	合肥市
松萝茶叶公司	36280.9	19512	284	黄山市
新安源茶叶公司	28716.9	15095	300	黄山市
谢裕大茶叶公司	22106.2	21726	2053	黄山市
猴坑茶叶公司	15752.4	8429	657	黄山市
汪满田茶叶公司	15264.2	20279	450	黄山市
宏云茶叶公司	11881.8			宣城市
光明茶叶公司	10821.5			黄山市
六百里茶叶公司	10451.7	9215	280	黄山市
徽六茶叶公司	10329.0	15000	492	六安市
天方茶业公司	9005.0	23000	2995	池州市

注：主营业务收入由省统计局提供，总资产和税收情况由企业提供。

精制加工能力保持稳定。全省以出口茶叶精制加工为主的精制加工能力在10 万吨以上，2012 年实际加工量 8 万吨左右。

茶叶深加工能力已初具规模。以黄山市企业为主已形成了一个基本的茶叶深加工产业基地。地处黄山市祁门县的黄山药谷生物科技有限公司，低纯度茶多酚生产能力年产已达千吨以上。地处黄山市黄山区的华绿园生物科技有限公司，茶饮料浓缩液年实际产量已达 200 吨，2012 年新上的日产 1500 千克茶饮料浓缩干粉的生产线，2013 年投产。该企业的下游客商有百事可乐、联合利华、碧生源、雀巢、gsk（葛兰素史克）等跨国公司，全部达产后年销售额将达到 6 亿元。地处徽州区的光明茶叶公司、歙县的汪满田茶叶公司所产的纯茶饮料和奶茶产品已完成试生产，正进入广告宣传、渠道建造、市场开拓阶段。另外，地处皖西的六安市舒城县东方茶叶公司“茶多酚”提取生产线已进入设备安装调试阶段，霍山县迎驾集团生产的“野岭”牌绿茶、冰红茶饮料年产已达 200 万箱。地处池州市石台县的天方茶业集团生产的茶食品（慢点系列）已形成年产销 300 吨的规模，市场反响良好。

（五）茶叶销售

销售形式。全省茶叶的销售形式主要是企业和经销大户收购、生产后自销，以及茶农和产地市场直销两种。

交易场所。交易场所以产地市场、市场门店两种形式为主，电商开始崭露头角。产地市场仍是茶叶产品最主要的销售途径，省内的峨桥、黄山、霍山等较大规模的产地市场，年销售额超40亿元，其中峨桥茶市一直保持在近20亿元的销售规模。其次是企业自建的销售渠道。随着安徽茶企不断成长壮大，品牌建设逐渐受到重视，"走出去"在各大销区城市自建销售网络成为首选。电商是一种新兴的销售形式，发展很快，也开始成为一些龙头企业青睐的销售方式，大有成为主流的趋势。

消费情况。安徽本地消费的茶叶主流还是地产茶，全省茶叶总产量的50%以上是本地消费掉了，30%用于出口，还有超过10%的茶叶在国内调剂销售。2012年茶叶价格上升较多，茶叶均价达到65元/千克，较上年提高23.8%。国内市场主要还是在沪宁地区。北京也开始发展。

国际贸易。安徽茶叶出口的主要地区是非洲和中东地区。2012年出口非洲绿茶7834万美元，增长40.46%，国家以摩洛哥、多哥、阿尔及利亚为主，占整个非洲市场的78.33%；出口亚洲1081万美元，增长51.56%；出口欧洲1000万美元左右，仅占全省出口额的10%。

二　第三产业的发展

（一）茶旅游

与休闲农业、乡村旅游结合的茶旅游活动已成为安徽茶区的一道亮丽风景。以企业投资建设为主的茶叶生态园、茶博园以及茶博物馆等已在全省茶区不断涌现，丰富了休闲农业、乡村旅游的内容，也赋予了传统茶产业新的发展创意，开拓了新的发展领域。

（二）茶馆业

全省的茶馆估计超过千家，省会合肥市茶馆有四五百家，但其中以茶文化宣传为主、茶主题突出的还较少，仅有20～30家。茶艺活动开展得还较少，但已引起安徽茶界一批有识之士的关注，除了定期在业内外聚集一批茶文化爱好者组织活动外，天方茶艺馆、秋浦书院等一批茶艺馆已经在合肥等地开展起群众性茶艺普及活动，正在逐步扩大影响。

（三）茶文化建设与推广

安徽的茶文化宣传很有特色，除了省茶业学会、安徽农大茶文化研究所等出版的杂志和举办的活动在业内有一定影响外，合肥电视台的茶文化品牌电视栏目《国茶天下》、《市场星报》参与主办的茶文化期刊《徽茶》、《新安晚报》每年坚持的“新安助力、徽茶崛起”茶宣传专刊等，都是面向社会大众的宣传平台，在省内外的影响力逐渐增大，也在一定程度上推动了安徽茶文化事业的发展。

（四）茶品牌

全省注册茶叶类商标400余件。品牌建设成果丰硕，截至2013年1月，已有“天方、雾里青、老竹铺、新安源、猴坑、谢裕大、霍山黄芽、润思、六百里”9个商标获批中国驰名商标，其中“天方、老竹铺”通过维权获得，2012年新增“猴坑、谢裕大、霍山黄芽、润思、六百里”5个。“太平猴魁、六安瓜片、岳西翠兰、霍山黄芽、舒城小兰花”获批证明商标；另外获批地理标志14个，国家名牌农产品2个，省著名商标62个，省名牌产品5个，省名牌农产品29个。

三　茶业科研教育

（一）茶业教学

全省进行茶学本科教育的主要是安徽农大茶叶专业，进行大专教育的主要是安徽黄山茶业学校。截至2012年底，全省茶叶类在校生有423名，教职工93名。其中，安徽农大茶叶本科生350人（茶学264人、茶文化与贸易86人），教职工25人；黄山茶叶学校茶学专业学生73人，教职工68人。

（二）茶叶科研

据安徽省农业科学院茶叶研究所廖万友同志提供的资料：截至2012年

年底，全省具有专业技术职称的茶叶科技人员有188人，分布在院校的31人，科研院所的29人，推广部门的128人。其中具有高级技术职称的89人（正高25人，副高64人），中级技术职称的80人，初级技术职称的19人。

2012年全省在研茶叶研发项目为98个，研发经费为9671万元。其中，2012年新增茶叶研发项目54个，研发经费7243万元。研发方向主要集中在茶叶基础性研究方面，生产应用类研究主要在茶叶加工技术与设备研发、生产技术规程、良种选育等方面。

四 各茶类产业分析

（一）绿茶（产量86500吨）

安徽省的绿茶以名特茶多而著称，产品内外销均有一定的影响力。产区遍布全省茶产区。大宗绿茶的代表“屯绿”“黄山毛峰”“太平猴魁”“六安瓜片”等特色茶早已享誉国内外。2012年的产量组成：新老名茶为代表的名优茶产量有3万吨左右，大宗茶产量有5万多吨；产量分布：江南茶区有56000吨左右，占近70%，江北茶区有30000吨左右，占30%以上。在江南茶区，内外销茶大致各占一半，江北茶区主要是内销，外销原料占比不足30%。

（二）红茶（产量6500吨）

安徽省的红茶生产主要集中在皖南黄山市和池州市，以祁门红茶最为著名。近年来，皖西六安市的金寨县和霍山县也开始少量生产红茶。2012年的产量分布情况大致是，黄山市2900吨（祁门2100吨、黟县500吨、休宁县300吨）、池州市2300吨、六安市250吨。虽然外销仍是大头，但内销已成为产业持续发展的努力方向。2012年内销1000吨，占15%以上。

（三）黄茶（黄大茶）（产量2000吨）

安徽省的黄茶，外界一般只晓得“霍山黄芽”茶，其实，一直坚持延续生产的黄茶是霍山县及周边县区的黄大茶。“霍山黄芽”茶自20世纪80年代后期恢复生产以来，因市场的喜好，生产工艺已基本绿茶化了。唯独黄大茶因传统的山东、山西市场的存在，坚持黄茶的生产工艺延续生产至今。由于生产期主要为夏茶期，少部分在春茶后期，原料采摘较粗老，产品属于低档茶，价格也不高，对外界的影响也不大，但从国内黄茶生产来说，无论是现有产量还是生产的历史，都是我国黄茶中一个不可或缺的重要组成部分。

黄大茶的加工工艺分炒茶（杀青、做型）、初烘、堆积、烘焙四道工序。关键工序是第三道堆积闷黄，将初烘叶趁热装篓或堆积于高约一米的圈席内稍加压紧，置于烘房内5~7天，待叶色变黄，香气透露为适度，是黄大茶黄茶品质形成的关键。

黄大茶的生产以霍山县为主，2012年该县产量为1733吨，产值为1117万元（均价仅6.44元/千克），占全部产量、产值的85%左右。其他一二百吨产自六安市的金安区和裕安区。

黄大茶的加工厂都在一些小型生产企业，加工条件也较简陋。目前手工制作已很少见，机械加工的主要设备是滚筒。加工工艺也多是围绕“滚”来设计的。

黄大茶主要用于内销，销售区域仅限于传统的山东省和山西省的部分县。

（四）黑茶（安茶）（产量200吨）

安徽产黑茶，外界知之不多。1983年10月，华侨茶业发展研究基金会（的关奋发先生）要求订购“祁门安茶”，寄给安徽省茶叶公司一篓1909年祁门孙义顺所产“安茶”样，同时附言希望能恢复安茶生产，表达了殷切的盼望之情。何为安茶？经查证，安茶是从早期的软枝茶演变而来的。软枝茶于明代出现，产自当时皖南徽属各县。明永乐年间（1403~1425）编撰的《祁阊志》中，就已有“软枝茶”的记载，其卷第十《物产·木果》云：“茶则有软枝，有芽茶，人亦颇资其利。”后衍化成安茶后，只有祁门一县生产。原县内各处都生产，祁红问世后，只有该县西南乡的芦溪、溶口一带生产，平里、祁红、诸口3个乡也有零星生产。此茶20世纪三四十年代曾风靡东南亚地区，后因战乱销路中断，安茶停产。1984 年祁门县农业局茶叶专业技术人员经过努力，试制出样品，并寄至香港，得到认可和好评。1985 年后安茶开始恢复生产。1988 年在全省名优茶评比中，"安茶"获省级优质茶称号。审评评语：外形紧结匀齐，色黑褐尚润，香气高长有槟榔香，滋味鲜爽味中含香，汤色橙黄明亮，叶底黄褐尚亮。

安茶的制作分为初制和精制两部分。初制分晒青、杀青、揉捻、干燥 4 道工序；精制分筛分、撼簸、拣剔、复烘、装篓成型 5 道工序。其中在筛拣后有一个安茶特有的处理过程，即将筛拣好的各号茶拼配匀堆，选晴天的晚上，将茶用竹簟摊于室外露一夜，次晨收起，用木甑装好，置于专制安茶的锅灶上用蒸汽蒸 3～5 分钟，将茶叶蒸软，然后继续下一道工序。制作完成的安茶成品茶一般需陈化，储存数月，甚至 2～3 年才可饮用。成品安茶一般分 3 个等级：贡尖、毛尖、花香。安茶的茶类归属，因其名字有传说来源于安溪绿茶，所以叫安茶，属乌龙茶类。但从制作上看，安茶显然有别于乌龙茶，不应归于乌龙茶类。已故著名茶学家陈椽先生等茶界前辈，从其制作方法与自然品质上研究考证，将其归于黑茶。

近些年，安茶的生产仅仅维持在一个较小的规模，2012 年产量仅为 200 吨左右。销售区域仍旧是粤港地区一些传统客户，本地也有少量销售。

（五）乌龙茶（武夷岩茶制法）（产量 70 吨）

安徽省的乌龙茶生产由于目前生产量太少，几乎可以忽略不计。20 世纪 90 年代后期起，有台湾地区茶商在安徽承包茶园进行少量生产，后有本地茶企为福建茶企生产供出口的低档原料茶，最高年产量有 200～300 吨。进入 21 世纪后，逐渐减少至停产。2005 年，宣城市由市政府牵头布点及安庆市部分县重新组织试生产，因市场销售原因，一年后仅有宣城泾县一家还在生产，年产量为 30～40 吨。各地生产的乌龙茶产品，开始时均以闽南乌龙茶（铁观音）制作工艺为主，后由于该制作工艺繁杂、耗时长、成本高等原因放弃，现坚持生产的一家（泾县中徽茶叶公司）改按闽北乌龙茶（武夷岩茶）制作工艺组织生产。另外，加上黄山市屯溪一家台商企业生产的少量乌龙茶，全省 2012 年的产量近 70 吨。

五 茶产业发展政策环境分析

（一）2012 年安徽省茶叶发展主要政策与措施

（1）省政府 23 号文件出台。2012 年 2 月 26 日，省政府下发了《关于加强茶叶品牌建设进一步做大做强茶产业的意见》（皖政［2012］23 号）。这是继 2009 年省政府办公厅下发《加快安徽茶产业发展的意见》（皖政办［2009］13 号）后的又一专门指导性文件。文件提出要在四大名茶品牌建设的引领下，做大做强安徽茶产业，力争“十二五”末茶叶产值较 2011 年翻一番，达到一产产值 100 亿元，综合产值 300 亿元的目标。在全省震动很大，表明了省委、省政府的态度，也督促了各产茶区市县政府的相关工作。但这个文件的提出有一定的历史背景。2011 年 6 月，当时的省长王三运在宣城检查防汛抗旱工作时，提出宣城茶叶要向黄山区猴魁生产学习，从提高茶叶生产效益入手，打造类似猴魁品牌的茶叶。之后，一些部门和地方领导错误理解领导讲话精神，不顾“太平猴魁”等历史名茶的生产历史和已申领了原产地保护、证明商标等实际，提出要超范围扩大一些传统名茶的生产范围，安徽只抓“太平猴魁、黄山毛峰、六安瓜片、祁门红茶”四大传统名茶生产的意见。该文件即是在这些意见的基础上形成的。文件中关于政府主导扩大传统名茶产区、有偿使用品牌等提法已有悖现行法律，在全省茶区造成了一定程度的思想混乱。宣城市政府甚至专门发布了大力发展猴魁生产的意见，安排布置有关产茶县公开组织生产猴魁茶。另外，四大传统名茶生产只涉及黄山、六安两市，其他地市如何实施？文件缺乏全省性的考虑且有误导。该文件在起草阶段就上述内容曾有激烈争论，但不同意见未被采纳。此举扰乱了名茶生产及市场，冲淡了自 2009 年起才在全省积聚起的加快茶园等基础设施建设的工作目标。省一级政府又在一定程度上陷入迷茫，各主产市也是有选择地执行。好事没有办好，出台加快发展文件的红利也大打了折扣。

（2）现代农业发展资金继续关注茶园结构的优化建设。自 2011 年起，安徽省获得的中央现代农业发展资金用在了茶产业的发展上，根据中央财政对资金使用的要求，安徽省将这笔资金用于茶园基础建设，重点发展无性系良种茶园，有效改变了安徽茶园结构不合理的问题。到2012年，项目区的新老茶园面貌均有了很大改观，皖西地区的实施县除个别县外都在新茶园的发展上做得较好，但皖南地区是普遍就现有老茶园进行园相改造，无性系新茶园发展少，没有完全执行项目要求。2012年，虽然因省政府23号文件的影响，实施县有些调整，但实施内容基本没有变，资金额度还有增加，总体实施情况要好于上年。同时也带动了地方及企业等的资金投向茶园建设，使安徽茶产业长期存在的这个老大难问题有了解决的可能。

（二）2012年安徽省茶叶发展主要关注的问题

（1）茶产业发展重点和方向问题。安徽省是传统产茶大省，茶产业的发展情况和应有地位比，近年来并不尽如人意，因此省委、省政府领导多次调研和指示，要求找准问题，明确方向，加快发展。2009年提出集中3~5年时间，加快以茶园生产能力提升为主要目标的工作进展，实施“241”工程，力求使全省茶园中的无性系茶园比例在“十二五”期间达到40%；2012年在“241”工程实施效果并不理想的情况下，又提出加快实施以四大名茶品牌建设为主的品牌建设工程，希望通过此项工作推动全省茶产业规模效益和影响力的一个大提升。缺乏对全省茶产业发展情况的系统研究，一些领导凭概念提出一些想当然的口号和思路，影响了茶产业加快发展的工作部署，提出的工作目标也无法有效实施。

（2）茶园结构优化问题。安徽茶园整体面貌差、生产能力低是一个老问题，严重制约了茶产业的发展。全省无性系良种茶园仅占全省茶园总面积的20%多一点。通过加快无性系良种茶园发展，提高无性系良种茶园占现有茶园面积的比重，是改变生产现状的有效途径。自2009年起，省政府下达的“241”工程计划，要求年增10万亩以上的无性系良种茶园，尽快达到无性系茶园比重占全省茶园40%的初期目标，并安排了中央现代农业发展资金予以支持。但3~4年下来，全省实际年新增仅5万亩左右，完成既定目标的难度很大，亟待进一步加大推进力度、加快发展速度。

(3) 夏秋茶资源利用问题。夏秋茶采得少或不采，是一个全国性问题，安徽也不例外。省政府要把开发乌龙茶、红茶（原产绿茶区）作为重点在部分主产市县和企业推行试点，同时加大对茶叶深加工生产企业的支持力度，增加市场销售的产品品类，拓展夏秋茶资源的利用途径。

(4) 劳力紧缺和安全生产问题。劳力紧缺的矛盾近年来愈来愈突出。劳力难找，用人成本不断上升已成为制约茶业发展的一个新瓶颈。同时，茶园的安全生产问题不容忽视。茶园病虫害统防统治实施的范围还有限，农药使用的源头控制能力还很弱。另外，在名优茶机械化加工水平不断提高、清洁化加工技术不断普及的情况下，安徽省出口茶初制的大部分和精制的一部分加工厂，加工环境恶劣、安全质量得不到保障的现象还严重存在。

（三）2012年安徽省茶叶发展主要研究结论

要尊重市场规则和茶产业发展规律，尽快明确安徽茶产业发展的重点和有效实现途径，不能仅停留在空洞的口号和指标下达上。要集中人力、物力、财力和领导精力，通过加快茶园结构优化和茶叶品牌整体打造等实实在在的产业优化升级工作，切实推动安徽茶产业快速发展，跟上全国的发展形势；要充分调动和发挥各类市场主体的积极性，择优予以扶持发展，承担起做大做强安徽茶产业的各项任务；要加快各类适用新技术的推广普及，开展名优茶的机械化采管技术研究应用，大力推进茶叶安全生产全程质量控制技术的应用；重点抓好茶园病虫害的统防统治和茶叶（重点是出口茶）加工厂清洁化加工升级改造等具体工作；2013年要认真应对茶叶高档礼品茶可能出现的市场滞销局面，做好产品结构调整和市场应对的充分准备。

B.13

2012年江苏省茶产业发展研究报告

朱旭君　黎星辉　黎 谋*

江苏省是我国出产名优绿茶的重点区域之一，在茶树栽培技术、茶园建设与管理、绿茶加工技艺、产品品质等方面处于全国一流水平。2012年，江苏省茶叶生产按照省农委的统一部署，紧紧围绕"茶叶增效，茶农增收"的总体目标要求，在各级政府领导的高度重视、有关部门的大力支持和广大茶农的共同努力下，大力推进省茶叶优势区域建设，加强规模茶场和茶园管理，逐步实现"茶树良种化、茶园生态化、生产标准化、产品品牌化"的产业目标。2012年，江苏省茶产业的总体表现较好，全行业保持产销平衡、持续稳步发展的势头，依然是江苏省丘陵山区集经济、生态、社会效益于一体的传统优势产业。

一　生产环节

（一）江苏省茶叶种植业发展

1. 茶园面积和茶叶产量提高，茶叶品种增加

根据有关农业部门的统计，2012年底江苏省拥有茶园面积约3.3247万公顷，比2011年增加2.5%（详见表1）；茶园开采面积为2.7387万公顷，比2011年增加约0.2%。根据国家统计局江苏调查总队的统计，2012年茶叶产量1.4986万吨，比2011年增长4.2%。在茶叶产量增长的同时，茶叶总产值也呈现上升趋势。2012年江苏省茶叶总产值为23.03亿元，比2011年增加约

* 朱旭君、黎星辉，南京农业大学茶叶科学研究所；黎谋，江苏省企业博士后科研工作站。

7.8%。江苏茶叶亩均产值达到 4600 余元，在全国各产茶省份中一直排在前列。名优绿茶是江苏省主要的茶叶产品，对江苏省茶产业的影响较大。

表 1　近三年江苏省茶产业基本情况

年度	面积(万公顷)	总产量(吨)	总产值(亿元)
2010	3.236	14704	18.1
2011	3.2425	14381	21.36
2012	3.3247	14986	23.03

江苏省茶区分为环太湖低山丘陵茶区、宁镇扬丘陵茶区和连云港茶区。目前，江苏省地方有性系品种主要是洞庭群体种，江苏省茶区推广的主要无性系茶树品种有龙井长叶、龙井 43、白茶 1 号、迎霜、乌牛早、福鼎大白茶等。

2. 绿色、有机茶园和标准茶园建设

江苏省注重茶叶安全水平，南京中山陵茶厂、南京仕必瑞科技发展有限公司、南京雪松茶叶有限公司、苏州邓尉茶叶有限责任公司、无锡茶叶品种研究所有限公司、无锡市向阳林场、江苏吟春碧芽股份有限公司、镇江市南山茶林研究所、金坛市御庭春茶叶有限公司、金坛市开园春茶叶有限公司等一大批茶叶生产基地通过有机茶认证、绿色食品认证和无公害食品认证，省级园艺作物标准茶园建设如火如荼开展并得以大力推进，江苏全省以无公害茶生产标准为起点，确保了茶叶饮用安全。

（二）江苏省茶叶加工业发展

江苏省茶区的名茶主要有南京雨花茶、金坛雀舌、茅山青峰、洞庭碧螺春、天目湖白茶、太湖翠竹、无锡毫茶等，尤以洞庭碧螺春和南京雨花茶最为出名。江苏省依照茶叶的适制性，根据当地茶叶品种的差异采取不同的加工工艺，实现了茶叶加工的机械化、自动化、连续化生产。

茶叶深加工是 21 世纪以来茶叶生产的一个亮点和今后的重要发展领域。茶叶深加工不仅是将传统茶叶加工成更深层次的新型茶饮料品种，还包括茶叶中功能性成分的提取和高效利用。随着以茶饮料为代表的无糖饮品的迅速崛起，茶饮料被誉为世界三大健康饮品之一，前景广阔。目前江苏省大中型茶叶深加工茶企有无锡太阳绿宝科技有限公司、南京融点食品科技有限公司、南通豪斯茗业生物科技有限公司等数家，为有效利用夏秋茶、促进江苏省茶产业经济和社会效益的提高做出了贡献。

二　流通环节

（一）交易方式多样化

江苏省的茶叶交易以茶厂自建营销网络为主，随着茶叶合作社的发展壮大，不少地方出现了拥有上千亩茶园基地的茶企，规模化茶企的茶叶生产机械化程度高，加工技术科学，产品质量高，茶叶品牌店分布广泛。电子商务的飞速发展也开辟了茶叶交易的新方式。目前，茶叶批发市场和零售门店也是交易的主要方式。

随着互联网的飞速发展，茶叶网络交易势必成为今后几年茶叶交易形式的亮点和突破点，各相关茶叶企业，特别是中小型茶企应引起足够重视。

（二）交易场所多样化

近几年来，江苏省农业主管部门加大支持力度，与全省的茶叶企业及生产者一道加大茶叶综合市场、专业市场的基础设施投入。截至 2012 年，仅南京市就有 8 个大型茶叶批发市场，各茶市内茶叶品种齐全，既有本地产的各类茶叶，也有外地生产的茶叶，销量都有大幅增长。

三　消费环节

（一）消费总体状况

江苏是茶叶消费大省，但省内茶叶产量有限，使江苏成为茶叶净流入省份。江苏每年茶叶销量超过 3 万吨，相对每年约 1.5 万吨的产量而言，缺口较大。江苏产茶叶价格近几年稳步上升，其中人工成本的增加、种植成本的上涨及春季倒春寒等气象灾害也是茶叶价格稳步上升的影响因素。受大环境影响，全省所在的机关、团体、大中型国有企业在招待、福利等费用方面控制较严，造成高中档茶销售环境较往年严峻。

（二）第三产业

1. 茶旅游快速发展

江苏茶叶运用至迟始于东汉末。《三国志・吴志》有孙皓请客丹阳人韦曜“密赐茶荈以代酒”的记载。西晋时期苏南民间已采叶生煮羹饮。公元5世纪的《桐君录》有“晋陵皆出好茗”的记载。晋陵即今常州，产茶之地指今宜兴。江苏是全国名优绿茶集中产地，也有丰富的旅游资源。江苏省农业及旅游主管部门一直在探索充分发挥江苏茶叶与旅游资源的优势，将两者“嫁接”起来，打造江苏旅游茶叶品牌。

2012年，苏州市吴中区连续第9年举办碧螺春茶文化旅游节，并与5A级景区打造结合，对各地团队游客前往东、西山游览实行门票优惠政策。许多茶企充分利用茶园优势，发展休闲观光茶园，不断拓展茶的社会功能和生态功能，并安排茶艺、评弹、昆曲等特色节目表演和采茶、拣茶、炒茶等互动节目，进一步深化和发展了碧螺春茶文化。南京、镇江、常州、扬州等地也相继举办茶文化推介活动，对茶叶产业起到了积极的推动作用。

2. 茶馆业茁壮成长

江苏茶馆行业在传承茶文化的同时，融入了现代都市的生活理念与元素，形成了现代服务业发展的重要载体。茶馆发展类型多样，有都市茶艺馆、风景区茶馆、农家茶社等。

江苏茶馆已经成为茶文化交流的平台，同时也为各种社会活动提供了方便的场所。茶馆不但是传播新闻、获取信息的重要渠道，也是进行商务活动的场所，更是一个会友叙旧、修身养性、调节身心、陶冶情操的好去处。

3. 茶艺与茶道

“茶道”与“茶艺”，从字面上的解释来看，都是以物质为基础上升到精神的领悟和感受而逐渐形成的独特文化体系，并成为文明的象征之一和中外文化沟通的一个桥梁。随着中华茶文化的复兴和社会经济的发展，茶事活动的技术、物质与精神领悟都有了新的提高，人们对茶艺、茶道也做了进一步的界定和分析，使其更具有了文化内涵。

“茶艺”即泡茶的技艺与品茶的艺术，是茶文化的重要组成部分，重在物质和行为；“茶道”则是茶文化的精神核心，以精神领悟为主体。从另一个角度来看，“茶道”在“茶艺”的物质行为上产生，对其具有引导和规范的作用；“茶艺”的物质行为催生了“茶道”，并在其指导和规范下日益完善和兴盛，进而演变为一种专门的艺术。

（三）茶文化

中国是茶树的发源地，《神农本草经》记载的“神农尝百草，日遇七十二毒，得茶而解之”的传说已经流传了四千多年；早在唐代茶圣陆羽就撰写了世界上第一部茶学专著《茶经》；“开门七件事”是中国的谚语，是指每天为生活而奔波的七件事，即为柴、米、油、盐、酱、醋、茶这七种家庭生活必需品而忙碌。随着科技的进步和社会的发展，茶叶已经成为世界三大健康饮料之一。同时，中国的饮茶文化源远流长，逐渐形成了集茶艺、茶道、茶礼、茶俗、茶器具、茶诗歌于一体，独具特色、底蕴丰厚的中国茶文化体系。

2010 年江苏省茶文化学会在宜兴成立，学会根据长远发展需要，充分利用各种资源，在建立省内外、国内外茶文化互动交流沟通体系的基础上，逐步形成了集文化交流、产业咨询、技艺培训等于一体的综合性平台。

（四）茶叶教育稳步发展

江苏省政府确立茶产业作为十六个农业主导产业之一，为适应茶产业的长远发展，非常注重对茶学专业教育的投入。

南京农业大学建有茶叶科学研究所，茶学学科拥有茶学博士学位授予权，培养国际国内博士研究生和硕士研究生及博士后。研究生的主要研究方向为：①茶树生物技术与种质资源的研究与利用；②茶叶化学与制茶工程；③饮料植物资源的开发与利用；④茶叶经济与茶文化。另外，扬州大学也开设了茶学硕士研究生教育，具有茶学硕士学位授予权。

江苏省农林职业技术学院和苏州农业职业技术学院设有茶学专业（专

科），学科实力在全国同行中处于领先地位，培养了一大批实用专业技术人才。

（五）茶叶科技创新力量雄厚

2012 年，江苏省继续实施加快农业科技创新、推动农业农村发展战略。茶业相关科技项目立项数量较多，体现了政府部门对茶产业发展的科技支持力度并彰显了各茶业科研院所的科技活力。目前，江苏省内共有国家茶叶产业技术体系岗位科学家 2 名，综合试验站 3 个，涉茶科研机构和科技企业承担了包括国家自然科学基金、江苏省农业科技支撑计划等在内的茶叶科学研究和科技推广项目。江苏省亩均研发经费在全国处于领先地位，承担国家级茶叶科技项目经费达到 1397 万元、省级茶叶科技项目经费达到 1281 万元、地级茶叶科技项目经费达 390 万元，支撑着江苏茶叶产业的稳健发展。

四　2012 年江苏省茶叶发展主要政策与措施

（一）标准化特色茶园创建

根据农业部下发的《关于促进茶叶生产持续健康发展的意见》，江苏省明确提出要不断加紧加快老茶园改造，大力推广绿色物理防控技术，在提高茶叶单产和品质的基础上，提高茶园效益，力争到 2015 年高标准茶园比例达到 20%，提高 5 个百分点，无性系茶树良种普及率达到 60%，提高 9 个百分点。江苏积极组织和推进标准化茶园建设，以标准化生产促进江苏茶叶产品质量和行业效益的全面提升。在各产茶大县市推行农产品质量可追溯管理系统，建立“生产有记录、信息可查询、流向可追踪、责任可追究、产品可召回、质量有保障”的质量可追溯体系。江苏省在推进标准化特色茶园建设的同时，积极推动新老茶园设施建设和茶叶清洁化连续化生产，以物联网技术为突破口不断提高生态茶园的管理监控水平。

在苏州、无锡、常州、镇江等茶叶主产区已经创建了多个省部级标准茶园，标准茶园实现了 100% 生产资料统购统供、100% 种苗统育统供、100% 病虫害统防统治、100%产品商品化处理、100%品牌化销售、100%符合食品安全国家标准，土地产出率提高了15%以上、节本增效20%以上。同时，标准茶园做到了八个有：有高产良种茶园、有茶园管理规范、有清洁化名特茶加工车间、有产品质量标准、有专用注册商标、有配套专用包装、有产销服务主体、有专业技术力量。

（二）注重夏秋茶资源高效利用

江苏省的茶叶产品主要是中高档的名特优春茶，生产季节集中在每年3～4月，夏秋茶的原料利用率不高，造成了茶园亩产偏低的现象。2012年各产茶县市充分利用夏秋茶资源生产红茶和铁观音，2012年铁观音产量达到51.9吨。

（三）加大科技创新，提高茶叶科技贡献率

当前茶叶生产已从产量效益型转向质量效益型，并进入了品牌竞争时代。因此，实施科技兴茶，发挥品牌效益，是茶叶生产在市场经济条件下稳定和提高经济效益的必由之路。江苏省采取“请进来，走出去”的方法，学习省外地区先进的茶园管理经验，通过参观培训提高从业人员的专业水平，不断提高企业科技含量，促使茶叶从“饮料”走向“文化”。通过各级政府的努力，建立了完善的茶叶科技服务体系，在茶叶主产区、县、乡配备茶叶专业技术推广人员，加强茶园管理、茶叶加工等使用技术的示范推广和帮扶。依托国家茶叶产业技术支撑体系，广泛开展农技推广人员、茶叶生产大户、企业技术人员等的培训，提高了科技队伍的素质。

五　2012年江苏省茶叶发展主要关注的问题

（一）采茶人工短缺，生产成本增大，茶农积极性不强

由于大量年轻劳动力外出打工，农村劳务工工资普遍上涨，采茶工资源紧缺，导致采茶用工工资上扬；受物价上涨等因素的影响，化肥等农业生产资料价格上涨，也增加了茶叶生产成本。这些严重影响了茶农生产、采摘的积极性。

（二）茶园土地流转和茶园基础设施更新配套需加快步伐

土地流转政策的颁布及合理实施，一方面可以转移农村剩余劳动力，另一方面更能促进有限的土地资源利用率的最优化，不断提高茶叶产业发展的集中度，整合资源，促进茶叶生产的产业化、规模化、集约化。依托土地流转政策，积极联合茶企鼓励茶农建立产业基地和合作社，推进产业化种植和经营，有利于提高茶农和企业的抗风险能力，加快实现茶业的现代化。

随着国家及省财政对茶园建设加大投入，老茶园的改造、加工厂房的改造以及制茶设备的引进和更新方面虽有所进展，但更新建设速度亟须加快。一些茶园设施处于建设、停用或损坏状态，导致茶园抵御低温等自然灾害的能力较弱，尤其是近几年，春季低温等不良天气状况给茶叶生产造成了一定程度的影响。

（三）茶叶专业加工技术人员紧缺

长期以来，江苏对茶叶加工技术人员缺少系统的培训，不能很好地满足茶叶生产，特别是名优茶加工生产的需求。一进入茶叶采摘加工季节，很多茶企为找不到熟练的茶叶加工工人而发愁，凸显专业人才紧缺现状。

（四）完善茶业预警机制

茶叶属于农作物，其生长普遍受到天气条件制约。近几年频繁发生的“倒春寒”、低温、霜冻等气候严重影响了春茶的萌发，造成茶园减产和茶叶品质下降，使茶农和茶企受到重大损失，影响了他们发展茶叶的积极性，对茶叶行业的可持续发展非常不利。依托物联网等新模式，建立一套科学、全面的茶叶行业预警体系，有效解决天气灾害等制约因素是当前茶叶发展的当务之急。

六　2012 年江苏省茶叶发展主要研究结论

2012 年，江苏省茶叶发展总体平稳，茶园面积、茶叶产量与茶业产值稳中有升，科技型茶叶企业逐年增多，企业规模不断增大，整体呈现良好发展势头。

（一）标准茶园建设得以大力推广

江苏省以省级园艺作物标准园创建为依托，根据茶叶标准园创建方案的要求，在基础设施配套建设、良种示范推广、茶园机械化应用等方面做了大量工作。对茶叶标准园的建设重点更加明确，也对长效管理机制进行了有益的探索。

（二）从茶园源头抓好茶叶质量安全

江苏省近年来针对茶叶质量安全进行了很多研究和技术推广，如茶园绿色和有机栽培技术、标准茶园创建、茶园病虫害绿色防治技术等。茶叶生产企业逐步对加工机械、机型组合、加工工艺等关键技术进行了全面升级，对制茶车间及贮藏库房进行了改造。全省各级茶叶指导部门指导茶场按照食品安全生产方式进行生产，帮助企业制定茶叶质量标准，加强管理，注重产前、产中、产后服务，提高科学合理用药水平及制茶技术，开展茶叶清洁化生产，有效提高了茶叶质量，保证了茶叶安全。

（三）茶叶专业合作社建设成绩明显

自2009年江苏成立苏茶茶叶专业合作社联社，迄今联社已拥有农户成员2110个，紧密联系的茶农近万户。全省各产茶地茶叶专业合作社以服务广大茶农为宗旨，为合作社成员引进新品种、新技术，开展产业发展技术培训、技术交流的咨询服务。专业合作社的组建，在更好地增强茶农抵御市场风险能力的基础上，进一步提高了茶农对外谈判的地位和交易能力，形成了合力。它们更大范围地组织茶农走向市场，解决茶农的产品销售问题；更加有效地整合地方政府、科研院所、茶企茶农等各方资源，用好各方各项扶持政策、资金、技术等资源；更利于做大江苏茶叶产业，做强江苏茶叶品牌，为全国茶叶行业发展树立新榜样，做出新贡献。

七　对江苏茶产业发展的一点思考

（一）全球市场是买方市场

目前国际茶叶市场总体上供过于求，在通货膨胀的前提下，茶业可比价格总体上还处于低位徘徊趋势，国际拍卖市场茶叶平均价格还处于较低水平。

（二）国内市场压力越来越大

近年来，我国茶产业总体规模迅速扩张，已拥有3578万亩茶园，市场供求不平衡风险日益加大。自2012年下半年开始，茶叶市场需求已经出现疲软态势，消费量增幅已经明显减缓，但产能增长速度仍在不断加快，茶叶供大于求的市场风险正在不断累积。因为我国茶叶产业初级产品的效益主要来源于名优茶，夏秋茶资源利用较少，在某种程度上消化了部分市场压力。

（三）茶叶生产可采取的相应对策

1. 思想上树立忧患意识

随着中国加入WTO，地球村的概念和国际经济一体化的趋势，深深影响着整个中国的茶叶市场和江苏茶产业的发展格局。我们在思想上要时刻树立忧患意识、竞争意识，主动融入世界经济体系和全球茶叶贸易市场。

2. 政府规划上要慎重扩张

江苏省茶产业主管部门要引导茶农走内涵式发展的道路，稳定茶园面积，推广生态茶园种植模式和农机农艺配套技术。在保证茶叶产品安全优质的基础上，调整产品结构、提高茶叶单位产值是主要方向。

3. 政府加大支持引导力度

加大对整个茶叶市场预研、预警、预测的扶持，加大对品牌建设和合作社等组织的引导力度，制定优惠性支持标准。

4. 强化服务产业的科技方向

大力推广应用有机茶实用技术，增加茶树品种多样性、茶园生态多样性、农业区域生态多样性，提高以虫害的生态化管理、水分的设施化管理和低温伤害的低成本化管理为核心的物化技术普及度，制定和贯彻标准茶园生产技术，加强监管，切实保障茶叶产品“舌尖上的安全”。

提高具有科技含量的生产设施、加工设备和市场的建设水平。根据现有品种的栽培模式，开发兼顾效益、生态、旅游观光的新兴项目。鼓励茶叶生产向多元化发展，例如栽培的多元化模式、产品的多元化加工、市场需求的多元化挖掘等。

B.14

2012年湖南省茶产业发展研究

萧力争　陈岱卉*

一　湖南省茶产业发展情况

（一）发展历程

湖南茶叶种植历史悠久，产茶历史可追溯到两千多年前的西汉时期。当时朝廷置茶陵（后茶陵）县，“茶陵者，所谓陵谷，多生茶茗”。因此，湖南茶陵县成为我国唯 以茶命名的行政县。西晋《荆州土记》也记载“武陵七县通出茶，最好”，湖南自古有“江南茶乡”的美誉。20世纪的70年代，是新中国成立后湖南茶产业发展的鼎盛时期，1978年全省茶园面积达到262.5万亩，达到峰值。此时期湖南茶园面积多年居全国首位，茶叶产量居全国第2位，仅次于浙江省。

1980年代湖南茶叶生产在指导思想上着力于低产茶园改造，老茶园更新，发展良种茶园，淘汰已丧失生产力的低产、劣质老茶园。虽然茶园面积比上一个十年有所减少，但茶园生产水平普遍提高，因而茶叶产量成倍增加。这一时期湖南茶叶出口活跃，政府扶持力度加大，科技成果转化率较高，技术进步加快，技术队伍相对稳定，茶叶生产得到巩固提高和健康发展。

1990年代后，湖南茶叶生产全面下滑，陷入困境。茶园面积逐年萎缩、茶叶产量逐年减少，到2000年，全省茶园面积仅有109.5万亩。其原因一是在茶叶市场全面放开后，国内茶叶生产高速发展，产量大增，市场竞争加剧；二是自1980年代以来，汽水、可乐等多种新型饮料的兴起对茶叶市场形成冲

* 萧力争，湖南农业大学；陈岱卉，湖南省农业厅。

击；三是生产资料价格和劳动力工价剧增，生产成本提高；四是外贸体制改革后，茶叶出口贸易由国家全额补亏向限额补贴到自负盈亏转变，湖南茶叶出口增长缓慢；五是茶叶税负重，挫伤了茶叶生产者、加工者和经营者的积极性。多因素的叠加，导致这一时期湖南茶叶生产下滑，整个行业陷于低谷。

21 世纪以来，我国茶产业发展呈现持续高增长态势，湖南省茶叶产业面临新的发展机遇。湖南省委、省政府高度重视茶叶产业发展，早在 2001 年就下发了湘政发〔2001〕30 号文件《关于加快茶叶产业发展的意见》。该文件的核心是茶叶企业经营体制改革，明确了“以公有制为主体向多种经济成分并存的经营体制转变”。此后，以金井茶厂成功改制为突破口，掀起了全省茶叶企业改制的风潮，茶叶企业改一个活一个，为后来一批批龙头企业的成长和崛起奠定了基础。2006 年湖南省又下发了湘政办发〔2006〕34 号文件《关于进一步加快茶叶产业发展的意见》，该文件的核心是突出了茶叶品牌建设，明确了“以发展名优茶、绿茶、有机茶及出口茶品牌为重点”。此后，围绕品牌建设这个重点开展了一系列工作，从 2009 年开始实施的茶叶品牌建设工程到 2010 年的“湖南十大茶品牌评选”，有力地促进了全省的茶叶品牌建设，并涌现出了一批具有一定知名度和美誉度的湘茶优势品牌。

（二）茶叶种植业发展现状

茶叶产业是湖南省的农业优势特色产业，已成为优势产区的富民产业和支柱产业之一。近十年来，省委、省政府高度重视茶叶产业发展，各省直相关部门和各茶叶主产县市区加大了对茶产业的扶持力度，加快了基地建设和产业结构调整，推动了茶产业向优质、生态、安全、高效转变，全省茶产业持续、健康发展。

（1）面积产量持续增长。2012 年，湖南省茶园面积有 163.8 万亩，产量达 135346 吨，相比 2007 年分别增长 26.7% 和 54.3%，茶园建设呈快速恢复性发展态势，面积和产量分别居全国第 8 位、第 6 位，湖南省茶叶产业步入发展快车道。

（2）茶类结构进一步优化。坚持多茶类协调全面发展，形成了以名优绿茶、黑茶为主，花茶、黄茶、红茶、茶叶提取物等为辅的多茶类全面发展格局。名优绿茶、黑茶及茶叶精深加工将成为湖南茶产业发展的推动力和增长点。

(3) 茶叶质量安全水平稳步提升。通过加快无性系良种推广进程、开展“三品一标”认证、实施标准化生产等手段，全省茶叶质量安全水平稳步提升，质量安全意识普遍增强。目前全省已有 118 万亩茶园通过了无公害生产产地认证，有 23 万亩通过了国际、国内有机茶认证，有 20 家出口茶叶企业和 38 个出口茶叶备案基地，实现了产品质量与国际市场的接轨。

(4) 标准化建设工作不断推进。2011 年、2012 年湖南省农业厅分别与常德市人民政府、怀化市人民政府合作共同推进了农业标准化建设，以“一个产业、一个（批）专业合作社、一套标准操作规程、一套质量检测体系、一个（批）品牌、一批标准园区”的“六个一”模式整体推进标准园区创建。每个县区都把标准园创建工作作为县（区）年终考核指标，示范带动了全省的农业标准化建设工作。

（三）茶叶加工业

湖南茶叶加工以龙头企业和专业合作社为基础，茶叶加工技术不断优化升级，加工设备也逐步更新。一是茶叶初加工水平普遍提升。长沙、桃源、石门等茶叶优势区市县基本实现了机械化。二是精、深加工不断向自动化、标准化、清洁化、智能化推进。如益阳茶厂目前拥有国内最先进的自动化茯茶精制生产线，湖南省茶业（集团）股份有限公司在湘茶高科技产业园内建成了国内规模最大、技术最先进的精深加工车间，成为湖南省茶叶加工的标杆企业。

近几年湖南省的黑茶和黄茶取得了跨越式发展，声誉之盛，不输普洱。其中安化黑茶发展最快，其产量、产值分别从 2.5 万吨、1 亿元增长到 5 万吨、50 亿元。黑茶和黄茶的发展，大大带动了湖南省夏秋茶的加工，大大提高了当地茶农的收入，同时带动了机械化采摘技术的推广应用。

目前湖南省茶企业有国家级龙头企业 1 家，省级龙头企业 30 家，市级龙头企业 49 家，其中产值过 20 亿元的 1 家，过 5 亿元的 1 家，1 亿元到 5 亿元的 10 家。各龙头企业充分发挥资本、市场优势，跨乡（镇）、跨县、跨市州建立茶叶生产基地和茶叶加工厂，通过采取收购、租赁、联营、重组等多种形式，实施产业化经营。

（四）茶叶市场

1. 内销市场

2012 年底开始全国各地高端礼品茶市场遭遇寒冬期，湖南省也不例外。为化解高价、高档礼品茶销量回落可能导致的茶叶产品滞销及影响茶农心态波动等一系列问题，各地市茶叶主管部门纷纷采取有效措施，积极应对，确保茶农增收。龙头企业也充分发挥龙头带动作用。湖南省茶业（集团）股份有限公司在“2013 年基地工作会议”中对控股、参股、合作、订单采购的 76 个基地的 22 万户茶农郑重承诺：凡按照公司“五统一”标准生产的茶叶，公司均以不低于国内市场平均价的价格进行统购、包销、返利。通过采取保护价收购，有效提升了茶叶基地的抗风险能力，并使基地茶农的利益得到保障。

2. 茶叶出口

近年来，湖南茶叶出口克服重重困难，保持强劲增长势头，茶叶出口量由 2007 年全国排名第四上升并在 2008 年后一直稳居全国第二。全省有 20 家出口茶叶企业和 38 个出口茶叶备案基地，实现了产品质量与国际市场的接轨。尤其是湖南省茶业（集团）股份有限公司，从 1999 年开始，致力于“低农残”“有机”茶园建设工程，突破了欧盟的技术壁垒，取得了显著的成绩，连续多年出口欧盟茶叶居第 1 位，2012 年出口位居全国第一。据湖南出入境检验检疫局统计，2012 年湖南辖区共检验出口茶叶 1664 批、重量 25924.4 吨、货值 8433.4 万美元，与 2011 年相比，批次、重量分别减少 5.1%、1.7%，货值增长 7.9%，货值再创历史新高。其中绿茶出口 18366.7 吨，货值为 5756.9 万美元，出口重量占总量的 70.8%。

2010 年在湖南省出入境检验检疫局的倡议下，湖南省商务厅、湖南省农业厅和常德市政府等单位合作，启动了石门县出口食品质量安全示范区建设，三年来，示范区建设取得明显成效。目前，全县有 12 家企业的 1.3 万亩茶园获得国际国内有机茶认证、有 3 个基地 2.6 万亩茶园分别通过农业部和省农业厅标准茶园验收、有 4.5 万亩茶园的茶叶通过农业部无公害茶产品认证、12 万亩茶园基地获得农业部无公害茶产地认定，为湖南跃升至全国茶叶出口第 2 位发挥了重要的基础性作用。

3. 茶叶品牌

湘茶品牌不断发展壮大，先后有“安化黑茶”“古丈毛尖”等 8 个茶叶品牌的产品获得了国家地理标志保护产品认证，“君山”“金井”“怡清源”“猴王”“古洞春”“湘丰”“古丈毛尖”“安化黑茶”“湘益”“石门银峰”“兰岭”“巴陵春”“白沙溪”13 个茶叶品牌相继被评为中国驰名商标。

（五）茶叶服务业发展现状

1. 茶文化活动层出不穷

“茶祖在湖南、茶源始三湘”。为了大力弘扬中华茶祖文化，在“2013 中华茶祖节庆典·品茗思祖”活动月期间，湖南各地举行了一系列茶文化活动，如中茶·武陵绿感恩茶会、南岳祭茶大典、安化黑茶白沙溪茶厂全国经销商缅怀毛泽东主席诞辰 120 周年品茗思祖感恩诚信经营誓师会、“君山银针”北京品评推介拍卖会等十余场活动。此外还举办了全国百佳茶馆颁奖典礼、“湖南魅力茶仙子”选拔大赛、第二届中国武陵山（沅陵）生态茶文化旅游节、神农茶都开业庆典感恩茶会、2013 第九届中国茶叶经济年会暨中国（岳阳）黄茶文化节、首届湖南国际茶业博览会、第五届湖南茶业博览会等一系列大型茶事活动。

2. 湘派茶馆繁荣发展

近年来，湖南各地茶馆与地方特色结合，成为城市文化的一部分，成为当地旅游消费的亮点，直接刺激了旅游消费和文化发展。2010 年、2011 年湖南先后两次举办湘派茶馆高峰论坛，论坛围绕加强交流、弘扬湖湘茶文化、创新经营、促进消费、扩大影响、湘派茶馆个性打造等问题，进行了广泛的探讨。为了提高湖南茶馆在全国的地位，湖南省茶业协会茶馆分会推荐的湖南茶馆在 2009 年和 2011 年分别有 5 家和 14 家入选全国百佳茶馆，一家入选全国十佳特色茶馆。

3. 行业服务体系更加完善

全省茶业行业服务体系不断完善，省茶业协会、茶叶学会、湖南农业大学、省茶叶研究所、茶祖神农基金会等茶叶科研教学单位和行业组织为茶叶产业发展发挥了较好的促进作用。长沙、岳阳、益阳、湘潭、株洲、怀化、张家界、衡阳、常德9市，安化、桃源等20多个县市都建立了茶业协会和茶叶学会，益阳市和安化、石门等9市县政府还成立了茶叶局（办）。

（六）产业科研力量不断提升

湖南省茶叶产业的科研攻关力度显著加强，产学研联动的格局业已形成。全省建有茶叶创新中心8个、工程技术中心6个、科技推广站点20多个，构建了较为完善的科研体系。先后共承担国家级及省部级重大科技项目100余项，获得1个国家级科技进步二等奖、5个省部级科技进步奖，100多项发明专利。

（七）湖南省茶叶产业的特色和亮点

1. 独特的茶类结构

独特的自然环境，造就了湖南茶叶与浙江、福建、云南等兄弟产茶省区不同的产品结构，形成了以绿茶、黑茶、红茶、花茶为主，黄茶等特色茶为辅的多茶类发展格局。湖南茶叶中，绿茶约占55%，黑茶占30%，红茶占10%，黄茶等占5%。湖南绿茶，品质风味独特，其中古丈毛尖、石门银峰、桃源野茶王、保靖黄金茶、金井毛尖、野针王、高桥银峰、湘波绿等名优茶在全国市场有一定的份额。大宗绿茶中有相当一部分加工成花茶，以中国花茶第一品牌“猴王”牌为首的湖南茉莉花茶在国内花茶市场中占有重要地位，主销东北、华北、西北、华南等区域，占全国市场份额的30%左右。湖南黑茶长期以来作为边销茶主销西北地区。近年来，黑茶特殊的保健价值被内地消费者所认识和了解，湖南安化黑茶的销售量在内地迅速扩大，成为增长最快的茶类，带动了整个湖南茶产业的发展。近两年，湖南高档红茶发展迅速，市场反响很好，产品主销东北、山东、北京等地。

2. 科教力量居国内领先地位

湖南的茶业科学研究和茶学高等教育在国内具有重要影响。早在1917年，湖南就成立了茶叶讲习所，是国内开展现代茶学研究最早的省份之一。目前，湖南拥有湖南农业大学茶学系、湖南省农科院茶叶研究所等一大批茶学科研、教学和技术推广机构。在茶树良种选育、有机茶生产、茶叶精深加工与茶叶功能成分的综合利用、茶与健康研究等领域的研究和教学水平均居国内领先地位。

3. 安化黑茶产业发展迅猛

黑茶是六大茶类中比较特殊的一类。历史上黑茶主要供应西北少数民族饮用，又称“边销茶”。史籍所载16世纪以前的黑茶，多指由四川绿毛茶经作色生产的“乌茶”。明代中期，湖南安化采用炒青、揉捻、渥堆、七星灶松柴明火干燥等工艺生产黑毛茶。此后湖南黑茶逐步发展成为西北少数民族地区消费的主要茶产品，畅销西北各地达数百年之久。安化黑茶是指湖南省益阳地区所产的地理标志产品，是以该区域内生长的安化云台山大叶种等适制安化黑茶的茶树品种鲜叶为原料，经杀青、揉捻、渥堆、干燥等特定工艺加工而成的具有独特品质特征的多种黑茶产品。

近年来，随着人们对黑茶保健功能认识的加深，国内外市场对黑茶类产品的需求不断加大，湖南黑茶产量快速增长，市场急剧扩大，安化黑茶逐步成为湖南茶产业中品牌最响、综合效益最高、带动能力最强、成长性最好的茶类。2012年安化在基地建设、品牌打造、市场拓展、技术改造、茶文化传播等方面又取得了长足发展。在第八届中国茶业经济年会上，安化县荣获“2012年度中国茶叶产业发展示范县”称号，茶叶产量位列全国重点产茶县第5位，黑茶产量位列全国第一。2012年全县茶园面积为20.15万亩，新建茶园基地2.15万亩，茶叶年加工量3.83万吨、综合产值50.8亿元，分别比2011年增21.2%、46.8%；种茶农户3.5万户，从事黑茶及关联产业人员22万人；2012年实现茶叶税收7465万元，比2011年增长96.3%，茶产业为县域经济的发展做出了突出贡献。近几年，对安化黑茶的研究不断深入，实现了核心技术突破，并在成果转化方面取得了显著成绩。高马二溪黑茶饮料厂的“安化黑茶原饮”、梅山黑茶公司的“梅山涯”速溶黑茶、华莱公司的“华莱健”速溶黑茶和袋泡黑茶相继上市。2012年由湖南省茶叶公司出品的“臻溪”黑茶固体饮料冲剂和胶囊两种产品获得“国食健字”保健批文（批准文号：国食健字G20120044、国食健字G20120045），开启了安化黑茶迈向保健、安全的消费时代的篇章。安化黑茶内销市场拓展迅速，产品已销售到港、澳、台和北京、广州、西安等国内各大中城市，还出口到了日本、韩国和东南亚各国，涌现出白沙溪、湘益、怡清源等黑茶品牌企业。2010 年安化黑茶入选湖南四大公共品牌，2011 年安化黑茶荣获中国驰名商标。2012 年 7 月第二届中国·湖南（益阳）黑茶文化节暨安化黑茶博览会在益阳成功举行，“安化黑茶”的知名度和美誉度进一步提高。

4. 岳阳黄茶产业来势看好

近几年，湖南岳阳黄茶产业发展势头很好，2011 年岳阳市获评“中国黄茶之乡”。为带动湖南黄茶产业发展，以君山银针为代表，打造以君山茶业为龙头的黄茶品牌，湖南省君山银针茶业有限公司联合国家植物功能成分利用工程技术研究中心开展了黄茶保健功能的研究，发布了《揭秘黄茶之冠君山银针与保健养生》的研究报告。该研究证明黄茶具有明显的美容、抗衰老、对酒精性肝损伤的调节保护、降尿酸、预防痛风、降血脂、降血糖、抗辐射、预防皮肤光老化等功效，具有良好的市场前景。目前，湖南省岳阳市提出大力发展黄茶产业、打造百亿元黄茶产业集群的计划，并于 2013 年 10 月在岳阳市召开了首届中国（岳阳）黄茶文化节，兴建君山银针黄茶产业园，重点发展黄茶产业。

5. 湘西州引领武陵山区茶产业发展

近年来，湖南省湘西州突出良种茶基地建设、品牌营销和加工增值，茶叶产业快速发展，生产规模不断扩大。为抢抓武陵山片区区域发展与扶贫攻坚试点机遇，做大做强湘西州茶叶产业，湘西州委、州政府下发了州发〔2012〕15 号文件《关于加快发展茶叶产业的意见》。文件明确，州里每年整合资金 8000 万元，用于茶叶产业发展，规划到“十二五”末，全州茶叶面积发展到 50 万亩以上。

保靖黄金茶发展态势很好，俨然成为中国茶界的一匹“黑马”。通过科技攻关，从保靖黄金茶群体品种中选育出的“保靖黄金茶 1 号”“保靖黄金茶 2 号”等优良品种（株系）都通过了湖南省农作物品种审定机构登记。科研人员根据该茶的不同品种特性、季节、工艺试验，研究开发了绿茶、红茶、黑茶等产品。保靖黄金茶所制绿茶具有香、绿、爽、醇的品质特点，被誉为“世界最好的绿茶”。保靖黄金茶所制红茶，汤色红艳，香气（花香）持久，滋味醇浓甜爽，备受消费者的欢迎。

为了促进武陵山区新一轮扶贫开发，积极开展产业扶贫试点，在省委统战部门、湖南省光彩事业促进会领导的倡导下，湖南隆平茶业高科技有限公司（以下简称隆平茶业）于2011年成立，由隆平高科、步步高、老百姓大药房、大汉集团、美林置业、天下凤凰等知名企业共同出资打造，通过在武陵山区自建与收购兼并，快速整合了一批上规模的特色茶企，组建成了一家集茶叶品种研发、种植、生产加工、销售、茶庄经营、茶文化传播及服务于一体的企业集团。隆平高科等上市企业的介入，将有力推动武陵山区茶产业的发展。

二　湖南省茶产业发展优势和前景

（一）湖南省茶产业发展优势

1. 种茶历史悠久，茶文化底蕴深厚

“茶为国饮，湖南为先”，湘茶悠远绵长的历史，可以上溯到远古神农氏时代。神农尝百草，解毒之茶，就出自湖南的野生茶。湘茶文化底蕴深厚，茶祖神农文化、禅茶文化、黑茶文化在国内外影响深远。

2. 生态条件优良，区位优势明显

湖南气候条件独特，是全国茶叶优势区域规划中的名优绿茶和出口绿茶优势区域，特别是北纬30°左右的武陵、雪峰、南岭、南岳山区和环洞庭湖区，生态环境好，茶叶品质佳，是“绿茶优势产业带”和“黑茶产业中心”。

3. 种质资源丰富，茶类产品多样

湖南省具有适制绿茶、红茶以及红绿茶兼适的茶树品种，为实现多茶类、多品种、不同区域种植提供了丰富的品种资源。湖南省作为传统的产茶大省，自古名茶荟萃，目前已形成绿茶、黑茶、黄茶、红茶、花茶等多茶类结构，且各茶类都有一定规模，市场空间广阔。

4. 技术水平先进，科研力量雄厚

湖南省在茶叶深加工、茶树生物技术和品种选育、有机茶生产等领域的技术创新以及专业技术人才培养体系均处于国内领先水平。科研攻关能力不断增强，产学研联动格局已经形成。

（二）湖南茶产业发展前景

2012 年我国人均年消费茶叶达到 0.75 千克，专家们估计到 2020 年，我国人均茶叶年消费水平将达到 1.5 千克，全国茶叶总消费量将达到 260 万吨左右，可见茶叶内销市场潜力仍很大。湖南多茶类的产业结构，为拓展更为广阔的内销市场奠定了基础，特别是湖南黑茶和黄茶等产品，因其良好的保健效能，将成为中国茶市最强劲的“黑马”，成为湖南茶产业的重要增长点。另外，湖南茶叶出口近年发展很快，湖南省茶业（集团）股份有限公司已成为国内最大的茶叶出口企业，全省茶叶出口亦已排名全国第二，湘茶出口市场已遍及 120 多个国家和地区，这为湖南茶叶开拓国际市场奠定了良好的基础。茶叶深加工是湖南茶叶的优势，有最强的技术和产业基础。21 世纪茶叶消费结构中，速溶茶和茶饮料比例将扩大，特种茶和药茶的消费量将从不到 5% 提高到 30% 左右。根据目前湖南省黑茶深加工（速溶黑茶、黑茶饮料）的发展趋势，茶叶深加工将带动湖南省黑茶原料年消耗 20 万吨以上，成为湖南省茶叶行业发展的另一个重要增长点。综上所述，湖南茶产业发展的前景良好。

三　存在的一些制约因素

（一）优质茶园规模小，基础设施不完善

湖南省 60% 的茶园是 20 世纪 80 年代以前发展起来的，优质茶园建设不足，良种化率较低。目前湖南省无性系良种茶园面积不到总面积的 45%，低于浙江的 70%、福建的 90%，也低于全国平均水平 51%。茶园基础设施特别是道路和灌溉设施薄弱，抗灾抗风险能力薄弱，影响了茶叶产量和质量。

（二）加工技术参差不齐，小企业多而散

湖南省除省茶业（集团）股份有限公司、猴王茶业、湘丰茶业、怡清源茶业等少数龙头企业外，还有相当一部分茶叶企业加工装备、加工技术相对落后，距离标准化、清洁化、自动化、智能化的要求较远。另外，湖南省茶叶企

业过多过散，集约化水平亟待提高。据不完全统计，全省现有一定规模的茶叶加工企业 380 多家，分布于茶叶产区的手工作坊式小厂更是多达 3000 多家。

（三）品牌“多、杂、乱”，高端品牌不多

湖南省茶叶品牌有近 1400 个，呈现“多、杂、乱”的局面，市场竞争力不强，产业效益偏低。与“西湖龙井”“安溪铁观音”等相比，湖南省茶叶品牌无论是规模、知名度，还是品牌价值都有较大差距。此外，品牌共享意识差，品牌整合难度大，优势品牌茶不突出。

（四）生产经营粗放，产品附加值不高

茶叶相对于其他农作物，产业化程度高、商品性强，对种植、加工、流通都要求较高，但湖南省集中连片规模化生产茶园不多，精细化、标准化、集约化生产管理水平不高，经营较为粗放。由于规模加工工艺设备较少，加工产品结构不合理，初级产品偏多，高附加值的功能性产品和深加工产品少。

四　产业发展思考

目前湖南茶产业已初具规模，但如何在此基础上实现茶业大省向茶业强省的转变，进一步提升湖南茶业在全国乃至世界的地位，这一直是湖南茶业人思考的问题。湖南省茶叶产业发展潜力大，全省宜茶面积有 500 万亩，在 20 世纪 80 年代，湖南茶园面积就曾达到 280 多万亩，面积和产量位居全国第一。随着全球社会经济发展，人民生活水平提高，茶叶保健功能开发和茶文化发展，茶叶消费者和市场对食品安全提出了更高更新的要求，茶叶出口形势也发生了根本变化。在新的时代背景下，茶叶产业要实现可持续健康发展，仅仅靠单一的扩大茶园面积来支撑是不行的，必须通过提高茶园管理水平提高茶园的综合经济效益。近几年，湖南省通过科学引导突出茶类特色，形成了绿茶、红茶、黑茶多茶类复合生产结构，大大提升了茶园的经济效益，形成了湖南茶产业生产特色。此外，茶产业经济效益要有大的突破，光靠第一产业的增长效果有限，必须通过延伸茶产业链，不断扩大茶叶精深加工范围，加强第三产业的创新。

2013年4月17日，农业部出台了《关于促进茶叶生产持续健康发展的意见》（农农发〔2013〕2号），明确要求各产茶区政府切实有效地加强对茶叶生产的管理，要求在其后的一个时期，“在稳定茶园面积的同时，加强茶园管理，提高单产，提高品质和效益，促进茶叶生产持续稳定发展”。湖南省在茶产业发展目标的制定上十分慎重，根据规划2020年湖南省茶园面积预计达到300万亩，比2012年增长140万亩左右，但从湖南省茶产业的发展历程来看，也就是基本恢复到湖南省茶产业发展的历史最高水平，符合湖南省茶产业发展实际。下一步，将以茶叶生产关键环节和领域为重点，着重优化产业布局、抓好良种繁育体系建设、加强标准化基地建设、培育壮大龙头企业、推进名优品牌建设、大力弘扬湘茶文化等环节，不断提升湖南茶产业的综合竞争力和可持续发展能力。

五　产业发展建议与措施

（一）设立茶产业发展专项资金，加大产业扶持力度

福建、贵州、浙江、云南、四川等兄弟省份纷纷出台了产业发展意见，并设立了产业发展专项资金，其中福建2亿元，贵州5000万元，茶园面积略少于湖南省的陕西省也从2013年开始设立了5000万元的茶产业发展资金。多年来，湖南省直各部门充分发挥部门职能，加强了对茶叶产业的引导和扶持，促进了茶产业的健康发展，通过设立产业发展专项基金，一是可以合理引导产业投资方向，二是可以提高产业建设的效率，避免重复投资，有利于茶产业的长远发展。

（二）健全良种繁育体系，加快品种改良步伐

目前全省年出圃茶苗只有4亿株左右，每年茶苗缺口很大，难以满足本省供给，部分茶苗只能从外地引进，因此很有必要建设与产业发展相适应的茶树良种繁育体系。一是改扩建现有的5个国家级茶叶良种繁育基地，提升产能；二是在全省茶叶优势区域新建10个高标准的良种繁育基地，确保全省茶树品

种更新换代。同时，以全省茶叶优势区域县、重点县为重点，加快品种改良步伐，全力改造 100 万亩低产茶园，重点改造 20 世纪 80 年代前种植群体品种的衰老茶园和因管理不善、采摘不合理导致的茶树未老先衰的茶园，大力推广无性系良种，建设优质茶园，促进全省茶叶产业的提质增效。

（三）以武陵山区为重点，着力建设四个优势产业带

湖南省境内位于北纬 30 度的武陵山脉，生态环境优异，是公认的世界优质绿茶黄金产业带之一。而且在国家将武陵山片区作为新阶段扶贫攻坚试点先行区域的大背景下，通过发展茶叶产业，走出一条适合武陵山区扶贫开发工作的新路子，具有重要意义。因此，为了集聚资源，突出产品特色，要以武陵山区为重点，进一步优化茶类布局，重点建设 U 形优质绿茶带、雪峰山脉优质黑茶带、环洞庭湖优质黄茶带、湘南优质红茶带，涉及全省 37 个县市区。通过这 4 个优质产业带的建设，进一步打造湖南省的茶叶产业优势和产品特色，最终推动全省茶叶产业集群的形成。

（四）以名优绿茶、黑茶为重点，多茶类全面发展

湖南省的茶叶生产具有多茶类共同发展的特征，以 2012 年为例，绿茶为 5.8 万吨，黑茶为 4.8 万吨，红茶为 1.6 万吨，花茶为 0.75 万吨。然而，产业的发展始终要以市场为导向，就全国范围来看，绿茶是市场当家品种，并依然以 70% 的市场份额保持平稳发展势态。而黑茶特别是湖南黑茶凭借自身的保健功效和强势宣传，成为茶叶界的一匹黑马。绿茶作为湖南省传统优势茶类，是茶产业发展的大本营，但是绿茶的产品结构要优化，进一步提高名优茶的比例，这也是未来绿茶产业发展的主流方向。而黑茶是湖南省传统边销茶，随着经济日益发达，生活水平不断提高，基于健康与时尚两大消费驱动元素，湖南黑茶面临着良好的发展机遇，市场空间巨大，要着重拓展黑茶的精深加工，延伸茶产业链。此外，在突出以名优绿茶、黑茶为重点的同时，也要兼顾多茶类全面发展，并从标准化生产、新产品研发、市场开拓、品牌建设等方面着手提升花茶、红茶、黄茶产业的实力，从而促进全省茶产业综合竞争力的提升。

（五）强化茶叶质量安全，积极发展高山有机茶

2013年3月1日，卫生部与农业部联合发布的《食品中农药最大残留限量》（GB2763－2012）正式实施，是我国监管食品中农药残留的唯一强制性国家标准，上市销售的茶叶必须符合其中的25项农残标准。与此同时，随着生态环境污染日益加重，食品质量下降，消费者的观念与行为也发生了变化，特别是对茶叶质量的要求越来越高。就湖南省省情来说，全省山区面积占总面积的64.52%，而山区一般海拔较高，生态植被好，常年重云积雾，环境天然无污染，十分有利于茶叶的生长，是茶产业发展的最佳之地。因此，湖南省武陵山脉、雪峰山脉、南岭山脉、罗霄山脉的一些茶叶主产县市，可以充分利用当地优良的生态环境，因地制宜地发展高山有机茶。如石门县充分利用山区发展有机茶，如今已建设成为全省最大的优质茶出口基地，同时有力地促进了当地农民增收，走出了一条经济效益、社会效益和生态效益相统一的可持续发展道路。

附录1　数据统计表

附表1　2012年湖南省茶产业基本情况

茶园面积（公顷）	108800
茶叶产量（吨）	135346
其中	
绿茶（吨）	58363
红茶（吨）	15890
黄茶（吨）	4500
黑茶（吨）	48010
花茶（吨）	7483
乌龙茶、白茶（吨）	1100
茶叶总产值（亿元）	101.50975
茶叶出口量（吨）	25924
茶叶出口额（万美元）	8433

数据来源：根据2012年湖南农业统计资料及湖南省农业厅、湖南省茶叶学会、湖南茶业协会等部门的相关统计数据整理。

B.15

2012年台湾茶产业发展研究报告

林 畅　苏硕军　陈冰芳　罗永根*

台湾茶素以质量著称，自20世纪80年代以来，随着台湾经济的发展，台湾饮茶人口大增，消费者开始讲求饮茶之道，台湾茶农茶商也不断提升茶叶产制技术和质量，带动了台湾茶产业的发展。下文分别从生产、外销、内销、零售以及服务业等角度，分析近年来台湾茶产业的发展现状，并介绍近年来两岸茶产业合作的状况。

一　台湾茶产业发展现状分析

（一）台湾茶叶生产状况

台湾地区现有茶园分布在台北、桃园、新竹、苗栗、南投、云林、嘉义、高雄、台东、花莲、宜兰等县市。

近10年，台湾茶叶生产在不断萎缩。从表1可以看出，台湾茶叶的种植面积从2003年的19310公顷，逐年递减，减少到2012年的13486公顷，减少了30.16%；茶叶产量从2003年的20675吨，减少到2012年的14902吨，减少了27.92%。

尽管台湾茶叶的生产量在萎缩，但生产的精细程度较大陆要高得多。

首先，在茶园管理方面，台湾茶农非常注意茶叶的水分管理，茶园普遍安装了喷灌设施；茶园基本都施有机肥，农药的使用受政府严格管理和辅导。据台湾当地茶农介绍，茶商来收茶，都会去茶园转转，看看茶园里有没有杂草，

* 林畅、苏硕军、陈冰芳、罗永根，福建农林大学经济学院。

表1 2003～2012年台湾茶叶生产情况

年份	种植面积(公顷)	收获面积(公顷)	每公顷产量(千克)	总产量(吨)
2003	19310	18170	1138	20675
2004	18208	17462	1156	20192
2005	17620	17064	1102	18803
2006	17205	16740	1156	19345
2007	16256	15732	1113	17502
2008	15744	15174	1146	17384
2009	15322	14873	1128	16780
2010	14739	14530	1202	17467
2011	14333	14091	1228	17310
2012	13486	13308	1120	14902

资料来源：台湾“经济部”统计处。

如果土壤裸露，则认为茶园可能用了除草剂；如果有蜜蜂，说明茶叶低农残或无农残；如果茶园生态状况不好就不收茶。因此台湾的茶园，是一整片一整片的青绿，而不是像大陆有些地方，茶园土壤直接裸露。

其次，在茶厂设施方面机械化、电子化程度较高，特别是日光萎凋和室内萎凋的设施科学先进，能有效控制批量茶青的失水率。制茶间干净整洁、井然有序，室内萎凋间配有冷气、暖气、除湿机、加湿机，可以在各种气候时按需使用。高山茶的茶青采摘标准严格，毛茶制优率高且稳定。

最后，当地茶产业的分工也很有特色。台湾有专业的采茶队伍、专业的制茶团队，由高海拔茶园向低海拔茶园一路往下接续。台湾茶农在自家茶厂完成自己的生产后，会将厂房出租给制茶团队，这些团队承接代加工茶叶业务，收加工费或按一定比例买自己制好的茶。这样的合作方式，提高了茶叶制优率，充分合理地配置了有限的社会资源，使经济效益最大化，值得大陆茶区借鉴。

（二）台湾茶叶进出口状况

1980年以前，台湾的茶叶生产以外销为主，出口地域遍布全球60多个国家或地区，出口量占总产量的75%～85%。但近30年来，台湾茶叶生产发生了巨大变化，从以外销为主快速转为以内销为主，台湾茶叶出口量减少到占总产量的 7% ~15%（见表 2）。

表 2　2003 ~2012 年台湾茶叶出口所占比重

年份	出口量(吨)	生产量(吨)	比重(%)
2003	2150	20675	10.40
2004	1921	20192	9.51
2005	1684	18803	8.96
2006	1383	19345	7.15
2007	1389	17502	7.94
2008	1572	17384	9.04
2009	1660	16780	9.89
2010	1780	17467	10.19
2011	2041	17310	11.79
2012	2117	14902	14.21

资料来源：台湾“经济部”统计处。2012 年农产贸易统计要览（中国台湾）。

由于饮茶人口的增多，饮茶量已增长了 5 倍，台湾已经从茶叶净出口地区变成净进口地区。从图 2 可以看出，1997 ~2012 年，台湾茶叶及其制品进口量持续上升，而出口量稳中有降，导致进出口差额逐年增大，2012 年净出口量为 -27132 吨，是 1997 年的 35 倍左右。这项重大转变，对台湾茶业产生了深远影响。

台湾出口下降的主要原因在于，随着台湾经济的发展，劳动力的价格提高，台湾岛内生产红茶和绿茶的成本提高，茶叶产品出口竞争缺乏价格优势。还有一个原因是台湾当局废除了沿用数十年的茶产业法规《制茶管理规则》，将“企业 + 农户”的生产经营模式，改为茶农“自园、自制、自贩”的生产经营模式，淘汰了大型茶叶企业，改变了量产化出口的导向。

（三）台湾茶叶消费状况

茶叶是嗜好性产品，由于消费者偏好的多样性，台湾茶叶品种也比较

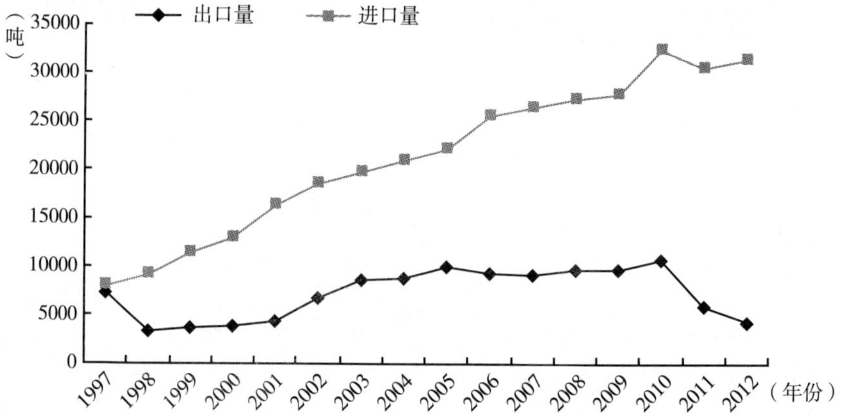

图1　1997 年 ~2012 年台湾茶叶及其茶制品进出口量

资料来源：2012 年农产贸易统计要览（中国台湾）。

丰富，如文山包种茶、冻顶乌龙茶、高山茶、白毫乌龙茶等。近几年，台湾岛内消费量较大的品种是由台茶 18 号生产的“红玉”红茶和出自新竹、苗栗的白毫乌龙茶，而岛外游客消费量较大的品种是阿里山的高山茶等。

随着经济的增长，台湾对茶叶的消费量增加迅速，人均年消费量从 1980 年的 0. 344 千克激增到 1998 年的 1. 3 千克左右，到 2007 年，更增加到 1. 54 千克。与此同时，台湾茶叶消费的品种结构也在发生变化，消费偏好偏向部分高级发酵茶叶品种，尤其以包种茶与乌龙茶为主。这使台湾北部茶区的茶园面积大幅减小，而生产高级乌龙茶的中南部茶区逐渐往高山茶区发展。

同时，台湾茶叶消费的产品类型也在发生变化。台湾从 1980 年以来，开始致力于茶产品的多样性开发，生产出调味茶类产品、茶冻、茶羊羹、茶牛轧糖、茶糕饼、茶蛋糕、袋泡茶、茶酒、茶鸡尾酒、茶饮料、茶粉等，其中以罐（盒）装茶饮料及泡沫冷饮茶为主。目前，台湾茶叶产量的 35% ~40% 用于这些茶叶产品的生产，而且这个数字还将不断上升，相信在不久的将来这将成为台湾茶叶消费的主流。台湾有关调查显示，台湾消费者对饮料的需求种类也在发生变化，由过去的以碳酸饮料为主，逐步转向以茶饮料为主。同时，根据台湾地区饮料工业同业公会统计的数据，茶饮料中绿茶的市场占有率最高，其次为奶茶、红茶和乌龙茶。

（四）台湾茶叶零售业状况

台湾茶叶的销售呈明显多元格局，主要有产地农民直销（如加工厂、观光茶园）、农会及产销班销售、城乡零售店销售、连锁店销售。台湾茶叶连锁经营规模最大、品位最高的是天仁、天福集团。该集团总裁李瑞河，在1993年赴大陆投资茶叶，现在在台湾、大陆及国外开设茶叶连锁店800多家，被称为“两岸茶王”。

在零售市场方面，台湾的茶叶店主要分为两个类型：一类是分布在街头巷尾的老店，这类茶叶店一般经营历史比较久，自有店面低成本运营无压力，他们坚持按自己的茶叶标准做生意，来茶行喝茶的几乎都是和茶行一起慢慢变老的老茶客；还有另外一类茶行经过几代人的经营成功发展，主动顺应时代潮流，引领茶叶主流消费市场，以年轻白领、观光客、企业为主要消费对象，店面装潢新潮时尚，产品包装设计感强且简约实用，符合现代消费者的喜好，例如“峣阳茶行”“王德传茶庄”等。

（五）台湾茶叶博物馆

台湾坪林茶叶博物馆位于台湾产茶盛地——坪林，是一座全世界最大且功能最完整的茶叶博物馆。该博物馆占地2.7公顷，主体建筑仿福建安溪、泉州等地的红瓦建筑结构，四周为观光茶园。馆内分设“综合展示馆”“活动展示馆”“茶艺馆区”以及“服务区”。其中综合展示馆又分为“茶史展示区”“茶事展示区”及“茶艺展示区”。活动展示馆定期举办各式活动与展示，如陶艺茶具展、制作评鉴、茶艺摄影、诗词吟诵及各式茶艺美展等活动。茶艺馆区则包括“中国精致庭园区”“茶艺馆”及“户外品茗区”，另有“多媒体放映室”“茶叶推广中心”“服务处”等，功能齐全。它成功打开了台湾茶的外销市场，台湾茶业自此兴起。该场所集中展示了台湾丰富的品种资源、精湛的制茶工艺和源远流长的茶文化，使参观者在游览的过程中，领略到茶带给世人的丰富人文内涵。

二　两岸茶产业合作

（一）ECFA 助推两岸茶产业合作

根据《海峡两岸经济合作框架协议》（ECFA）的规定，台湾和大陆的茶叶贸易进入了早收清单目录，从 2012 年 1 月起关税降为零，台湾茶叶出口因成本降低更加顺畅，台湾包种茶、东方美人茶、高山乌龙茶、台湾乌龙茶等台湾四大名茶，深受大陆消费者欢迎。

与此同时，越来越多的台商将台湾茶叶品种、台湾茶园的精致管理技术以及先进设备引进到大陆。仅在福建漳平台湾农民创业园里，就有 48 家台湾高山茶企落户，茶园面积达 5 万多亩，建成大陆目前最大的台湾高山茶生产基地，并将制成后的茶叶再返销回台湾。

另外，大陆茶业企业也在努力积极开拓台湾茶叶市场。如厦门茶叶进出口有限公司就在台湾成立了高山茶叶生产基地，茶园面积达 400 多亩，将台湾产的冻顶乌龙引入大陆市场。这是大陆企业首次在台设茶叶种植基地。

（二）两岸茶叶会展和茶文化交流活动

两岸各类茶叶会展和茶文化交流活动精彩纷呈，如海峡两岸茶博会、海峡两岸名优农产品贸洽会、海峡两岸茶文化交流会、上海国际茶文化节、2012 广州国际茶叶展览会、第四届香港国际茶展等茶事活动丰富了两岸茶文化的内涵。

第四部分 中国茶叶茶类专题报告

Part Ⅳ Thematic Reports on the Categories of Chinese Tea

B.16

中国茶叶茶类专题报告

黄韩丹 苏祝成 陈荣冰 李远华 石 晶*

一 中国绿茶产业研究报告

（一）绿茶产业生产状况

1. 种植业发展现状

绿茶是我国生产比重最大的茶类，根据农业部种植业管理司的统计数据，2012年全国绿茶总产量为1180751吨，同比增加6.07%。2012年春茶期间，受低温阴雨天气的影响，大部分绿茶生产地区推迟开采时间，茶叶上市延后，普遍

* 黄韩丹、苏祝成，浙江农林大学；陈荣冰，武夷学院、福建省农科院；李远华，武夷学院茶与食品学院；石晶，武夷学院。

推迟开采 10 天左右。春茶后期气温回升较快，春茶生产期缩短，茶叶生产高峰期较往年更加集中，采工短缺情况更加严重，大部分茶区有部分茶园弃采。

春茶前期产量降低，价格同比上涨幅度大，中后期价格趋于稳定。新昌中国茶市春茶上市前五天的平均交易价格为 1126 元/千克，同比增长 35.07%；浙南茶叶市场 2 月绿茶平均成交价格为 1100～1200 元/千克，同比上涨 20%～30%。春茶后期产量上升，价格趋于稳定，中国茶市 4 月平均交易价格同比仅上涨 0.14%。

2. 绿茶加工业的发展现状

2012 年绿茶的生产情况各省变化都有不同，从表 1 可以看出，产量涨幅最大的是贵州省的 69.51%，其次分别是陕西省的 15.08% 和山东省的 12.35%。而绿茶产量出现降幅的省份是浙江、广西、云南、海南，其中海南省降幅超过了 25%。

表 1　2011～2012 年各省及全国绿茶生产情况

单位：吨，%

地区	2012 年	2011 年	同比
江苏	12471	12242	1.87
浙江	162000	163794	-1.10
安徽	84250	81400	3.50
福建	110000	106000	3.77
江西	34907	31101	12.24
山东	11959	10644	12.35
河南	42200	39430	7.03
湖北	160900	148509	8.34
湖南	54573	54314	0.48
广东	26030	25300	2.89
广西	27080	29550	-8.36
海南	335	451	-25.72
重庆	30596	28650	6.79
四川	149227	147430	1.22
贵州	91765	54136	69.51
云南	143296	146125	-1.94
陕西	38117	33121	15.08
甘肃	1045	958	9.08
合计	1180751	1113155	6.07

数据来源：中国农业部种植业管理司 2013 年统计数据。

（二）绿茶产业消费状况

绿茶作为纯天然最佳健康饮品，是国际上公认的世界六大保健食品之一。全球茶叶消费市场正在不断扩大，主要的增长动力来自绿茶生产国自身消费量的增加，传统红茶消费市场对绿茶认识的逐渐加深，以及对绿茶的保健功能及成分的认识和开发都是促进绿茶消费增长的重要原因。

1. 国内消费现状

2012 年绿茶内销量约为 71.5 万吨，占茶叶总内销量的 55%，在内销量增加 5.5 万吨的基础上，其占内销茶的比重却保持稳定。说明绿茶作为我国消费的主要茶类，消费的数量不断增加，但是与其他茶类的增长速度相比，绿茶的国内消费增长并不快。

2. 国际贸易现状

2012 年我国绿茶出口 24.87 万吨（见图 1），同比下降 3.41%，金额约 7.56 亿美元，均价 3039 美元/吨，同比分别上升 6.98% 和 10.76%。出口量结束了连续 9 年的增长趋势，首次出现了下降，出口金额则连续 9 年都呈增长趋势。

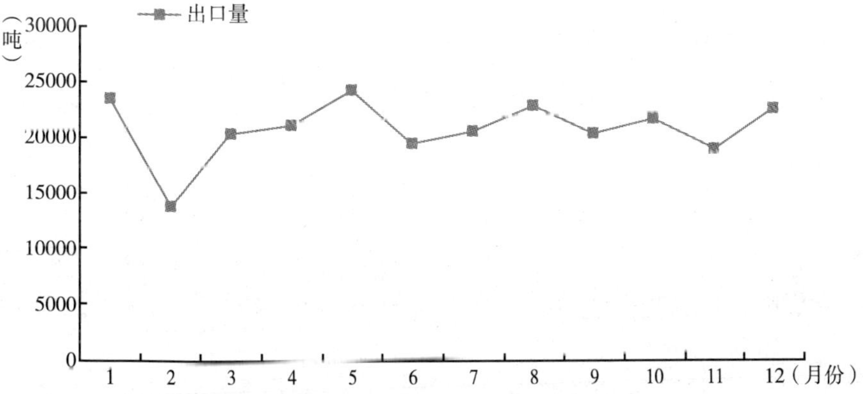

图 1　2012 年 1～12 月全国绿茶出口量情况

数据来源：国际茶叶委员会。

从表 2 的统计数据可以看出，摩洛哥是我国绿茶出口最大的市场，2012 年摩洛哥从中国进口绿茶的数量下降了 12.67%，但是均价同比上涨了 9.76%。

表 2　2012 年我国绿茶出口量及金额排在前十位的国家或地区

单位：千克，美元，美元/千克，%

国家(地区)	出口量	出口额	平均单价	量同比增长	金额同比增长	均价同比增长
摩洛哥	54978719	180016752	3.274	-12.67	-4.15	9.76
乌兹别克斯坦	25772062	50893123	1.975	39.58	60.78	15.18
阿尔及利亚	14373820	46759661	3.253	-9.38	0.62	11.04
俄罗斯	11066771	32048040	2.896	-11.85	-4.21	8.66
毛里塔尼亚	12512646	48921593	3.910	1.52	9.26	7.63
美国	11550778	30557702	2.646	0.93	18.30	17.21
伊朗	6891686	14932016	2.167	-37.26	-26.99	17.05
多哥	12178132	44397628	3.646	21.95	33.08	9.12
塞内加尔	7754794	11433254	1.474	-16.45	-3.91	15.01
喀麦隆	7702012	30713708	3.988	38.43	43.74	3.83

数据来源：2012 年中国海关统计数据。

从我国绿茶出口前十位的国家和地区来看，2012 年绿茶出口的平均单价均有所上升，其中美国和伊朗从中国进口的绿茶平均单价涨幅在 17% 以上。单价的上涨主要有两方面原因，一是中国国内绿茶生产成本上升，二是国外对中国名优茶等高档绿茶的消费增加。

（三）绿茶产业市场状况

我国茶叶批发市场近两年发展迅速，产茶县市及一些西北地区都陆续建设了专业的茶叶批发市场。其中，以绿茶为主的全国重点茶叶批发市场有浙江的新昌江南名茶市场（中国茶市）、浙南茶叶市场、杭州千岛湖茶叶市场、浙中生态茶业市场、江山市农贸城茶叶市场和苏州市南环桥茶叶批发市场。2012 年部分茶市春茶期间的交易情况如表 3 所示。

表 3　2012 年部分茶叶市场春茶期间交易情况（主销绿茶）

市场名称	时间(月)	交易量(万吨)	同比增长(%)	交易额(亿元)	同比增长(%)
浙南茶叶市场	1~6	4.92	30.50	27.90	41.65
新昌中国茶市	1~6	0.66	2.46	16.65	12.23
千岛湖茶叶市场	3~6	0.15	36.00	4.00	37.90
成都大西南茶城	1~4	0.019	8.06	0.56	14.29

数据来源：国家茶叶产业技术体系产业经济研究室。

（四）绿茶产业发展前景预测

1. 劳动力成本继续增加，绿茶采工压力大

随着物价水平的上升，各地茶叶生产的劳动力成本不断增加。2012 年底国家茶叶产业技术体系产业经济研究室对全国 16 个主产省市 77 个地区的调查发现，采茶工工资平均水平为 89.1 元/天，同比上涨 20.25%，已经连续两年以 20% 以上的幅度增长。

除了成本上升外，91% 的茶叶生产地区存在采工短缺的现象，平均短缺比例为 26.34%。随着我国茶园种植面积及茶园开采面积的快速增加，以及劳动力老龄化程度的增加，采工的缺口将越来越大，制约茶叶生产，特别是名优绿茶的生产和发展。

调查地区的绿茶春茶期间平均价格同比增加 7.5%，但是生产的物质成本同比增加 15.78%，加上采工的涨幅，茶叶的销售价格增幅低于成本的增幅，茶叶生产及经营企业整体收益降低，经营压力增大。

2. 绿茶夏秋茶的多元化开发逐步扩大

全国绿茶的生产主要集中在春茶，以浙江省为例，2011 年春茶占 60% 以上，而且以名优茶为主，夏秋茶产量占 40% 左右，但茶叶价格低，产值只占 10% 多一点。大部分绿茶产区，由于经济效益低，生产成本高，不生产夏秋茶。夏秋茶的开发将进一步从以下几个方面推进：一是利用夏秋茶原料生产红茶及乌龙茶，增加产值；二是加大深加工产品的开发，支持速溶茶及茶叶提取等深加工项目；第三，加大绿茶深加工终端产品的开发，茶食品、含茶日用品等的研发和推广。

3. 贵州绿茶进入“黄金发展期”

贵州省将茶产业作为全省战略性产业，在政府的大力扶持之下，截至 2012 年底贵州茶园面积已居全国第二位，为 466.3 万亩。从 2007 年贵州省下发《关于加快茶产业发展的意见》开始，贵州省茶园面积以平均每年 70 万亩的速度在递增，2011 年茶产业综合产值由 2007 年的 6 亿元增加到 51.6 亿元，农民增收约 30 亿元。

贵州省在茶园面积和产量骤增的情况下，存在一定的瓶颈和隐患。首先，贵州是新兴的绿茶产区，茶叶市场销售渠道和网络还不完善，在短时间内必须加强销售能力，否则当大面积茶园正式投产时，供大于求的情况将在所难免；其次，贵州的新兴茶园标准化、规模化、机械化程度低，规模化的茶叶加工厂数量与茶园面积不配套。

二　中国红茶产业研究

近几年，我国很多茶区加大了茶类结构调整力度，各地的茶类结构都产生了明显的变化，茶叶产品呈现更加多元化的发展趋势。由于红茶受到消费者追捧，经济效益较好，市场前景看好，目前，中国红茶产区已发展至福建、云南、广东、广西、海南、台湾、安徽、浙江、江苏、山东、湖南、湖北、四川、贵州、重庆、陕西、河南等 17 个省区市。其中，传统红茶产区恢复并大力发展红茶生产，原来生产其他茶类的茶区，也纷纷跟进，发展红茶生产，使红茶的产量和内销量从 2005 年开始，持续保持稳定的增长，呈现大江南北一片红的繁荣景象。

（一）红茶产业生产状况

2012 年中国红茶产量达到 13.24 万吨，同比增加 1.87 万吨，增幅达到 16.45%，在六大茶类中位居第二。红茶产区大量生产的产品，仍然以福安的坦洋工夫、安徽的祁门红茶、云南的滇红、武夷山的正山小种等传统红茶产品为主，产品同质化问题依然存在。但是，部分产区应用近十年改植换种的高香的中小叶品种制作的红茶，其品质特征与传统红茶的品质特征有所不同，花果香较显，滋味更醇厚。同时，生产企业也不断改进生产工艺，各种风味的创新红茶产品也陆续涌现。

从红茶生产的区域分布来看，2012 年传统红茶产区大多保持稳定增长，如福建省，作为红茶的主产区之一，2012 年红茶产量达到 2.74 万吨，较上年增加 20.51%，显著高于全省茶叶总产量 8.44% 的增幅，尤为突出的是武夷山正山小种红茶产值达 1387 万元，同比增长 32.72%。

还有，云南省一股红茶热潮也正在更广阔的范围内兴起。滇西茶区，种茶面积达全省的 52.2%，产量占全省总产量的 65.5%；滇南茶区，面积达全省的32.7%，产量占全省的30.8%，其中滇红的主产区（风庆、云县、双江、临沧、昌宁等县），滇红产量占90%以上。尤其是茶马世家红茶因其独特的风味和优越的品质，正受到越来越多消费者的喜爱。

另外，新兴红茶产区发展迅速。2011年的春天，河南信阳五云茶叶集团旗下品牌“龙潭·信阳红”红茶成为全国“两会”指定用茶，“信阳红”以其“品类新”“口味新”“原料新”“工艺新”的“四新”特点，很快获得了全国各地广大消费者的青睐和热捧。河南信阳红茶产量大幅攀升，从2010年的510吨增加到2011年的6050吨，净增5540吨，增幅为1086%。到2012年底，信阳红茶产量近8500吨，产值近20亿元。

（二）红茶销售状况

随着国内消费者对红茶认可度的不断上升，红茶的消费需求不断上升，带动了红茶销售的快速增加。2005年，中国红茶还以外销为主，比重达74.7%，内销量只有1.21万吨，仅占当年红茶总产量的25.3%。而从2007年起，中国国内红茶的销售量不断上升。至2012年，中国红茶内销量已经快速增至9.66万吨，是2005年的8倍之多，内销红茶在红茶销量中的占比，快速攀升至73%，同期外销红茶占比则下降至27%。同时，红茶的市场价格也不断飙升，如福建的“金骏眉”价格达到近万元每斤，广东的金毫红茶则为8000~10000元每斤，英红九号、单枞红茶每斤普遍为400~500元，与我国出口红茶每千克3.3美元的均价相比，形成强烈的反差。

在出口方面，2012年，中国红茶出口35847吨，金额约为1.19亿美元，均价为3315美元/吨，同比分别上升0.76%、9.30%和8.47%。

（三）红茶产业存在的问题及其对策

近年来，红茶内销量大增，市场价格也不断飙升，激发了我国茶区生产红茶的积极性，新兴红茶与历史红茶产区的生产逐年攀升，产量不断增加。红茶总产量持续保持快速递增，其增幅超过中国茶叶总产量增幅。部分茶区出现经济利益驱使红茶生产盲目过快发展等问题，红茶产能过剩问题日益凸显。同时，各地生产的红茶地域性特征差异不明显，导致红茶产品的品类、包装形态、营销方式同质化现象比较严重。

随着国内经济的发展，生产资料和劳动力费用也不断上涨，作为劳动密集型产业的茶叶生产，成本急剧上升，利润空间大幅度下降，部分茶区开始出现茶叶生产人力短缺问题。

特别是2012年以来，受“国八条”等政策的影响，作为礼品茶的高档名优茶销售量受到很大的影响，高档名优茶叶价格也大幅度下跌。

针对以上问题，应适当控制茶叶种植面积的发展速度，在推动我国红茶产销平衡发展的同时，将产品创新作为重点，精制细作，不断提高产业经济效益；应积极推进茶叶生产机械化，提升茶叶栽培、采摘、加工等茶叶生产全过程的机械化水平；以市场为导向，研发生产品质优良，符合食品安全标准，价格适中，独具特色且适销对路的茶叶；力行节俭包装，让茶叶产品更加符合市场需求，让茶叶消费更加理性；探索应用微博与电子商务等途径，开拓茶叶市场营销新渠道；同时，加强茶叶保健功效、饮茶有益身体健康的宣传，促进茶叶的销售。

（四）未来红茶产销形势展望

随着“金骏眉”“信阳红”等高新名优产品的带动，红茶成为2012年中国茶叶市场的消费热点。这股红茶消费热潮的兴起，在随后几年里将持续成为中国红茶发展的主要拉动力。

1. 2013年红茶的总产量仍有所提升

2013年清明前，全国气温普遍较低，如福建省4～5月天气多变，出现“倒春寒”现象。闽北地区和福建省内一些高海拔茶区的茶树生长受到了一定程度的影响，使高端红茶的原料变得稀缺。春茶采摘过后，各地多以夏秋茶制作红茶，由于新开辟茶园和优质茶树品种投入生产，可采摘面积不断扩大。因此，虽然前期高端红茶的原料减产，但后期红茶的原料较充足，因此2013年全年红茶的总产量仍有所提升。

2. 科技带动创新红茶不断涌现

随着红茶消费市场不断向好，越来越多的茶叶企业开始生产红茶。为了满足消费者不断变化的消费需求，部分企业采用丹桂、金观音、黄观音、春兰、瑞香与梅占等高香品种为原料，在红茶萎凋过程中，结合应用乌龙茶做青工艺，制作出兼具红茶甜醇和乌龙茶花果香特点的红茶；也有企业借助名优绿茶采制工艺技术理念对“传统红茶”进行创新与实践；而茶叶的深加工技术也越来越多地应用于红茶领域，一系列高附加值的红茶深加工产品得以开发。

3. 销售模式日趋丰富多样

销售终端是茶叶销售的最终出口，形成具有一定规模的销售终端是树立企业品牌、再造中国红茶价值过程的一个重要环节。目前，很多企业积极拓展多种销售模式。如：川红集团坚持以市场为导向指导产品生产，借“开专卖店”“发展经销商”“进商超”“推进团购”“设办事处”“开展网络经营”“扩大出口渠道”等销售模式力拓市场；有的红茶企业，在大中城市设立茶叶形象店、专营店、直销店和高端商务茶馆等加强终端营销。同时，电商模式也逐步成为茶叶销售的重要途径。随着越来越多的消费群体对网络购物、网络营销出现依赖，许多茶企已涉足微博、淘宝、天猫、京东等电商平台进行茶叶销售，或者自行开发网站独立销售，使消费者足不出户即可买到优质红茶。

三　中国花茶产业发展报告

花茶，即将绿茶、红茶、乌龙茶等茶坯与鲜花放在一起窨制，进行二次加工而成的茶叶。一般选取香味高且香气纯正的鲜花，与茶坯按适当比例混合均匀进行窨制干燥，再将干花筛除，有时为了保证香味持久，还要反复进行窨制，制成的花茶香味浓郁，深得中国北方人喜爱。按照选用鲜花品种的不同，可制成不同种类的花茶，有用茉莉花窨制成的茉莉花茶、玉兰花窨制成的玉兰花茶、桂花窨制成的桂花花茶等，其中茉莉花茶产量最大。

（一）花茶产业生产状况分析

1. 种植业发展现状

茉莉花茶因产地不同，其制作工艺与品质也不尽相同，各具特色。其中最为著名的产地有福建福州、福鼎，浙江金华，江苏苏州，四川雅安，安徽歙县、黄山，广西横县，重庆等地。2011 年主要省份花茶面积和产量情况见表 4。

表4　2011年花茶面积和产量

主产省份	茉莉花种植面积(万亩)	花茶产量(万吨)
广西	13	6
福建	2.1	1.2
四川	5	1
云南	1.1	1
合计	21.2	9.2

数据来源：中国茶叶流通协会。

近年来，广西、福建茉莉花茶产量呈下降态势，其中广西最为明显，四川茉莉花茶产量相对稳定，而云南有上涨态势。茉莉花和茶坯等成本的增加，造成低档花茶销量下降，花茶市场有逐渐向中高档层次发展的趋势，市场价格则呈现上升趋势。①

2. 加工业发展现状

目前，广西横县茉莉花种植面积已达10万亩，花农30多万人，年产鲜花8万吨，茉莉鲜花年销售收入达8亿多元；花茶加工企业150家，年加工花茶6万吨，产值25亿元。茉莉花产量和花茶产量均占全国总量的80%以上，占世界总量的60%以上，形成了区域化布局、规模化生产、产业化经营和规范化管理的完善体系。②

福建省茉莉花种植面积也有较大幅度的上升，根据福州市农业局对2012年福州市统计的数据：茉莉花种植面积达1.8万亩，其中茉莉花茶产量较上年增加了0.1万吨，达1.1万吨。福州茉莉花茶品质好，高端产品多，在出口的茶叶中单价也是最高的，一度出现了供不应求的局面，通过福州港出口到国外的茉莉花茶创汇达1300多万美元。③

① 许长同：《福州茉莉花茶产业发展调研报告》，《中国园艺文摘》2012年第10期。

② 邓宏鹰：《第八届全国茉莉花茶交易博览会暨2013年中国国际茉莉花文化节将在广西横县召开》，http：//www.cnfood.cn/npage/shownews.php？id＝18090，2013年8月5日。

③《榕获评茉莉花茶出口领军城市出口总量全国第一》，http：//fujian.people.com.cn/n/2013/1024/c181466－19762741.html，2013年10月24日。

（二）花茶产业消费状况分析

1. 国内消费现状

花茶是我国特有的茶叶品种，深受我国北方地区和西南地区消费者欢迎，销量仅次于绿茶。茉莉花茶是花茶中产量最多的种类，占花茶总量的70%，目前每年茉莉花茶产量约为8.5万吨，占全国茶叶总产量的4.7%。

2. 国际贸易现状

据海关2012年的统计数据，2012年我国花茶出口7322吨，同比下降0.25%，金额约为5155万美元，均价为7040美元/吨，同比分别上升11.3%和11.57%。2012年1~12月我国花茶出口海关统计分国别和地区前20位的出口情况见表5。

表5　2012年我国花茶出口数据

单位：千克，美元，美元/千克，%

国别(地区)	出口量	出口额	平均单价	数量同比增加	金额同比增加	均价同比增加
1 日本	1619617	9885500	6.104	4.55	17.85	12.73
2 美国	906856	13638948	15.040	10.78	46.38	32.14
3 俄罗斯联邦	903777	3524276	3.899	-12.04	-20.35	-9.45
4 香港	812865	7069898	8.698	-10.48	2.11	9.35
5 摩洛哥	770631	2409879	3.127	23.59	45.55	17.76
6 新加坡	261863	1288378	4.920	-20.34	-8.85	14.43
7 德国	214972	2180974	10.145	-10.32	-15.20	-5.44
8 斯里兰卡	153958	499252	3.243	-10.47	-20.94	-11.69
9 马来西亚	130924	688256	5.257	-17.21	-27.76	-12.74
10 乌克兰	128179	704630	5.497	-2.84	24.96	28.62
11 加拿大	124051	894599	7.212	-2.60	-19.18	-17.02
12 白俄罗斯	122918	425390	3.461	-28.32	-20.83	10.45
13 澳大利亚	112252	1123287	10.007	-13.98	15.43	34.19
14 法国	107447	838881	7.807	1.44	7.02	5.51
15 英国	81415	607728	7.465	-36.30	-47.24	-17.18
16 塞内加尔	65421	398672	6.094	-26.35	-22.35	5.44
17 伊朗	63000	259679	4.122	563.16	480.74	-12.43
18 印度尼西亚	58480	195269	3.339	34.17	32.38	-1.33
19 比利时	58237	345214	5.928	1528.55	470.83	-64.95
20 波兰	56297	683217	12.136	33.00	42.31	7.00
全世界合计	7322776	51552143	7.040	-0.25	11.30	11.57

数据来源：《2012年我国茶叶出口数据》，《茶世界》2013年第3期。

（三）花茶产业市场状况分析

1. 交易方式

在我国，茶叶的交易仍旧以传统的零售为主，交易的数量较少，交易次数比较频繁。因茶叶价格的混乱、不透明以及市场竞争等，消费者对茶叶市场失去信心，极大地制约了中国茶叶的发展，与国际接轨也较难。我国花茶交易有零售、批发和拍卖等方式，零售交易量零星分散，交易次数频繁，每次成交额较小，价格波动较大。2011 年上半年在成都的零售市场上，近 10 个花茶品牌产品挤进了高端茶叶市场行列，无一例外地都将市场价格定位在 400 元/千克以上。相对于零售而言，批发是指较大宗商品交易的商业活动。通过批发，大宗花茶与零售商进行交易，进入流通渠道，我国各地都有有一定规模的花茶批发市场，起着花茶销售中转的作用。

而在国际市场上，茶叶拍卖模式因高效和公平、公正成为茶叶交易的主要方式，① 拍卖成交量占全球交易量的 70% 以上。拍卖交易在交易的公平性、交易成本的降低、交易效率的提高方面有明显优势，对茶产业转型升级、茶叶产品的标准化非常有利，有助于提升我国茶企在国际市场中的影响力。

2013 中国茶业博览会暨拍卖交易会在杭州隆重召开，首次提出参与茶叶拍卖交易平台建设的倡议。同年，在武夷山举办海峡两岸茶博会期间，中国拍卖行业协会全国茶业拍卖交易中心揭牌成立。从长远来看，拍卖交易是我国茶叶产业发展的必由之路。

在 2010 年福州茉莉花茶茶王拍卖会上，福州茉莉花茶茶王（390 克）经过多轮的竞拍，最终以 8 万元人民币的高价拍出。2012 年在福州海峡茶业交流协会、福州市农业局、福州市文明办主办的 2012 年福州茶业界迎新春茶话会上，300 克福州茉莉花茶王最终以 10.4 万元高价拍出，而在广西横县的中国茉莉花茶交易中心华盈茶庄，横县南方茶厂生产的一款极品茉莉花茶 100 克最终以 11.5 万元的天价成交。

① 王军：《中国茶叶拍卖交易模式研究》，安徽农业大学硕士学位论文，2009。

2. 批发市场

我国茶叶批发市场的特点：大多是自发形成的，也有政府组织建设的。自发形成的茶叶批发市场大多是在过去集贸市场的基础上发展起来的，市场规模参差不齐，品种和数量比较有限，当地品种占大多数，交易以当地茶户为主，季节性明显。政府介入或组织建设的茶叶市场，大多是在历史茶叶贸易中心的基础上建立起来的，市场规模较大，入市门槛较高，摊位固定，管理相对规范，以批发交易为主，兼顾零售业务，市场交易不受季节限制。

全国城市农贸中心联合会综合审定的2011年度全国茶叶批发市场10强详细名单如表6、表7所示。

表6　2011年全国茶叶批发市场10强（按交易额）

排　名	名　称
1	浙江浙南茶叶市场
2	安溪茶叶批发市场
3	新昌县江南名茶市场
4	安徽江南第一茶市
5	德州金华茶城
6	宜昌三峡国际旅游茶城
7	横县横州镇城北市场有限公司茶叶市场
8	云南康乐茶文化城
9	济南广友茶城
10	北京市京华沅茶叶市场

数据来源：全国城市农贸中心联合会。

表7　2011年全国茶叶批发市场10强（按交易量）

排　名	名　称
1	浙江浙南茶叶市场
2	安溪茶叶批发市场
3	新昌县江南名茶市场
4	安徽江南第一茶市
5	德州金华茶城
6	宜昌三峡国际旅游茶城
7	横县横州镇城北市场有限公司茶叶市场
8	云南康乐茶文化城
9	济南广友茶城
10	北京市京华沅茶叶市场

数据来源：全国城市农贸中心联合会。

3. 品牌建设

截至2013年6月，已注册茉莉花茶茶叶地理标志的有福州茉莉花茶、横县茉莉花茶、犍为茉莉花茶。

2011年，国际茶叶委员会授予福州“世界茉莉花茶发源地”称号，授予福州茉莉花茶“世界名茶”称号。2013年，在云南昆明举行的国家地理标志产品技术审查会上，横县申报的“横县茉莉花茶”顺利通过了技术审查，横县茉莉花茶成为地理标志保护产品。与其他茉莉花茶相比，横县茉莉花茶具有两大特点：首先，生产茉莉花茶的主要原料——横县茉莉花为国家地理标志保护产品，朵大香浓、洁白饱满，所窨制的茉莉花茶产品自然略胜一筹；其次，横县茉莉花香味浓，在加工同等数量和质量的花茶时，横县茉莉花的用量比其他地方的茉莉花用量少30%。同年，国家质检总局发布2013年第130号公告，核准“犍为茉莉花茶”为地理标志保护产品，形成绿茶和花茶双地理标志保护产品专用标志全覆盖的优势。

广西横县有13个茉莉花茶品牌。“人间一香”等横县茉莉花茶在全国乃至国际茶叶评比中多次获奖。

犍为茉莉花茶的生产厂家主要有犍为清溪秋月茉莉花种植开发有限公司、犍为县玉山源茶业有限公司和犍为县清溪镇兴旺花茶厂等。

福州茉莉花茶的代表性龙头企业主要有福州春伦茶业有限公司和福建敖峰闽榕茶业有限公司。

我国茉莉花茶主要品牌及其相关信息如表8所示。

表8　花茶主要品牌

品牌	花茶类别	公司名称	产地
清茗香	茉莉花茶	犍为清溪秋月茉莉花种植开发有限公司	四川犍为
玉山源	茉莉花茶	犍为县玉山源茶业有限公司	四川犍为
清溪流泉	茉莉花茶	犍为县清溪镇兴旺花茶厂	四川犍为
金花牌	茉莉花茶	广西金花茶业有限公司	广西横县
郁江牌	茉莉花茶	广西横县郁江茶厂	广西横县
南方牌	茉莉花茶	南方茶厂	广西横县
灵香牌	茉莉花茶	广西横县华湘茶厂	广西横县

续表

品牌	花茶类别	公司名称	产地
乔王牌	茉莉花茶	广西横县华湘茶厂	广西横县
天晨牌	茉莉花茶	天晨茶厂	广西横县
金莉牌	茉莉花茶	校椅花茶厂	广西横县
锦河牌	茉莉花茶	阳春茶叶有限公司	广西横县
桂枢牌	茉莉花茶	桂枢茶厂	广西横县
石豹牌	茉莉花茶	永盛茶厂	广西横县
鋆露牌	茉莉花茶	福州闽榕茶厂	福建福州
罗星塔牌	茉莉花茶	福州茶厂	福建福州
春伦牌	茉莉花茶	福州春伦茶业有限公司	福建福州
满堂香	茉莉花茶	福州满堂香生态农业有限公司	福建福州
老君眉	茉莉花茶	福建闽瑞茶业有限公司	福建福州

数据来源：福建省商标协会。

（四）花茶产业发展前景预测

1. 茉莉花茶产品高端化，市场需求多元化

茉莉花茶是我国特有的品种，兼顾了茉莉花的保健作用和茶叶的功效，备受消费者喜爱，尤其在北方和西南地区更为畅销。受其他茶类的影响，茉莉花茶在国内市场销售出现微降，但在国际市场上，其销量仅次于绿茶，保持着每年10%左右的上升态势，出口单价在各种茶类中居于首位。

近年来，随着大家对健康要求的提高，对花茶也提出了较高的要求，花茶发展也要根据市场的需求实现多样化，发展有机花茶、保健花茶，探索茉莉花与红茶、白茶、乌龙茶等的窨制以及其他具有保健功能的花草与绿茶的窨制，发展多元化商品，满足不同市场需求。

2. 加强品牌建设

品牌反映了消费者对产品及产品系列的认知程度，是人们对一个企业及其产品、售后服务、文化价值的一种评价和认知，是一种信任。我国茉莉花茶交易已有一定规模，但是品牌建设工作滞后，品牌混乱现象严重。为了提高横县茉莉花产业的知名度，横县2000年以来每年8月都要举办一次“全国茉莉花

茶交易会”，吸引了全国各地的茶叶生产经销商、茶叶专家以及俄罗斯、日本、韩国、马来西亚等地的客商前来参加，每届交易会贸易成交额均在3亿元以上。

3. 拓宽产业范围

休闲观光农业是现代农业发展趋势。利用茉莉花基地，打造茉莉花休闲观光旅游，将农业生产和休闲旅游融为一体，合理开发当地生态资源，既可发展农业生产，又提高了农业的景观功能。围绕茉莉花种植、茶叶加工，观光游既延长了茉莉花茶生产的产业链，而且达到了农业生态、经济和社会效益的有机统一。

4. 实现多元化发展

加大茉莉花茶的宣传力度，改变根深蒂固的茉莉花茶属于低档茶的观点，重塑茉莉花茶的形象。融入时尚健康元素，开发茉莉花茶系列产品，对茉莉花茶有益成分进行研究和提取。做好文化营销，与包括动漫在内的创意产业合作，全方位开展茉莉花茶的营销。要加强科企合作，加强品种选育、产品开发、花渣利用等，实现规模化生产，降低生产成本，提高市场竞争力。

第五部分 中国茶叶案例

Part Ⅴ Chinese Tea Cases

B.17

2013年中国茶业发展案例精选

谢向英 陈思宇

2013年，各地政府出台多项优惠政策和扶持措施积极支持和推动企业上市，不少茶企走上资本市场，试图加快企业做大做强。与此同时，众多风投、创投、股权投资基金以及民间资本也盯上了中国的优质茶企。对于中国的茶业，2013年是调整与转型的一年。传统的茶叶经营思路已经不能够满足消费市场日益增长的需求，新的茶企运营模式、品牌营销、文化塑造、品质管理、科技创新等现代茶叶经营理念正在颠覆传统茶叶经营者的思维方式，茶产业在与文化产业、科技产业的融合与相互借鉴中不断迸发出新的思想火花，中国的茶产业正不断迈向现代化与国际化。

2013年，中国茶业界有很多事件或现象牵动着茶人的神经，有许多热门的价值点值得我们关注。

考虑到茶业发展的众多利好因素，商家们将目光转移到了开设店面、商企联盟、茶企上市等规模扩张方式上，除此之外，渠道分化与产品多元化等方式也成为业内的共鸣。随着时代的发展，中国茶产业迎来了新的机遇。中共中央十七届六中全会号召加强文化产业建设，加大文化产业发展金融支持力度。这为茶企的发展提供了新的思路。

现今，茶叶市场处于供过于求的尴尬局面。因此，茶企向“质量型增长”转变的新思路已迫在眉睫。“质量型增长”要求茶企不能单纯追求茶叶产量、种植面积的增长，更应着眼于扩大效益和增加收益。出于这一目标，各家企业都在挖掘新增长点方面下足了功夫——安溪铁观音迈上农业文化申遗路、红茶借助科技力量增加竞争实力、文化助力福鼎白茶品牌、君山银针小品类大突破……。创新的运作模式、产业的渗透、技术手段的更新为中国茶业注入了新的活力与激情。在当今生态、环保的社会舆论氛围下，安全、绿色、有机茶是否会是下一轮茶叶发展的主流趋势，这也值得我们思考和探讨。

为凝练中国茶业发展经验，探测中国茶业市场化走向，本书整理出六大案例，分别关注茶业2013年在运作思维、产业趋势、品牌价值、产品动向和新品类发展等方面值得借鉴的方面及新的发展点，期望为2014年的中国茶业发展提供参考。

【案例一】 钟灵八闽毓名茶：首届“闽茶力量十大品牌”新闻年度策划小结

一 活动概况：评选调查历时8月，报道涉及市场与产业发展

八闽大地，茶香闻名天下。

首届“闽茶力量十大品牌”新闻年度策划，是一次涵盖乌龙茶、红茶、白茶及再生茶中的茉莉花茶等福建主要当家茶种的全省优秀茶企评选和新闻报道活动。活动由《厦门日报》发起，依托中国民生银行茶业金融中心及众多专家、业界人士提供的意见和专业支持。报道和评选于2013年4月启动，经过半年多的实地探访、考察、报道、甄选，最终评出十大获奖品牌。10月19日于厦门白鹭洲正式发布结果并举行颁奖仪式，同时发行采访集《闽茶力量》

及集合十家茶企代表性茶品的限量珍藏版茶礼盒，此后继续展开后续报道。

在这次新闻策划中，为保证获奖企业的代表性和实力，记者分多路出门走访了全省几大茶产区的茶山。在实地上山、进场、勘察企业实力的同时，采写有机茶生产情况，多种茶的品、评、选、藏知识，茶产业布局，茶行业发展等报道20余篇。以期较为全面地展现福建省茶行业现状。

对于该次年度新闻策划，企业反响良好。厦茶公司认为，福建喝茶氛围浓厚，“闽茶力量”不仅有助于人们认识茶品牌，更有助于推动茶——这一传统的健康饮品——深入大家的生活，让人们回归“传统时尚”；通仙茶业认为，“闽茶力量”是企业接触市场、开拓市场的一个助力平台，各家企业在其中的展示，能为消费者在选择优质茶时提供有效建议；春伦集团感觉到，和省内的优秀茶企齐聚一堂，可以了解到不同茶类及不同地域茶品的营销、经营、发展经验，从中获得很多启发。

二　获奖企业：涵盖主要产茶区，具代表性

此次获奖品牌在所属茶类中都具有较高的代表性。相关企业除了主营大红袍、铁观音等乌龙茶，金骏眉、正山小种等红茶的知名茶企海堤、正山堂、八马、华祥苑等，还有各大实力茶企：“通仙”由海晟投资倾力打造；以岩茶为主要产品的“金宗北斗”及其生产企业武夷山市北斗岩茶研究所由国家级非物质文化遗产大红袍制作技艺代表性传承人——陈德华老先生始创；武夷山神思金针梅茶业有限公司生产的红茶“金针梅”被原奥委会主席伍绍祖称为“申奥第一茶”；以白茶“绿雪芽”为主打品牌的天湖茶业是省内建有机茶园最早的一批企业；春伦是福州茉莉花茶界目前品牌价值最高的一家企业；新坦洋亦是坦洋工夫的领军者。具体情况如下。

1954 年，由世界500强企业中粮集团有限公司创建、中国茶叶股份有限公司控股的厦门茶叶进出口有限公司正式成立，成为福建省标准化程度最高、生产规模最大、产品系列最多的乌龙茶加工生产商和进出口贸易商。公司出口及内销产品以“海堤”牌乌龙茶为主，如今已成为国内最具实力的乌龙茶生产企业。

华祥苑创立于2001 年，为福建安溪百年制茶世家肖氏所创，是农业产业

化国家重点龙头企业和高新技术企业，集种植、生产、加工、销售于一体。公司十多年来共荣获行业、省级与国家级重大荣誉60多项，并且在各类国际茶文化会上屡获“茶王”称号，经过十多年的发展历程现已在国内最高端茗茶市场占有一席之地。在全国拥有500家专卖店，产品远销海内外。

八马茶业源于百年前名扬东南亚的“信记”茶行，是由铁观音十三代传人、国家级非物质文化遗产代表性传承人创立的品牌企业。是一家从事基地种植、生产加工、出口与内销的全产业链茶叶企业，在全国管控有数万亩茶园基地，是农业产业化国家重点龙头企业、国家茶叶标准化技术委员会委员单位。企业在全国拥有近千家连锁店，乌龙茶出口数量位居全国前列。

正山茶业有限公司由正山小种红茶第二十四代传人江元勋创立，专注于正山小种红茶、有机乌龙茶、有机白茶等的制作，是生产、出口传统“正山小种”红茶的支柱企业。2005年研发了“金骏眉”红茶，带动了整个红茶产业的发展，掀起了中国红茶的复兴热潮。2010年正山茶业荣获中国茶叶品牌“金芽奖”“中国十大红茶品牌”两项殊荣。

金宗北斗是国家级非物质文化遗产项目武夷岩茶（大红袍）制作技艺传承人——陈德华创立的品牌。他于1997年创办了武夷山首家民营科技茶叶企业——武夷山市北斗岩茶研究所，并创立了金宗北斗品牌。企业很早便获准使用武夷岩茶地理标志产品保护专用标识。

武夷山市通仙茶业有限责任公司系福建烟草海晟投资管理有限公司独资的子公司，属全资国有企业，是集科研、生产、加工和营销为一体的茶业专业化公司。主营“通仙”武夷岩茶（大红袍）系列产品，旗下产品包括大红袍、肉桂、水仙三大系列。公司始终坚持追求高品质、低价位的营销理念，为客户提供高性价比的产品。

金针梅采用武夷山大红袍原料的眉芽，通过红茶的工艺、武夷岩茶的烘焙技术，以“祖率”比例调和融制而成，既有“岩骨花香”的独特岩韵，又有小种红茶天然的蜂蜜味。原国家体委主任、中国奥委会主任伍绍祖先生为金针梅题写了“中国申奥第一茶”。北京奥运会期间，金针梅在北京国际新闻中心展示了两个月。金针梅定位于高端市场，采用无店营销模式，是武夷山又一款顶级红茶。

福建春伦集团成立于1985年，致力于福州茉莉花茶的研究、开发、保护和传承，是农业产业化国家重点龙头企业、“世界最具影响力品牌”企业、“中国茉莉花茶传承品牌”企业。在全国范围内拥有200多家直营店与春伦茗茶会所。2003年至今“春伦”牌茶叶在各大展销会上多次荣获金奖、畅销产品奖等殊荣。

“绿雪芽”是福建省天湖茶业有限公司的品牌。天湖是一家国家级农业龙头企业、中国茶业行业百强企业、白茶国家标准起草单位，旗下现有绿雪芽、太姥山两大著名品牌，并布局建设有花园式国际标准化厂房、3000亩高起点有机茶基地。公司产业链已全面覆盖茶叶科研、培植、加工、销售、出口、茶业人才培训、茶文化传播等多个领域。

新坦洋茶业集团成立于1996年，长期致力于打造中国红茶坦洋工夫品牌，是农业产业化省级重点龙头企业。企业参与全国各类茶叶标准的制定工作，是全国茶叶标准化技术委员会专家单位。2013年经国家农业部、商务部推荐，新坦洋茶业集团荣获“2013巴拿马国际博览会金奖”。目前企业已在全国各地建立了200多家红茶连锁专卖店，设立了1900多个红茶专柜。

三　行业观察：闽茶企品牌建设渐强，差异化塑造渐显

“闽茶力量”年度活动的报道反映了闽茶行业的发展趋势。其中很重要的一点是，闽茶企业已经逐步改变了原来“有品类、无品牌”的业界通病，正在通过攻克产品、行销、文化等各个关节，加强自身品牌的明晰度和美誉度，打造“闽茶力量”的更强音。

产品：回归原生态，寻世外“茶”园

福建茶企对茶叶品质越来越重视，近年来，许多领军企业已开始投巨资建设高标准的生态茶园，生产品质更上乘的茶品。

“闽茶力量”首站走到的厦门茶叶进出口有限公司的“海堤”有机茶基地位于福建永春县。这片特殊茶园，方圆5公里之内没有村庄、工厂，通过了欧、美、日及国内多家机构的有机认证。培植时，用绿肥培育，用苦味植物炮制的药水或石灰水、黏虫板、太阳能诱虫器除虫，比一般种植费心费力费时，8年投资已近亿元。厦茶总经理王贵卿认为，虽然有机生产的方式辛苦、费

钱。但只有最环保的方法才能确保供给消费者的茶的安全。

闽茶的另一家领军企业，八马茶业也投入巨资，在位于铁观音发源地安溪西坪镇珠洋村的八马红星茶场，建设生态科技示范庄园，2012 年已经农业部严格审核，列为全国茶叶标准园。园内树木繁茂，花草盎然，是八马为保证茶叶品质而规划的“生长微域环境”。其中，草覆盖在茶树间，可防冻、施“绿肥”，花草则可引害虫，护茶树。茶园在土壤改良等方面也有科学方法。八马茶业董事长王文礼希望以绿色生态的理念建设好茶园，让铁观音永续发展。

行销：细分市场，主攻大众精品时尚

在做好产品的同时，在行销中，闽茶企业也发展出独特的思路，努力做精各个端口。

每年仅乌龙茶就销出近万吨的厦茶，主抓大众市场，始终把食品安全放在第一位，不论精品茶叶还是几元一盒的茶，都要经 27 道工序。因此旗下的“海堤”牌，深受国内外消费者的拥戴。

主攻精品茶市场的企业也形成个性。八马茶业的明星产品“赛珍珠”，采用明星代言、包装升级等措施，进行多维立体宣传并参与各项大型茶类活动，策划实施赛珍珠全球巡回品鉴会等一系列品牌推广活动，使其一跃然成为浓香型铁观音领军品牌之一。

部分茶企还抓住“时尚”理念。御上茗总经理王剑平出身大红袍世家，祖辈世代传承下来的制茶工艺令其大红袍品味独树一帜。但他更认为要“守得住传统，跟得上时尚”，目前正致力于研制让年轻一代人容易接受的茶饮品。茗腾茶叶也紧扣时尚，提出“静时尚”理念，提倡“一日三茶”的时尚茶生活方式。企业主打产品玲珑系列浓香型铁观音联合国家大剧院进行形象打造，同时在形象展示上下功夫，差异化的门店设计曾荣获 2010 China - Designer——中国室内设计最高荣誉金堂奖。

文化：千万投资，全球巡展

闽茶有悠久的文化积淀，当下闽茶企业更重视对文化厚度的传承、深度的挖掘、广度的展示。

在文化的传承上，2007 年，天福茶业集团投资，在漳州兴办了全国第一所民办茶学普通高等专科职业学校——天福茶职业技术学院。而八马茶业、林文侨、三和茶业、华祥苑等企业则各捐资 1200 万元，大自然茶业、中闽魏氏茶叶各捐资 1000 万元，集合其他资金同福建农林大学在安溪兴办了安溪茶学院，从 2012 年开始招生。这些都为茶文化的传承培育了专业化的人才。

在文化的挖掘、展示上，不论八马的生态科技示范庄园，还是华祥苑的生态茶庄园都成为茶叶源头文化展示的良好窗口。除了国内，2012 年，八马、华祥苑、三和、坪山、中闽魏氏还联手开设了设在巴黎的欧洲营销中心。而八马赛珍珠全球巡回品鉴会继续在日本、美国和中国的深圳、香港、安溪、厦门成功举办。2012 年 11 月 18 日，八马更与法国国宝级酒庄拉图联袂举办品鉴会，再次将安溪铁观音推向世界高地，展示“闽茶力量”和“中华茶力量”。

【案例二】 运作新思维：铁观音迈向农业文化申遗路

为保护和弘扬中华传统文化，进一步促进农业农村文化大发展、大繁荣，2012 年，农业部下发《农业部关于开展中国重要农业文化遗产发掘工作的通知》，启动中国重要农业文化遗产的发掘工作，确立“在发掘中保护、在保护中传承”的基本思路，制定相关标准，构建农业文化遗产动态保护传承机制。

对此，安溪县十分重视，于 2013 年启动了“安溪铁观音与茶文化系统”申报中国重要农业文化遗产的工作。据县区划办主任吴顺情介绍，安溪铁观音发源地松岩村及附近的上尧、南岩、尧阳、尧山五个村庄将被作为农业文化遗产核心区进行保护。目前，进行第二批中国重要农业文化遗产申报的是安溪铁观音与茶文化系统。一旦申报成功，对于安溪铁观音物种、种植与加工技术的保护及宣传将具有重大作用，同时对于安溪铁观音历史文化内涵的丰富也具有重要的意义。

1. 茶香千里，茶树造福祉

安溪县以精湛的制茶工艺、品质优异的茶叶、深厚的茶文化底蕴、得天独厚的自然条件及悠久的历史享誉古今中外。依据史料《安溪县志》的记载，安溪产茶史可追溯到唐末，距今已有一千多年。安溪产茶风俗始于唐末、兴于明清、盛于当代。县农茶局局长蔡建明介绍说，他们拥有安溪县独特的环境、独创的制作工艺、雄厚的产业基础及较高的市场占有率，这是申报农业文化遗产最为突出的三大优势。

2. 神奇茶树，独特的自然环境

安溪县优越的地理位置、适宜的地质土壤条件及绝佳的气候条件共同孕育出铁观音这“棵”神奇的茶树。一方水土涵养一方植物，一方茶树造福一方百姓。

3. 制茶工艺，成就茶中极品

在实践的考验中，安溪人发明出“三大阶段十道工序”的制作工艺，被行内誉为“最高超、最精湛、最独特”的茶叶加工技艺，并在2008年入选国家非物质文化遗产保护名录。除此之外，安溪县茶农还发明出“茶叶短穗扦插技术”，成功实现了茶树的无性繁殖，使世界各国人民都能够品尝到纯正优良的铁观音。

4. 各部门加速“申遗”步伐

安溪县委、县政府高度重视申遗工作，成立了“安溪铁观音申报中国重要农业文化遗产工作领导小组”负责组织申报工作。截至目前，安溪县已出台了《福建安溪铁观音与茶文化系统农业文化遗产保护与发展规划》等文件，《中国重要农业文化遗产申报书》也于2013年9月12日在北京通过了首次专家评审。

5. 农业文化遗产亟须传承

安溪铁观音传统的耕种及制作方式是生态农业和文化习俗的基础。因此，不同于一般意义上的自然遗产和非物质文化遗产，安溪铁观音农业文化遗产的保护具有其独特性。

近些年来，随着城镇化进程的加快、现代农业技术的大规模推广以及当地农业效益的下降，农村中大量青壮年劳动力渐渐向城镇转移。现如今，在安溪从事茶园管理、茶叶初制等大量体力劳动工作的大部分是50岁以上的劳动力，其中不乏年届古稀的老人，缺少年轻的劳动力去传承茶树栽培管理和制作技艺。

另外，由于缺乏相关专项措施的保护，安溪县散布于山野旷谷中的千百年古茶树及其群落，正遭受着来自自然或人为的破坏。古茶树不仅是珍贵的树种资源，更是研究茶树生长和利用的活化石，在茶种选育优化等方面都有极高的价值。

直至 2011 年，对古茶树等茶树种质资源的保护活动才正式启动。魏荫后人魏月德联合福建农林大学茶学系，设立了博士后工作站，并启动了“铁观音种质资源 DNA 指纹图谱库”的科研项目，建立了 500 亩的红心歪尾母本铁观音保护园繁育基地，计划培育一批铁观音母树，做好铁观音茶树种质资源保护工作。

此次“安溪铁观音与茶文化系统”申报中国重要农业文化遗产的工作，不仅能挖掘和保护安溪铁观音的培育种植、制作技艺以及独特的茶文化特征，还将进一步拓展其技艺传承、可持续发展和农业功能，具有重要的科学价值和实践意义。

6. 相关管理办法已出台

依据保护与发展“一个都不能少”的指导方针，安溪县将安溪铁观音与茶文化遗产地划分为核心区、种质资源保护区、茶文化保护区、铁观音生态产品开发区和茶乡休闲旅游发展区这五大功能区。

为加强对农业文化遗产“福建安溪铁观音与茶文化系统”的管理，安溪县还发布了《福建安溪铁观音与茶文化系统农业文化遗产管理暂行办法（草案）》。

该办法指出，“福建安溪铁观音与茶文化系统”保护的是以铁观音种植和制作为核心的农业生产系统，包括以品种资源为核心的农业生物多样性，以品种选育和采制工艺为核心的传统知识和技术体系，以“山、水、林、茶、草、人”为核心的农业生产景观，以“纯、雅、礼、和”为核心的铁观音茶文化。

该办法规定，“福建安溪铁观音与茶文化系统”遗产地范围为安溪县管辖的全部行政区 24 个乡镇，总面积为 3057. 28 平方公里。遗产地核心区为铁观音发源地西坪镇，位于东经 117°53′34. 57″～117°57′37. 51″，北纬 24°59′0. 57″～25°01′10. 54″，主要涉及松岩、上尧、南岩、尧山、尧阳五个村，面积为 12. 13 平方千米。遗产地核心区内禁止从事破坏农业文化遗产系统的生产、建设和经营活动。

“安溪铁观音与茶文化系统”已在北京通过首次专家评审，接下来就等待农业部的审核。不过，此次申报国家农业文化遗产的项目众多，竞争相当激烈。但是，如若此次能够顺利通过国家级重要农业文化遗产的申报，安溪县将继续着手全球农业文化遗产项目申请的冲刺。

本案例资料来源：

［1］安溪铁观音与茶文化系统迈上农业文化申遗路，中国茶网，http：//www. zgchawang. com/news/show－44754. html。

［2］安溪铁观音走起国家农业文化申遗路，第一茶叶网，http：//news. t0001. com/2013/1031/article_ 163194. html。

【案例三】 产业新趋势：科技发展带动红茶转型

在中央勤俭节约消费理念的倡导下以及市场经济大背景下，茶行业的销售格局有了明显变化，高价茶销量急剧下降，大众茶成为大小茶企共同奋斗的目标。

现在，已经没有谁可以底气十足地说自己只做高端茶了。这是一个好现象，旧时王谢堂前燕，飞入寻常百姓家。当茶叶不再是权贵阶层的专属消费品时，当茶叶真正成为老百姓开门七大事之一时，中国的茶文化和茶产业才有坚实的消费基础和广阔的发展空间。大众茶将成为未来市场主流已经是业界共识。推广大众茶的主要障碍在于不少茶企认为其无利可图。事实并非如此，所谓薄利多销，单品利润再低的产品，只要量够大，仍然可以汇聚出一片广阔的“蓝色海洋”。茶行业的市场竞争看似激烈，其实还停留在少数消费群体的人情竞争和关系竞争层面，也就是经济学上所谓的“红海”市场。当前时代的潮流在农业方面，必须走现代农业化道路，其核心是科技进步。因此，我们必须大力推动农业科技的发展，走农业内涵式发展道路，抓住时代的脉搏，建设农业科技人才队伍，坚持走农业技术进步路线，培养一批高素质的现代化农民。在此背景下，日月茶、信阳毛尖和坦洋工夫都各显神通，利用科技发展红茶产业。

一 日月茶，用科技推动英德红茶转型升级

2013 年 6 月 28 日，一台自动行走的采茶机亮相首届中国英德红茶文化

节，许多人惊呼大开眼界。这也被业内看成英德红茶转型升级的最直接表现。而这台价值上百万元的采茶机，正是英德市日月茶有限公司茶叶基地使用的。让我们走进日月茶，走近公司负责人——台商钟镛青先生，听听关于英红的故事。

1. 七年坚守终获成功

英德市日月茶有限公司（以下简称日月茶公司）成立于2000年，位于英红镇秀才山旁，临近茶科所。目前公司在英德英红、横石塘及曲江罗坑境内共有三大茶叶基地合计约1800亩。基地种植了英红九号、铁观音、金观音及台湾体系的优良品种。其中，连片的英德红茶英红九号有600多亩，如此大的规模，在清远也是屈指可数的。

英德红茶英红九号，可谓大名鼎鼎。不过，并不是所有人都知道种植英德红茶英红九号背后的故事。钟镛青先生说，他从2000年开始种植英德红茶英红九号，差不多坚守七年，才开始采茶。

在此之前，钟镛青并不是种茶的，而是茶商，很偶然的机会，被英红的魅力所吸引，于是决定种植英德红茶英红九号作为尝试。作为台商，他也获得了英德市和当地镇政府的大力支持。最初他承包了几百亩地试种。不过他也发现，英德红茶英红九号这个茶种不易成活。要种好茶树，很多方面都要操心，气候、湿度、土壤、病虫害等内容都要考虑进去。

在技术人员的指导下，慢慢摸索，茶场规模才慢慢扩大。他们不断地把成活的茶树移到空地上，才使英红九号慢慢连成片，才有了今天600亩的规模。

而直到种植茶树的七年多后，他才开始采茶。这七年间，没有回报，只有付出，并不是所有人都能坚持的。其间，家人不理解，朋友劝他放弃，但是钟镛青先生都不为所动，凭借着他独特的眼光、过人的胆识和超常的毅力，终于获得了今天的成就。

2. 不遗余力推广英德红茶

英德红茶是中国四大红茶之一，可以说是整个清远的骄傲。英德红茶有着悠久的历史，最早可以追溯至唐代。随着茶叶生产的发展，第一批英德红茶于1959年问世。而1963年英国女皇在盛大宴会上，用英德红茶招待贵宾。红茶享誉海外，在此期间英德红茶每年生产4000余吨远销到西欧、北美、大洋洲及中东等70多个国家和地区，成为中国大叶红碎茶第二套样出口的重要支柱，而英德市更是被誉为广东省的“红茶之乡”。

但在现实中，很多人对英德红茶的接受和认可是需要一个过程的。钟镛青说，他们公司种植的英德红茶英红九号，因为纯正、浓郁，并不是一开始就被所有人接受。有些人觉得太浓了，好像有些苦涩。但是钟镛青他们始终坚信一点，那就是好产品终有一天会被大家接受。他们通过各种方式和途径，不断向大家介绍英红的知识，怎样辨别英德红茶的优劣，组织大家品茗论茶……。慢慢的，越来越多的人喜欢上了英德红茶，喜欢上了日月茶。

现在，喜欢喝红茶的，提起英德红茶，大概不会不知道。而喜欢喝英德红茶的，提起“日月茶”，大概也不会不知道。日月茶公司出品的英红九号等，在有机栽培的基础上，配合了最专业、最先进的制茶工艺，成就了英德红茶色香味如艺术般呈现，越来越得到大家的喜爱。

3. 科技创新引领行业

日月茶公司除了规模大，还有不得不提的就是他们先进的机器设备。除了在英德红茶文化节上亮相的采茶机，他们还有专业的茶叶生产流水线。这些设备采用日本技术，使茶叶加工更加精细、精准，为始终如一的高品质提供了技术保证。比如色彩选别机，采用CCD数码照相机功能，可以有效地对茶叶中的茶梗、黄片、碎叶等异物进行去除，在节省人工、提高效率的同时，更是有效保证了质量。

而钟镛青从一开始就有意识地做好茶叶基地的规划，道路横直分明，也为后期采用现代化的耕作模式奠定了良好的基础。就如前面提到的价值百万元的采茶机，如果在其他没有做好规划的茶叶基地里，是不能发挥作用的。

只有依靠科技的力量，英德红茶才能走得更远更好。如果还是像以前那样，依靠传统的家庭小作坊式生产，不可能形成强有力的竞争力。

二　信阳毛尖，以科技实力掀起“茶能”旋风

信阳五云茶业科技发展有限公司花费近两年的时间，投入数亿元的科研经费，最终在上千次配方中精选制造出了茶能、蜂蜜百草茶、信阳红茶饮料、信

阳毛尖茶饮料以及龙潭生态水这五款新饮品。

据总经理马泽民介绍，此次信阳五云茶业科技发展有限公司推出的五款全新饮品，以茶能为主打产品。茶能是一款以信阳毛尖茶为主料，不含兴奋剂的功能性茶饮料，倡导“提神不伤身、喝茶能养生”。

全国政协委员、信阳毛尖集团董事长陈世强在推介会上介绍，信阳毛尖集团和五云茶业科技公司将根据五款全新茶产品上市之后的情况，以公司整体战略发展规划为出发点，坚持立足信阳，面向全省，同时辐射周边安徽、湖北等省份，打造以茶功能饮料为主体的产品群组，在全国再一次掀起茶能风暴。力争通过 5 ~ 10 年的努力，将信阳毛尖集团旗下的茶饮料品牌培育成为市场上最具竞争力的茶饮料品牌。

三　福安新坦洋，科技引领红茶产业升级

2013 年 7 月 18 日，由全国茶叶标准化技术委员会主办，新坦洋茶业集团承办的全国茶叶标准化技术委员会红茶工作组成立大会在福安市召开，围绕“缘聚福安议茶事，茶和天下制标准”的主题，茶界专家学者汇聚福安，共同探讨茶业发展新思路、新标准。

30 万亩茶园，40 多万名茶农工，3 万多人走南闯北经销茶叶。在“中国茶叶之乡”福安市，红茶产业近年来发展迅速，通过优化茶叶生产模式，加大红茶多元化、多样化的产品开发力度，形成了较为明显的产业优势，驰名中外的“坦洋工夫”成为引领红茶消费的重要品牌，全国茶业标准化技术委员会红茶工作组落户福安，标志着“坦洋工夫”在红茶领域的国家标准地位。

国务院发展研究中心农村经济研究部部长徐小青说：“在越来越重视农产品质量与安全的今天，产品的标准化建设是提高农产品质量的保证，是创造和培育品牌的关键，也是农业企业技术和产品创新的关键，标准化的建设有利于提高农产品的市场竞争力，有利于我国农业更快地实现高产、优质、高效的发展目标。”

“红茶工作组主要负责红茶领域国家标准的制修订工作，此外还负责标准的宣贯、标准化人才的培训和红茶数据库的建立等。”红茶工作组组长孙威江

教授表示，红茶工作组的成立将进一步规范红茶种植加工及外贸销售等活动，切实提升红茶标准化生产水平和质量。

2013 年 5 月 8 日，全国茶叶标准化技术委员会批准在福安市成立红茶工作组。这是福建省继白茶、乌龙茶工作组之后，落户的又一个全国性茶类标准工作组，意味着红茶产业标准化的影响力上升到了一个新的高度。

本案例资料来源：

[1] 科技发展大众茶，易网新闻，http：//news. 163. com/13/1220/03/9GGQ1NFI00014Q4P. html。

[2] 日月茶，用科技推动英德红茶转型升级，新浪新闻，http：//news. sina. com. cn/c/2013 -07 -09/082927615778. shtml。

[3] 科技带动红茶产业信阳掀起“茶能”风暴，搜狐网，http：//roll. sohu. com/20130424/n373765597. shtml。

[4] 全国茶界专家学者汇聚福安标准化引领红茶产业升级，搜狐网，http：//roll. sohu. com/20130718/n382013624. shtml。

【案例四】 品牌新价值：向文化寻求新附加值

茶是现代人生活的重要组成部分。近年来的茶文化热，使更多的人开始了解茶、喜欢茶，把茶当作生活的一部分。现代人生活紧张，节奏飞快，在繁忙的一天能喝到一杯好茶是一件很奢侈的事情。咖啡文化的推广，得益于速溶咖啡的开发和普及。让茶成为时尚，成为工作、休闲的伴侣，应该是中国茶行业的发展目标。

（一）为品牌插上文化的翅膀

在福鼎市党委、政府的重视支持以及扶贫基金会等协会的文化推动下，福鼎白茶赢得了越来越多的客户。同时，福鼎白茶不断挖掘和提升其特有的文化内涵，寻求文化上的品牌附加值，树立福鼎白茶的健康形象，进一步提升了福鼎白茶的美誉度，提高了福鼎白茶的知名度，为福鼎白茶这个公共品牌插上文化的翅膀，让它飞得更高、更快。

（二）茶香千年历史流传

福鼎白茶悠久的历史文化积淀，是福鼎白茶实施文化战略的有力支撑。福鼎产茶的历史可追溯到隋朝。“茶圣”陆羽在《茶经》中曾说道：“永嘉县东三百里有白茶山”，而永嘉县东三百里的白茶山就是现今福鼎境内的太姥山。明清时期，关于福鼎白茶的文字记载更是屡见不鲜。明末清初的福建著名文人周亮工在《闽小记》中记载：“太姥山右有绿雪芽茶。”民国之初卓剑舟在《太姥山全志》中赞道“绿雪芽，今呼白毫，色香俱绝，而尤以鸿雪洞产者为最”。除此之外，《福建地方志》和茶界泰斗张天福先生的《福建白茶的调查》等文献也说明了白茶始创于福鼎这一事实。这些记载和论述无不彰显了福鼎白茶悠久的历史文化积淀。

（三）推介品牌文化，重塑品牌价值

品牌添香，文化添韵。正是由于福鼎市政府和茶企的共同努力，迄今为止福鼎白茶已经收获了众多头衔，获得了“中国世博十大名茶”“中华历史文化名茶”及“中国申奥第一茶”等称号，包罗了国家地理标志证明商标、中国驰名商标等认证，其成熟的制作技艺还被列入了国家级非物质文化遗产名录。

（四）全方位文化推广，引领品牌共跨越

1. 各地白茶文化推广中心相继成立

依托在外的知名茶商和茶企，福鼎白茶加快了其在大城市设立福鼎白茶文化推广中心的步伐。2011 年底，继北京、上海、厦门、重庆、深圳等大城市之后，福鼎白茶文化广州推广中心又在广州设立。福鼎白茶茶企和茶人，风风火火，千里奔波，为打响文化品牌，接连成立文化推广中心，组织多样化、多元化的文化推广活动，让拥有千年历史文化积淀的福鼎白茶再放异彩。

2. 整合媒体资源，扩大传播优势

在推广方式上，福鼎白茶借助各种新闻媒介，包括中央电视台、福建电视

台、《海西茶话》杂志的福鼎专辑等，联合推广、宣传白茶历史文化，进一步扩大其影响范围。同时，福鼎结合自身特色，举办了“全国百佳茶馆走进中国白茶之乡——福鼎”活动，以茶馆这一茶叶消费的最前沿阵地为平台，大力宣传茶文化。除此之外，福鼎又组织了三坊七巷话白茶、万人品茗、评选福鼎白茶仙子等一系列主题活动，让来自五湖四海的宾客们领略白茶的文化魅力。

3. 积极参与活动，加强对外交流

福鼎白茶充分利用各类茶事活动进行宣传推广。近年来先后组团参加“北京马连道国际茶文化节”等各种国内重要茶事文化活动，举办中国白茶文化节，展示福鼎白茶的风采，大力推介福鼎白茶；同时，鼓励茶叶生产经营企业参加各级各类评比活动。迄今，全市共有100多个茶叶产品在国内外质量评比中获奖。

4. 切合市场需求，创新品牌推广方式

除了传统的宣传推广方式以外，福鼎结合现代消费趋势和市场需求，相继推出了更具有创新性和综合性的白茶文化展示形式。

2012年，福建福鼎白茶文化体验馆正式开馆。白茶文化体验馆作为福鼎白茶的展示窗口，旨在宣传推介福鼎白茶的文化内涵，让社会各界的茶叶爱好者在精致独特的环境下品茶鉴茶，通过茶艺表演等活动，更好地感受茶文化、体验茶生活，进一步了解福鼎白茶。

本案例资料来源：

[1]“福鼎白茶”背后的推力，东南网，http://tea.fjsen.com/view/2013-07-31/show 57136.html。

[2] 给公共品牌插上文化的翅膀福鼎白茶打响文化牌再谋新跨越，福建日报，http://fjrb.fjsen.com/fjrb/html/2011-12/22/content_293918.htm。

[3] 福鼎白茶高举文化牌打响品牌强势回归，东南网茶叶频道，http://tea.fjsen.com/view/2011-11-30/show23469_3.html。

[4] 福鼎白茶精心打造特色品牌，宁德网，http://www.ndwww.cn/zt/ccy/lxwm/200810/39874.html。

【案例五】 茶品新动向：生态有机绿茶的广阔前景

近年来，主打绿色、健康牌的生态茶正越来越受到消费者的高度青睐。从诸多知名品牌陆续打造有机茶园、推出有机茶系列受到多方认可的情况看，发展有机茶产业将成为茶业界的一道亮丽风景。有机茶最大的特色便是可持续发展，它崇尚生态，不使用化学肥料和杀虫剂，避免茶叶受到化学物质的污染，从其种植、制作到储存、运输的整个过程，有一整套严格标准。这也意味着种植有机茶的过程，也是保护生态环境的过程。在这过程中，日照、谷城和松溪都在发展有机绿茶的道路上不断摸索前行。

一 日照

1. 国家级有机绿茶栽培标准示范区成立

2013 年 5 月，受国家标准化管理委员会委托，山东省质量技术监督局成立验收组，对以东港区为主要承建单位的国家级有机绿茶栽培标准化示范区进行了检查验收。目前，日照东港区已顺利通过验收，成为国家级有机绿茶栽培标准化示范区。

自 2010 年底承建国家级有机绿茶栽培标准化示范区项目以来，东港区坚持“围绕产业抓特色、围绕特色抓基地、围绕基地抓龙头、围绕龙头抓品牌”，大力实施标准化建设，在龙头企业培植和品牌培育方面加大工作力度，为成功创建国家级有机绿茶栽培标准化示范区奠定了坚实基础。

配合全区“农业标准化生产建设年”活动，该区坚持基础设施规范化、有机绿茶生产标准化、产品无害化、产加销服务社会化、管理信息网络化、资金投入多元化的发展方向，广泛推广应用《有机绿茶生产技术规程》，确保茶叶产前、产中、产后各环节严格按标准进行，扩大标准覆盖面。

2. 山水圣地出有机好茶

日照近海生态观光第一园——日照市驻龙山绿茶有限公司位于市区以北驻龙山系，秦楼街道苏家村。依山傍海的驻龙山，位于日照市区北 10 公里，距海边直线距离1.5公里，自然条件良好，适合茶树生长。驻龙山绿茶有限公司作为日照第一批“南茶北引”的试验基地，拥有数百亩优质茶园，已有40多年的历史，历来以盛产优质绿茶闻名于国内各大城市，广受客户青睐。

经过47年的栽培，日照绿茶从默默无闻发展到今日的声名鹊起，市场环境和消费需求的变化都引发了茶商对于传统茶叶种植的思考。日照绿茶只有走高端、高品质路线，才能有好的市场和发展前景，这个观点已经得到了日照众多绿茶企业的共识。因此目前，在市场环境的要求下，茶叶种植过程必须要绿色、有机、无污染、无公害，而有机绿茶的种植特色很好地契合了这一要求。日照有机绿茶就是在这样的大环境下应运而生的。

公司总经理苏贻干对有机绿茶的市场前景进行了深入分析，他认为有机绿茶的“有机”特质，一方面要求茶叶种植不能使用化肥和农药，另一方面还要做好农业防治以对付病虫害，这必然对种植的成本投入和人力投入都有更高的要求，成本会是传统种植模式的五六倍，但苏总相信随着人们对健康的重视，有机绿茶肯定会有广阔的市场。

公司生产的驻龙山绿茶系列产品，独具叶片厚、形质美、耐冲泡、汤色碧绿明亮、香气清新馥郁的特点，是优质日照绿茶的典型代表。

3. 日照有机绿茶潜力巨大

近年来，伴随着产量的增加和生产加工技术的大幅提高，日照绿茶的市场份额不断增长。为了迎合市场对高品质日照绿茶的需求，越来越多的茶企将发展的目光投向有机茶生产。

作为日照市最早通过有机认证的茶企，圣谷山茶叶在4年的有机发展过程中积累了丰富的经验，这也吸引了诸多有机产品生产厂家的参观。据行业专家介绍，随着人们对食品安全的日益关注，标准严格的有机管理体系将越来越受到欢迎。

2013年7月30~31日，方圆标志认证集团产品认证有限公司在日照举办了2013年方圆有机认证客户质量管理与控制经验交流会，来自全国有机生产企业的80余名代表参加了本次交流会。此次活动通过对最新有机产品认证实施规则的细致分析，对有机食品的认证、销售及常见问题等进行了权威探讨。

圣谷山是本次活动唯一发言的茶叶企业。该公司副总经理张振华作了“圣谷山十年有机路”的专业报告，与其他企业分享了圣谷山的有机管理经验。

据方圆标志认证集团产品认证有限公司工作人员介绍，圣谷山茶叶是山东省第一个获得全国有机认证的茶叶品牌，其管理体系和概念经过四年的发展都比较成熟。因此也把圣谷山茶厂选为此次活动的参观场地。

8 月 1 日，在与会代表参观甲子山和北山有机茶园时，张振华介绍，圣谷山在 2007 年就开始发展有机茶园，从南方引进优良的无性繁殖的茶叶植株，保证了茶叶品种的纯正和优良。圣谷山先后引进了被誉为“华茶一号”，有 350 年历史的福鼎大白，以及迎霜、平阳特早、鸠坑等优良品种。

除了种植环节，圣谷山在选料加工、包装储运和品饮环节上也通过 21 道品控细节形成良性循环机制。

一位来自德州的冬枣生产商介绍，他们目前的有机种植面积已达到 100 亩以上，是当地最大的有机冬枣生产者。这次活动给他们提供了丰富的理论依据和成功案例，让他找到了未来发展改进的思路。

在 7 月 31 日的“有机产品管理经验交流”环节中，来自全国各个省份的有机生产商家交流了管理经验。来自海阳市的钱先生和刘女士都是从事海滨有机茶叶生产的商家。据介绍，海阳绿茶是目前我国纬度最高的绿茶。钱先生的茶叶企业有近 3 年的有机茶叶生产经验。他们出资 20 万元自建了沼气池，实现了利用沼气制茶和沼渣的废物利用，大大缩减了成本。60 亩茶园的有机绿茶产量在 3000 斤左右。

而圣谷山的茶园地甲子山山高路陡，种植和维护全靠手担肩挑，无形之中增加了投入成本。200 亩有机茶园的产量也仅在 3000 斤左右。有机绿茶的发展潜力是巨大的，随着人们对于食品安全的日益关注，栽种、生产、销售等各环节标准最为严格的有机管理体系将会是未来食品生产的最大趋势。

二　谷城：种有机茶，致富一方百姓

农历正月初七早晨，尽管谷城县紫金镇铜锣观村的山地已是白雪皑皑，但是村民王立本还是顾不得寒冷，步履蹒跚地来到他的茶园察看茶树长势。他说：去年他种的 10 余亩有机茶纯收入达 5 万元，马年的首场大雪将茶园里的害虫整得差不多了，今年的茶园又将是好收成。

坐落于大山深处的紫金镇铜锣观村，是谷城县历史上有名的产茶之地，实行家庭联产承包责任制后，茶园被分到一家一户。过去由于村民们缺乏商品意识，疏于管理，茶树老化，茶叶品种单一，卖不出好价钱，逐渐受到市场冷落，有些茶农在茶园里套种白杨树，还有些茶农甚至砍掉茶树种苞谷。“要将紫金镇大山的茶叶优势发挥出来，就必须改变一家一户单打独斗的现状，走龙头企业带动之路。”辞官下海创业的汉家刘氏茶业有限公司董事长刘家国在不断探索中深刻领会了这一道理。于是，他于2010年在紫金镇建立了高香有机茶基地，确立了“品牌 + 公司 + 合作社 + 基地 + 农户”的发展模式，通过股份合作等多种形式在紫金镇当地带动万家农户种有机茶，为茶农增收致富提供了平台，也为当地茶产业的复兴奠定了基础。行走于紫金镇花园村、铜锣观村、沈垭村、茶园沟村的茶区，群山环抱，满目苍翠。这里常年云雾缭绕，气候温和湿润，土质肥沃，是优质茶叶生长的理想环境。

良好的自然环境，是生产优质茶叶的必备条件；先进的科学技术，是提高茶叶生产效益的重要因素。为此，汉家刘氏茶业有限公司结合当地得天独厚的自然条件，从科技培训入手，提升农民种茶、管茶的积极性。不管是县里举办的各种茶叶技术培训班，还是省内外举办的与茶叶有关的展销会、博览会，只要有机会，公司就积极组织人员参加。公司在组织茶农积极参加县内外举办的各种茶叶技术培训活动的同时，还邀请中国农科院茶叶研究所的专家到紫金镇有机茶基地现场指导茶叶生产，手把手传授有机茶叶生产、加工技术。

如何帮助茶农增收，解除种植户“茶叶进入市场难”的后顾之忧？抱团发展、走共同富裕之路既符合公司发展壮大的需求，又符合茶农脱贫致富奔小康的需求。于是，公司牵头成立了茶叶专业合作社，并动员茶农以茶园入股的形式加入合作社。

合作社成立以后，统一了技术指导和产品销售，从此，茶农们有了自己的“家”。依托茶叶增收也有了保障，平均每户年增加收入 3 万元以上，很多茶农盖了小楼，买了小汽车。

“打造龙头企业，带动茶叶产业，形成产业链条，致富一方农民。”汉家刘氏茶业有限责任公司秉承这一社会责任，追随着自己的“发展梦”，走出大山，奔向全国，飞出海外……。企业和专家一起研制出中国第一台光波杀青全自动生产线，生产出的茶叶香气十分独特，受到众多老茶客和茶专家的追捧。2014 年初，企业双喜临门，在武汉股权交易所上市交易，“汉家刘氏”品牌被评为中国驰名商标。目前公司年销售有机茶叶 500 多吨，产品出口美、日、欧盟及南非等地，直接带动了 10 多万山区农民致富。

三　松溪绿茶，将有机茶进行到底

鲜爽的绿茶，作为药用价值和保健功能最好的茶类之一，受到不少茶客的喜爱。可一提到绿茶，人们总想到不少江浙茶品。其实，闽茶中也有许多绿茶品种，其中拥有国家地理标志证明商标的“松溪绿茶”，产于福建北部松溪县，在这个千年茶乡一代代地传承。

1. 山水相宜，拥有国家级生态乡

生长环境对茶的品质有重要影响，历代茶书几乎必提环境。

地处闽江源头、武夷山脉南麓的松溪县，气候温暖湿润，四季分明。松溪茶叶站站长游彩龙告诉记者，这里森林覆盖率达 75.7%，山地土壤多属酸性岩红壤，并含有丰富的腐殖质，土层深厚疏松，茶叶生产地的海拔为 300～500 米，地势平坦，山水相宜，具有独特的山地小气候，是茶叶生长的优良环境。

大自然赐予的地域财富使全县九个乡镇均产茶。在众多产区中，祖墩乡几千亩茂盛的省级生态林保护区，为茶园营造了朝雾暮雨、空气清新的优越环境，甚至在 2012 年被评为国家级生态乡，其中的龙源茶厂茶山也被列入省级生态茶园示范片，而整个县的“国家级生态县”也已经在申报之中。

由于生态环境优越，松溪茶产区的茶叶天然内含物丰富，加上良好的加工工艺，“松溪绿茶”有了外形如月牙形、兰花形，滋味鲜嫩醇爽，茶汤黄绿清澈，叶底柔嫩黄绿等品质特征。

2. 几度曲折，终成千亩认证茶园

20 世纪 90 年代，欧盟的绿色壁垒严重冲击了中国农副产品的出口，松溪外销茶叶频频受阻，甚至受罚。一批松溪的茶界人士开始寻找变革的方向，但整个改造过程曲折而艰难，其中松溪茶人谢荣富的经历就十分典型。

“只要是有机茶，便是‘全球通’”。带着这样的信念，当时在郑墩国营茶场工作的谢荣富和同事，1997 年起对照欧盟标准，在茶场里就地进行了土壤脱毒改造。3 年后改造渐见成效时，郑墩国营茶场却因亏损倒闭，努力付诸东流。但他没有放弃，2002 年成功通过茶山公开竞标，回到了郑墩的茶园。放空一年后的茶山，茅草丛生、灌木斜躺。就在这样满眼破败的荒山中，谢荣富继续着他的有机茶梦想，并申请了瑞士有机茶认证。初考失利后，他加强了茶园的整改，最终通过认证。

经过众多像谢荣富一样的茶人的努力，如今松溪县已拥有国际有机食品认证茶园 2052 亩，带动茶农年均增收达百万元，生产方式也在不断优化。

3. 水源跨国检测，有机认证连过九年

有机认证并非一劳永逸，有效期只有一年，而一竿子生意也绝不是松溪茶人的想法。

在松溪祖墩乡有一个全由山泉汇聚而成的约 15 亩的水塘，9 年来，塘水每年都要委托德国科研机构进行检测。每到旱天，水塘能供应 756 亩茶山的喷灌用水。喷灌用水是瑞士生态研究所（IMO）有机认证的重要指标，而这个研究所是全球有机茶认证最权威的机构之一，其中茶叶农残检测就细化到了 430 多项。

在种植方面，松溪有机茶完全不施用任何人工合成的化肥，使用的肥料是天然有机肥料；同时茶山要形成“山戴帽，腰披彩，脚穿鞋”的植被配比；还要通过斑鸠等益鸟和七星瓢虫等益虫围剿害虫，还配置了由 20 多种中草药精制而成的“苦参碱”驱虫。

通过不懈的坚持，松溪绿茶的有机种植至今已连续九年成功通过认证，整个松溪绿茶产业也攀上了一座新的高峰。

4. 千年茶乡厚积薄发

松溪茶最早始于唐代。到宋元时，松溪茶叶已成为贡茶，同时有着名噪海外的九龙窑珠光青瓷茶具。

新中国成立以后，松溪茶发展很快。1975 年，松溪县产茶 12166 担，在全省首次突破“万担”大关。1981 年 10 月，时任省委书记的项南表扬松溪茶业发展，自此，松溪被誉为全省茶叶高产“状元县”。

从 20 世纪 90 年代到 2005 年，松溪茶飞速发展，产量从 1998 年的 1930

吨发展到 2005 年的 2850 吨，同期产值从 1680 万元增加到 5200 万元。其中绿茶占到总量的 90%，可谓一“绿”撑江山。

目前，松溪县从事绿茶加工的企业有 143 家，在全国各地创办的松溪绿茶茶庄逾 5000 家。2012 年，全县茶叶总产量达 7000 多吨，创产值 2.1 亿元，惠及茶农 2.3 万户。松溪绿茶畅销北京、上海、香港、厦门等大中城市以及日本、欧美等国家和地区，并进入家乐福、乐购等多家超市，重拾往日风采。

本案例资料来源：

［1］日照东港获批国家级有机绿茶栽培标准化示范区，第一茶叶网，http：//news.t0001.com/2013/0521/article_ 157009.html。

［2］山水圣地出有机好茶，和讯网，http：//news.hexun.com/2013 - 07 - 12/156071719.html。

［3］日照有机绿茶潜力巨大，搜狐新闻，http：//roll.sohu.com/20130802/n383247861.shtml? from = www.hao10086.com。

［4］种有机茶致富一方百姓，汉江网，http：//www.hj.cn/html/201402/07/0752616902.shtml。

［5］松溪绿将有机茶进行到底，厦门网，http：//www.xmnn.cn/dzbk/xmrb/20131227/201312/t20131227_ 3654020.htm。

【案例六】 品类新突破：君山黄茶强势崛起

六大茶类就如同白酒的四大香型，是自然给予人类的馈赠，六大茶类的和谐发展，是尊重自然万物和谐共生规律的体现，更是中国茶产业走向成熟的标志之一。

1. 为小品类茶正名

在茶叶界，一直存在关于小品类茶的悖论。就业内而言，茶叶的市场占有率决定着该茶叶品类在市场上的地位，而品类茶叶的市场占有率又离不开代表性品牌的市场表现。因此，像黄茶、岩茶等鲜少有较为知名代表者的小品类名茶，其市场占有率上不去，顾客对小品类茶的购买欲望也就不高，所谓不知名就无人问津。

也正因如此，小品类名茶相对于大品类名茶就有很大的发展空间。有资料表明，小品类茶叶的发展更有利于人力、物力、财力等市场资源的集中，加上充分合理化的产业聚集和产业化运作就能形成竞争优势。因此，小品类茶叶要培育产业旗舰企业比较具有市场优势，而通过旗舰企业的示范作用又可以以点带面快速带动周边企业及行业的整体发展。

2. 君山，名茶“特殊”代表

君山银针茶叶有限公司最早是由湖南省多家单位共同出资组建的，君山银针是该公司全权运营的茶叶品牌，也是中国十大名茶当中唯一一个非公共品牌。自2005年湖南省茶业集团股份有限公司重组以来，君山茶业在外界看来一直没有特别好的市场反应。因此从2010年开始，当业内人士知道君山茶业要搞黄茶时大都表示不太理解，因为即使是现在，黄茶的市场潜力和前景都属于“雾里看花”，对于君山茶叶要做黄茶的想法，当时许多业内人士和厂商都认为时机不成熟。

3. 以“慢”制胜，君山的经营之道

从2010年开始，君山开始推广黄茶，尽管行业内各茶叶企业动作频频，君山茶业仍按照自己既定的步伐前行和发展。在经过对公司整体形势进行把握和对市场环境进行考察后，公司决定先集中精力把省内市场做好，包括市场销售队伍的建设、管理队伍的培训、省内客户的培养等，在基本实现区域领先的目标基础上，再谋求省外市场的突破。

经过三年的资源积累和积淀以后，从2013年春茶上市开始，君山茶业旗下的君山银针产品实现了整体绿改黄。从此市面上销售的正宗君山银针产品都是优质黄茶，再无绿茶踪影。也是从这年起，公司根据前几年的推广整体情况和市场运作形势，制订了其推广黄茶的第二个三年计划。针对市场变化与企业发展状况，君山采取了一系列的有效措施来推动黄茶的发展，比如在10月以1.58亿元投资打造的君山银针黄茶产业园在岳阳正式落成，而打造环洞庭湖黄茶产业带的规划也正式进入湖南省人民政府7月8日颁发的《湖南省人民政府关于全面推进茶叶产业提质升级的意见》当中。

但君山黄茶的扩张步伐依然未停止，现如今，君山茶叶的招牌门店开到了长沙和岳阳的街头，其省内的门店布局版图也不断扩张到株洲、湘潭、常德等地。除了开设门店，君山黄茶同时也开拓商超市场，在家乐福、沃尔玛等大型百货卖场随处可见君山产品的踪影，可谓稳居省内冠军宝座。接下来君山茶业开始布局地方特色茶叶，以期弥补茶叶品类单一的状态。从 2013 年开始，公司先后采取了几项有针对性的举措。其中包括，与保靖县茶叶办出资成立湖南保靖武陵黄金茶开发有限公司，投资 5000 余万元建设湘西民族风情工业园等。

战略的改变和稳健的产业发展步伐为君山带来了什么？经过绿改黄的战略转型后，君山银针的销量有了很大提高，高端产品也受到消费者的青睐，产品利润与往年相比有很大进步。从公开的统计资料来看，在推广黄茶的三年间，君山茶业的销量翻了 5 倍，达到 1.67 亿元。

4. 期待 2014 年君山黄茶会更精彩

2013 年，随着国家经济政策的调整，茶叶产业结构的调整势在必行。用总经理王准的话来说，2013 年君山的关键还是在于谋增长。在这一目标指导下，公司 2013 年通过三项重大活动有效宣传了自己的品牌：第一，2013 年 6 月，君山银针携手神十飞天，以国家大事件的联合营销来谋求企业的盛誉和发展。第二，10 月的中国茶叶经济年会在中国黄茶之乡岳阳召开，公司通过赞助盛会宣传了君山好茶的好品质。第三，12 月毛主席诞辰 120 周年活动举办，君山茶叶满怀对毛主席的感恩之情，为活动尽了一份自己的力量。

感恩毛主席，赞助毛主席诞辰。毛主席曾经盛赞君山银针是会“跳舞的茶”，因此当中国政府为恢复中国在联合国常任理事国席位而开会招待各国元首和使节时特别指明君山银针为会场的指定用茶。毛主席的盛誉和褒奖，使君山茶叶得以享誉美名。为此，君山茶业以赞助韶山市纪念毛泽东同志诞辰 120 周年活动的方式来表达对主席的感恩之情。而我们也可以相信，借助毛泽东同志 120 周年活动的影响与媒体的报道，君山茶业势必将在举国上下掀起新一轮的黄茶风暴。

借助茶叶盛会，积极推广君山黄茶。2013 年 10 月，第九届中国茶叶经济年会在中国黄茶之乡岳阳举办，君山茶业作为此次盛会的招待方之一，热情地接待了全国乃至全世界的茶叶客商，以君山茶叶的高品质和高品位向世界展示了中国的黄茶之美。

我们期待2014年君山黄茶会更精彩!

本案例资料来源:

[1] 陈向阳:《茶中茅台君山黄茶——小品类的大突破》,《茶博览》2013年第7期。

【经典选萃】

1. 2013厦门茶博会，业界精英话红茶

作为六大茶类之一，红茶产量占所有茶类产量的一半以上，是目前世界茶叶市场生产量与流通量最大的茶类，也是消费区域最广的茶类。因此，创新红茶品种、拓展产业链、突破传统销售渠道、建立先进的营销模式，提升红茶的技术水平，研制红茶的新品种，显得尤为重要。

作为厦门国际茶博会的重要配套活动，2013国际红茶论坛于2013年10月11日在厦门会展中心举办。本次论坛的主题为“危与机——红茶的未来与创新”，邀请业界精英就包括红茶在内的全球茶叶生产现状及市场趋势等问题进行了探讨，力图助推红茶产业的效益最大化和可持续发展。印度茶叶局局长Shri M. G. V. K. Bhanu、香港乐茶轩主人叶荣枝、西南大学茶叶研究所刘勤晋教授、云南滇红集团副总裁苏向宇等出席了活动。

本案例资料来源:

[1] 2013国际红茶论坛十月召开业界精英齐聚厦门，西湖龙井资讯平台，http://www.westlaketea.com/html/2013/09/17/139770.html。

2. 英德红茶文化节，重塑品牌竞争力

2013年6月28日，首届中国英德红茶文化节在侨乡英德市开幕，包括名优茶质量竞赛、茶产业经济发展交流会、茶品展销、茶品拍卖会、英德“擂茶粥”申请世界纪录等在内的系列活动由此展开。当地欲借此重振英德红茶品牌竞争力，提升产业附加值。

侨乡广东英德是古老茶区，产茶历史悠久，茶文化的发展轨迹可追溯到唐朝。“1963年英国女王在盛大宴会上，用英德红茶招待贵宾。”这是一句常被当地人挂在嘴边的话，英德红茶让他们引以为豪。

目前英德市茶园总面积为3.16万亩，是广东省最大的红茶产区，被誉为“中国红茶之乡”。

英德市长黄镇生透露，2013年英德春茶产量为1150吨，产值约为5.78亿元，全年茶叶总产值超过10亿元。

英德2013年继续增加茶园面积，提升英德红茶品质，动员和组织茶企参加广州、深圳等珠三角城市茶叶博览会，“走出去、引进来”，重塑英德红茶的品牌竞争力。

据英德茶叶主管部门介绍，英德市已经连续三年被中国茶叶流通协会评为“全国重点产茶县”。2013年，“英德红茶”区域公用品牌价值达到10.88亿元，在全国红茶类排名中首次排在前三位。

文化节举行期间，一项与茶有关的新的世界纪录亦在广东英德诞生——由333人同时制作的具有客家风味的英德“擂茶粥”，它已成为英德“茶文化”的一项重要内容。

本案例资料来源：

[1] 侨乡广东英德首办红茶文化节重塑品牌竞争力，中国新闻网，http://www.chinanews.com/qxcz/2013/06-28/4983333.shtml。

3. 四川高山红茶惊艳绽放

就在红茶市场比重持续扩张，正山小种、祁门红茶、云南滇红、坦洋工夫等传统红茶声名大增的时候，一些对品质要求甚高的老茶客已开始调整视线，寻找更具差异性、个性的国内“小产区”高品质红茶。其中来自峨眉高山林间特定小产区的峨眉高山林间红茶，就成为近年来迅速在“圈儿内”蹿红的“新贵”，四川高山红茶也开始进入大家的视线，打破了业界对四川只出产高品质绿茶的认知。伴随着四川高山红茶的惊艳绽放，一场小产区的逆袭之战也由此拉开。

峨眉高山小产区的逆袭像葡萄酒有关“小产区”的概念一样，随着人们对茶叶知识的进一步了解，产区以及相关联茶品的表现，已越来越多地被普通消费者提及。

产区决定风格，越是风格强烈的茶品，其产区特点越明显，这也是国际通行的“小产区”概念。小产区是对茶叶核心产区的一种深化，体现了“对产地越细小的划分，越能证明产品的品质”这一茶行业的金科玉律。由峨眉雪芽加工的峨眉高山林间红茶就从众多传统红茶产区中脱颖而出，完美呈现了“特定高山林间茶生长环境+特定小气候+特定的高山林间茶品+特定的制茶工艺=特定小产区茶”的四川高山红茶独特风格。

峨眉高山林间红茶的初次露面，是在春茶期间，那时，只是在小众范围内向一些资深茶客、大众爱茶者尝试推荐，结果反应非常好。更有茶客在附上专业水准茶评时，感叹峨眉雪芽高山红茶的纯正朴实，没有半点故弄玄虚的花架子，更是发出“雪芽近自峨眉得，不减滇红福建红”的赞叹。这是峨眉高山林间红茶第一次进入大家的视野。

与滇红大叶种不同，峨眉高山林间红茶的茶条索外形新嫩均匀，色泽乌润，金毫显露，内置汤色艳亮，香气鲜郁高长，果香浓郁，蜜韵显露，滋味浓厚软柔，且经久耐泡，第9泡时汤色仍艳亮，叶底红匀嫩亮，这正是源于峨眉高山林间红茶的不凡品质。

本案例资料来源：

［1］来自峨眉山高山特定小产区四川高山红茶惊艳绽放，生活消费网，http://live.china.com.cn/2013-09/03/content_6268208.htm。

4. 祁眉红茶走向米兰世博会

2014年初，中国企业联合馆文化活动基地——上海夏池国际会所举行了入选米兰世博会中国企业联合馆签约仪式。安徽省黄山市祁眉茶旅有限公司为首家入选的徽茶企业。“祁眉”高级红茶成为2015年意大利米兰世界博览会中国企业联合馆指定红茶品牌。

祁门红茶曾在1915年的巴拿马万国博览会上一举夺得金奖，在享誉全球

100 多年之后，安徽黄山市祁眉茶旅有限公司携“祁眉”品牌祁门红茶，将亮相2015 年意大利米兰世博会，并以此次博览会为契机，高举“祁红振兴”大旗，让祁眉再次代表中国祁红，让世界各国的人们感受徽茶的独特魅力和恒久芳香。

本案例资料来源：

[1] 祁眉红茶成功签约入选米兰世博会中国企业馆，枞阳在线，http：//www. aqzyzx. com/system/2014/03/14/010068487. shtml。

5. 九峰茗茶 89 度茉莉红茶大放光彩

89 度茉莉红由福建九峰茗茶独家研创。福建九峰茗茶始创于 2002 年，源于福建，发展于北京，辐射全国，经过十几年发展，已成为“中国特许经营连锁百强”“中国茶叶行业百强企业”“海峡两岸茶业交流协会副会长单位”“福建省农牧业产业化龙头企业”。

福建著名制茶企业“九峰茗茶”创新研发出以红茶熏制茉莉花的茉莉红茶，保留了茉莉花茶的清香，更适合秋冬季饮用，在当地作为有名的地方特产而受到广泛关注。以闽茶为主，以多元开发为经营策略，以茶文化提升品牌价值，更以诚信经营和创新研发享誉世界的九峰茗茶，其产品线涵盖茉莉红茶、武夷岩茶、保健茶、铁观音、大红袍、白芽奇兰等；独家研发的创新茶“89 度九峰茉莉红”，以及高端岩茶第一品牌“一冠难求”系列和“九峰金线莲”等备受瞩目，得到广大消费者厚爱。同时，公司特设“九峰壶满堂”，与国内数百位紫砂名家长期合作，共同大力弘扬茶文化。

九峰茗茶发展迅速，到目前为止已在国内发展了近三百家连锁店，遍布全国各地。产品进入北京吴裕泰、福建永辉、山西美特好等系统。九峰茗茶特别邀请了中国女排前主教练陈忠和作为其品牌形象代言人；并和健康保健专家洪绍光合作，由其指导公司开展保健类茶品的创新工作。

本案例资料来源：

[1] 九峰茗茶 89 度茉莉红茶受到日本茶商热爱，人民网，http：//gx. people. com. cn/n/2014/0310/c347806 – 20741244. html。

6. 独特工艺成就“世界茶王”

安化千两茶在业内享有很好的美誉度，因其茶叶外形古朴大气，加之独特的加工生产工艺使茶叶品质优良、口味独特且具有一定的保健作用，因此被誉为“世界茶王”。

从茶叶的整体外形特征来看，安化千两茶又称“花卷茶”。从清朝同治年间开始，安化千两茶以安化黑毛茶二级、三级 7~8 等为主要原料，经过高温蒸煮、再次发酵等独特工艺加工后就形成外形呈长圆柱体状的安化黑茶成品。同时，安化千两茶的加工工艺独特，其采用的高温蒸煮、再次发酵工艺，使茶叶色香味俱佳。特别是在茶叶初级加工后，还要将茶叶放置在大自然中晾置 49 天以上，以使茶叶的干燥与发酵得到完美统一。另外，在包装和储藏运输上，安化千两茶创新工艺手法，采用蓼（箬）叶、棕叶衬内，外套花格篾篓捆压，使包装与茶品在精制过程中融为一体，解决了黑茶的运输存储问题。经过特殊包装和加工后的安化千两茶具有独特的古朴自然之美且茶叶口感好。

安化千两茶这些加工工艺均为国内外首创或国内领先水平。因此，在 2007 年底，安化千两茶的制作方法获得了国家发明专利，且在 2008 年被列入国家级非物质文化遗产保护名录，国家对于茶叶制作技艺的保护和尊重，使这一带有浓厚的民族特色，具有重要的历史、文化、经济和收藏价值的安化千两茶的制作技术得以恢复和提升，进而促进了安化千两茶的不断发展和进步。

本案例资料来源：

[1] 独特工艺成就“世界茶王”，中国绿茶网，http://www.cnlvcha.com/News-3560.html。

7. “瑞泉”茶德，凝聚十二代人智慧

“溪边奇茗甲天下，武夷仙人从古栽”，武夷岩茶历史悠久，制作考究，自古以来就是茶中极品，备受朝野青睐。武夷山瑞泉号便是其中一延续数百年传统制作技艺的老字号岩茶世家，凝聚了其制茶者——黄氏十二代人的智慧，见证了武夷大红袍的历史沧桑。

承袭世家人生哲学，传承精湛传统制作工艺，瑞泉岩茶制作工艺代代相传。2006 年，武夷岩茶（大红袍）传统制作技艺被列为国家非物质文化遗产，瑞泉黄氏第八代传人黄圣亮亦荣选武夷岩茶（大红袍）传统制作技艺传承人。2010 年，在政府部门的支持下，瑞泉老字号选址风景如画的武夷山景区，创建了以还原大红袍传统制作技艺为核心的茶博馆，成为展示城市文化底蕴以及文化厚度的新窗口、新亮点。瑞泉老字号茶博馆的创建不仅将岩茶传统的手工制作技艺及制作器具进行了真实呈现，还为武夷岩茶深厚文化的传播搭建了一个与茶业各界友人及国际爱茶人士文化交流沟通的良好平台。

现代瑞泉在茶人黄圣辉的带领下，持续感悟“瑞泉”品德，凝练“精行俭德，淡泊名利，厚德载物”的企业精神，不断思考和挖掘，弘扬良好的茶风茶德和为人准则。

企业发展至今已拥有正岩茶产区茶园百余亩，年产量万斤以上，年销售额达千万元。新时期的瑞泉，正逐渐发展成为集茶园栽培管理、初制生产、精制加工、产品研发、销售、茶文化观光旅游及出口贸易于一体的复合型企业。

本案例资料来源：

[1] 企业概况，瑞泉官网，http：//ruiquan51tca. com/about. aspx? BaseinfoCateid = 3&CateID = 3。

8. 壮茶细作，打造日照绿茶品牌

2003 年至今，日照通过举办各种宣传和促销活动，提高了日照绿茶的知名度，拓宽了日照茶的销售市场，增加了日照茶的市场占有率。

相关政府部门不仅将其作为农业中的特色产业来扶持和培育，而且纳入全市经济社会发展的重要组成部分。

最近几年，日照市通过组织技术骨干到技术发达的地区学习、交流，极大地提升了茶叶的质量。茶叶质量和档次都因此得到了很大的提高，茶叶品牌也逐渐增多，在全国获得的各项荣誉也不断增多。

然而，长期以来，人们对名优茶概念的定义为“名优茶就是嫩茶”，导致了名优茶生产中片面追求嫩度的倾向。

茶叶并非越嫩越好。多年来，日照绿茶以“滋味浓、香气高、耐冲泡”而著称，但现在不少“日照茶迷”抱怨说日照绿茶在香气、滋味、冲泡方面都大不如从前了，这在很大程度上与茶叶采摘过嫩有关。对此今后应特别注意，采取措施加以改正。

本案例资料来源：

[1] 大力推行壮茶细作打造日照绿茶品牌，日照茶网，http：//www. rz - tea. com/showg. asp？ id = 38543。

9. 日照茶绿雪芽香飘千里

2013 年 10 月 26 日，北京国际商品交易博览会进入第三天，由于是周六，展馆里迎来了比前两日更多的人流量。日照绿雪芽茶场总经理徐学峰拿出自家的好茶来待客，更为爱茶人答疑解惑，多方面为日照绿茶形象赢得了好口碑。

展馆内熙熙攘攘，徐雪峰拿出了自家的高档茶儒品雪芽来招待前来观展的爱茶人。头发花白的北京市民王老先生品了一口后，直夸“特别”，于是跟徐雪峰坐下一边品茶一边交流起来。

王老先生告诉徐雪峰，他平时喝的都是大红袍、铁观音，日照绿茶是第一次喝到，感觉跟南方茶比起来有一种特别的香味，他想买一些回去保存着慢慢喝，但是觉得保存茶叶是一项让他头疼的事。徐雪峰是目前日照茶企负责人中为数不多的国家级评茶师之一，多次展会给了他与众多爱茶人交流的机会。他告诉王先生，绿茶保存有很多讲究，忌潮湿、忌高温、忌阳光。开封的绿茶，应倒入密闭的容器内，最好在两个月以内用完。

听了徐雪峰专业、耐心的讲解，王先生竖起了大拇指，他说尽管是第一次接触日照绿茶，但是知道日照绿茶是由这样专业的人士打造出来的品牌，这让他对它多了几分信赖。

从 1996 年开始做茶，徐学峰从最初的什么也不懂到逐渐成为茶叶方面的专家。在做专业的同时，徐雪峰还时刻对自家的绿茶保持高标准生产要求，日照绿雪芽的种植、加工和炒制过程全部严格按照国家质检部门的要求，做到了低碳、环保、无公害。

本案例资料来源：

[1] 专业人士打造好茶日照茶绿雪芽赢得好口碑，日照茶网，http：//www. rz - tea. com/showg. asp？id =35157。

10. 品品香：原生态茶——白茶

品品香茶叶立志于用传奇白茶来引领现代人迈向健康的生活。品品香茶叶技术历代传承，工艺精湛，并且与时俱进，通过现代化的技术管理手段对产品质量进行严密的管控。

2011 年 2 月，品品香启动了“福鼎白茶与健康”研究计划，委托权威科研团队进行福鼎白茶保健功效的研究。2012 年 6 月，国家植物功能成分利用工程技术研究中心等五大科研机构在“2012 北京国际茶业展”上权威发布了福鼎白茶的保健养生功效的研究成果。

由此，我们可以知道品品香茶叶秉承林氏制茶工艺，并巧妙地依托太姥娘娘以茶治病的传说，将自然、健康的好茶送进千家万户，同时，紧随时代的发展，以“创新技术，创意文化，创建品牌”的理念及“淡定、执着、创新、和谐”的企业精神，让福鼎白茶走向世界。

本案例资料来源：

[1] 品品香茶叶公司网址：http：//www. pinpinxiang. cn/。

11. 天湖绿雪芽：白茶始祖文化传承

历史上福建有三大名茶，“南有铁观音，北有大红袍，东有绿雪芽”。绿雪芽白茶制作工艺独特、简单、健康。绿雪芽白茶的主要功能是保健养生，古时有太姥娘娘用绿雪芽治愈小孩麻疹的传说。近年来，天湖茶业参加各种展会，通过媒体向大众宣传绿雪芽白茶。

福建省天湖茶业有限公司作为一家集茶叶生产、加工、销售、出口、科研、茶业人才培训等于一体的国家扶贫龙头企业和福建省农牧业产业化龙头企业，位于国家风景名胜区——太姥山 2000 亩有机茶基地，并以“公司 + 基地+农户”的形式，带动了周边农户发展有机茶园、无公害茶园6000多亩。公司主要生产“绿雪芽”牌绿雪芽有机绿茶、白茶、红茶、高山茶等六大系列。

2012年8月23日，福鼎白茶文化暨首届太姥娘娘祭典活动由福建省天湖茶业有限公司和福鼎市道教协会隆重举办。活动期间，举办了道教养生文化讲座、鼎台两岸道教白茶文化交流会、朝圣谒祖寻仙踏迹、太姥风光摄影展等各项活动。仪式结束后，众人前往瞻仰露天太姥娘娘神像。天湖茶业希望通过本次活动，进一步推介白茶文化，丰富太姥文化内涵，开拓海峡两岸道学文化联谊交流。天湖茶业希望更多的人能了解白茶，喜欢白茶，因为白茶是最原始、最自然、最健康的茶！

本案例资料来源：

[1] 天湖茶业有限公司网址：http：//www. tianhutea. com/。

12. 华祥苑：让东方茶文化走向世界

华祥苑一直是东方茶文化的推广大使。2011年8月6日，华祥苑开始了它的全球东方文化推广战略，以厦门为起始站，整个茶文化全球巡演开进了北京、沈阳、太原、上海等国内一线城市。同时积极向外开展宣传攻势，对外深刻地诠释了儒家茶文化背景下的中华茶文明。文化巡演不仅从很大程度上对华祥苑品牌进行了推广，其茶文化活动和宣传推广中蕴含的浓厚的文化意味与宏大叙事，也给全世界带来了巨大的影响。

华祥苑致力于东方茶文化宣传推广的脚步不会停下。华祥苑通过各种平台，将东方茶文化以茶产品的形式展现出来，并积极进行国际茶产业合作，通过沟通交流引进了好的品牌经营模式。

本案例资料来源：

[1] 华祥苑茶业公司网址：http：//www. hxytea. cn/。

13. 日春：智慧零售管理升级

连锁经营是茶业品牌的主要经营模式，茶业连锁门店具有店小员工少、员工流动性大、产品季节性强、现货库存多、重体验营销等行业特点。管理信息化水平影响零售连锁茶企的发展速度、规模和效率。经过多年信息化的应用与发展，日春茶业已成为茶行业管理信息化的标杆企业。

日春茶业现有 250 多家直营门店遍布全国各地。为加强集团管控力度，提高企业核心竞争力，日春茶业于 2010 年启动金蝶 EAS 系统。随着公司直营门店扩张，业务增长，各业务单据增加迅速，数据量不断增加，导致服务器不堪重负，一些性能问题显现。日春茶业引进金蝶服务，采用 EAS 升级服务、EAS 性能优化服务、数据库迁移等服务产品，对系统进行优化提升，确保系统快速、平稳支撑企业业务发展。

日春茶业从 2010 年启动 EAS 系统以来，实现了业务流程、财务流程和管理流程的整合，对公司的发展起到了重大的作用。现在，总部依托数据支持，实现集团运营管控，在组织结构上推进扁平化管理，将过去各区域分公司—门店的分布式管理架构转变为总部集权的管理架构，财务、人力资源、采购等业务都获得了突破。

日春信息化管理的成功，使日春成为茶行业管理信息化的标杆企业。展望未来的日春茶业信息化蓝图——将借助管理信息化，进行茶业智慧零售的商业模式探索，使“客户需求”这一核心价值发挥最大效用。

本案例资料来源：

[1] 日春茶业公司网址：http：//www. rctea. com/。

14. 安溪铁观音：安全健康放心茶

安全可靠的质量来源于严格的标准。作为国家农业产业化重点龙头企业，安溪铁观音集团始终以“提供健康、安全、优质茶叶”为企业使命，以茶叶质量安全为己任，让消费者安心、放心。“观音香飘四海，凤山名扬五洲”，借助先进的质量可追溯体系，集团的“凤山”牌茶叶产品正带着茶香和健康，飞入全球千家万户。

从很早开始，安溪铁观音集团就凸显出了对茶叶质量安全的重视。2006 年，安溪铁观音集团编制完成了安溪茶叶企业的第一本溯源管理手册。2008

年，集团又参与开发了一套茶叶身份追溯管理系统。

安溪铁观音集团一直以高标准高品质来要求自己，以顾客的满意和产品的高质量来说话。正是这种严格的质量把关，提升了安溪铁观音集团的顾客忠诚度和品牌知名度。

本案例资料来源：

［1］安溪铁观音集团网址：http：//www. anxitiekuanyingroup. com/。

15. 天福茗茶：联动两岸，共创未来

近年来，天福茗茶不但加快了自身的发展，同时利用台海优势及海峡西岸经济区的良好区位条件，举办多场茶农斗茶会，加强了两岸茶农之间的联系，为两岸茶叶发展做出了不可磨灭的贡献。

2012 年，福建省省长苏树林 3 月 24 日至 28 日率团赴台交流参访，首站选在南投县。南投县是天福集团总裁李瑞河的家乡，这里是台湾主要产茶区，茶产量占全台湾的近一半，当他获知苏省长要在南投访茶区、叙乡情时，非常高兴。苏省长到茶园采茶，与茶农交谈，亲自炒茶、包茶，走访苏氏家庙等，李总裁都随行在侧。当福建的报纸、电视记者发现他时，立即对他进行了采访。

2012 年 11 月 25 日中午，天福集团举办天福杯海峡两岸名茶邀请赛，由天福、漳州科技学院主办，台湾天仁茶艺文化基金会协办。两岸茶农不分彼此，凭质量决出高低。台商李瑞河作为天福、天仁集团的创办人，为推动中国茶产业和茶文化的发展，做出重大贡献，有许多创新之举，以赛茶促进茶产销是其中的一项。他说："我希望通过两岸赛茶，能够提高茶农的收入，鼓励他们努力做茶，多做好茶，为两岸茶业的发展多做贡献。"

多次的交流和斗茶赛的热烈举办，增加了两岸茶农之间的联系，为推动中国茶产业发展做出了巨大的贡献。2013 年，李瑞河说："我们希望，通过这样的比赛，能够提高茶农的收入，鼓励他们努力做茶、多做好茶，为两岸乌龙茶的发展多做贡献。21 世纪是中国人的世纪，也必将是中国茶的世纪。两岸茶人要同舟共济，面向全球，为迎接中国茶世纪的到来做好充分的准备！"

本案例资料来源：

［1］天福茗茶公司网址：http：//www. tenfu. com。

16. 安吉：一株黄茶出墙来

以往提起浙江安吉，人们自然会想到安吉白茶。但如今安吉人又以黄茶为荣，卖出了“四十克黄茶一克金、两元钱只买一株苗”的高价。与绿茶和白茶不同，“黄茶树”的顶端芽叶一年四季均呈金黄色，因此，皈山乡的黄茶不仅具有营养、经济价值，还具有极高的观赏价值。

1998 年，皈山乡农民周毛毛在承包的 170 亩绿茶山施肥时，发现有一株茶树的叶子全部呈金黄色。2006 年，周毛毛从母本茶树上剪下枝条扦插，第一批种了一亩多地 800 多株“黄茶”。经过几年发展，现在安吉“黄茶”已经逐渐被业内人士知晓。以该种金色黄茶为产品的专业合作社先后在报福镇、溪龙乡承包了山地茶园大面积种植。

安吉“黄茶”的稀有和卓越品质成为周毛毛认定的价值所在，在周毛毛家里，他拿出了与浙江大学签订的对安吉“黄茶”的技术开发合同，“黄茶黄化周期长，适合春夏秋三季采摘，一亩茶园最低可采 60 斤干茶；品质更具个性，干茶色泽金黄光润，茶香嫩香持久，汤色嫩黄，叶底玉黄，茶芽朵朵，棵棵金枝独立，饮后回味悠长，是茶中奇葩……”

正是集观赏、营养、经济价值于一身，让黄茶一枝独秀，黄茶干茶上市时 5000 元一斤还供不应求，达到四十克黄茶一克金的价格，亩产 60 斤黄茶就是亩产 30 万元，一亩面积的黄茶苗圃能培育 15 万株黄茶苗，现在两元一株苗还难订，也是亩产 30 万元，茶农简直是在茶园里种“黄金”。

本案例资料来源：

［1］安吉：一株黄茶出墙来，新浪新闻，http：//news. sina. com. cn/o/2013 - 07 - 03/150427566446. shtml。

17. 天台黄茶：稀世品质带动一方产业

天台黄茶是茶树中的珍稀品种，因遗传因素产生自然变异，其芽叶金黄透亮，泡制的茶，汤色鹅黄剔透，香气清新悠长，滋味鲜爽甘甜，叶底嫩黄鲜亮，呈现“三绿透三黄”的景象，极具饮用与欣赏价值。

天台黄茶的成功开发，不得不提到它的发现者、浙江天台九遮茶业有限公司法人代表陈明。从1998年发现该茶树品种以来的十年里，他与中茶所专家、中国农业科学院茶叶研究所、黄茶品种选育协作组共同努力，悉心栽培、备加管护，经过一系列选育程序，终于在2008年成功实现了无性繁殖大田栽培，使这种奇异茶种成功得以繁衍。

10多年的选育数据表明，天台黄茶具有制茶品质优异、适应性好、氨基酸含量高、经济效益显著等诸多优势。成功繁育后天台黄茶声名鹊起。2012~2013年，中茶所所长、副所长数次带队考察天台黄茶、开设茶叶专题讲座，对天台黄茶品种给予了高度肯定。2013年6月，中国茶叶界泰斗陈宗懋在了解了天台黄茶产业后，毅然亲自挥笔写下了“天台黄茶”四字。

天台黄茶这一地方珍稀品种带动了一方产业兴起，经过短短数年，天台县已建立天台黄茶种植基地3000多亩，浙江天台九遮茶业有限公司、浙江紫凝黄茶有限公司等多家天台黄茶经营企业相继成立；在天台县街头镇，以天台黄茶为主题的“十里黄茶谷”茶旅游休闲路线项目已着手启动；在上海、南京，多家天台黄茶主题茶馆相继投入建设。县政府于2012年制定出台了《天台县推进茶产业跨越发展的若干意见》，该意见将“加快天台黄茶地方优势品种的开发”确立为产业发展重要方向，并从财政中设立1000万元专项资金用于天台黄茶及天台茶产业的发展建设。2013年县政府再次出台《天台县推进茶产业跨越发展若干意见的补充规定》，对黄茶特色产业发展问题提出了7项扶持举措，并计划用3~5年时间建成1万亩生态黄茶基地，以此带动和实现茶产业的转型升级。快速发展的天台黄茶产业无疑已成为天台茶产业发展的亮点和新的经济增长点。

本案例资料来源：

[1] 天台黄茶的“前生今世”，西湖龙井资讯平台，http://www.westlaketea.com/html/2014/02/11/147691.html。

18. 怡清源：强企注股，实力倍增

2013 年底，维维集团以 7650 万元投资中国黑茶第一个中国驰名商标、安化黑茶领军品牌——湖南怡清源茶业，择优涉茶，看好中国茶行业尤其是安化黑茶行业的发展前景。维维与怡清源强强联手，成为黑茶界开年第一大舆论热点，同时也将怡清源推向公众焦点。2013 年，怡清源以高歌猛进之姿及在茶品研发上的“高产”态势，将一款款特色黑茶新品的呈现给茶友。

细分市场，大众与高端多档位并存，以消费者为核心，处处为消费者着想，在安全可靠的基础上，抓本质，让消费者轻松地享受茶生活的美好，是怡清源坚持的做茶信念。其国内首款纹理型黑砖茶“岁月留香”、首款按出口欧盟标准生产的有机黑茶“1301 黑砖”与“1348 千两茶”、纪念世界茶史壮举“重走茶叶之路”跨越亚欧茶文化活动系列纪念茶，三款茶品的亮相成为湖南黑茶的三大标签，在全国掀起了一股“黑茶现象”“怡清源现象”。2013 年怡清源以“高大上”的时尚先锋之姿演绎了黑茶“土豪”式的霸气与魄力。

本案例资料来源：

[1] 2013 黑茶现象，中国黑茶交易网，http：//heicha.99114.com/Article1/Detail_1527329_101102_茶市动态.shtml。

19. 黑茶深加工实现转型

湖南华莱黑茶科技生物有限公司自主研发成功的“植物有效成分高效分离纯化技术集成系统”，能够实现植物有益成分的分子级分离、纯化、浓缩、结晶，活性物质极限萃取，同时确保活效成分不被破坏。

茶叶深加工产品都朝着方便快捷的方向发展，而且茶叶内部的物质正在不断被证明具有提高免疫力、抗氧化等作用，并且深加工产品附加值更高，所以一定也会成为茶叶深加工的一个重要方面。目前，日本茶叶深加工率在 40%，而我国深加工率不到 10%。很明显，国内茶叶深加工率与日本还有较大差距，但是，从另一方面来讲，国内茶叶深加工具有较大的发展空间。

湖南华莱黑茶科技生物有限公司相关负责人介绍说，公司在“华莱黑茶产业园一期工程”基础上，已投资800万元续建占地近30亩的“二期工程”。建设项目包括黑茶生产厂房、黑茶饮料生产厂房及黑茶存储仓库等。目前，该项目征地工作已全部完成，建设用地已具备，招投标工作已完成，施工队已进场，已进入实质性施工阶段，预计2015年下半年完工。建成后，主要生产千两茶、百两茶、砖茶、天尖茶等黑茶产品，年加工能力达到10000吨。

本案例资料来源：

[1] 黑茶深加工实现转型，中国黑茶交易网，http：//heicha.99114.com/article1/Detail_1506433_101102_茶市动态.shtml。

中国皮书网

www.pishu.cn

发布皮书研创资讯，传播皮书精彩内容

引领皮书出版潮流，打造皮书服务平台

栏目设置：

- □ 资讯：皮书动态、皮书观点、皮书数据、 皮书报道、皮书新书发布会、电子期刊
- □ 标准：皮书评价、皮书研究、皮书规范、皮书专家、编撰团队
- □ 服务：最新皮书、皮书书目、重点推荐、在线购书
- □ 链接：皮书数据库、皮书博客、皮书微博、出版社首页、在线书城
- □ 搜索：资讯、图书、研究动态
- □ 互动：皮书论坛

中国皮书网依托皮书系列“权威、前沿、原创”的优质内容资源，通过文字、图片、音频、视频等多种元素，在皮书研创者、使用者之间搭建了一个成果展示、资源共享的互动平台。

自2005年12月正式上线以来，中国皮书网的IP访问量、PV浏览量与日俱增，受到海内外研究者、公务人员、商务人士以及专业读者的广泛关注。

2008年、2011年中国皮书网均在全国新闻出版业网站荣誉评选中获得“最具商业价值网站”称号。

2012年，中国皮书网在全国新闻出版业网站系列荣誉评选中获得“出版业网站百强”称号。

权威报告　热点资讯　海量资源

当代中国与世界发展的高端智库平台

皮书数据库　www.pishu.com.cn

皮书数据库是专业的人文社会科学综合学术资源总库，以大型连续性图书——皮书系列为基础，整合国内外相关资讯构建而成。该数据库包含七大子库，涵盖两百多个主题，囊括了近十几年间中国与世界经济社会发展报告，覆盖经济、社会、政治、文化、教育、国际问题等多个领域。

皮书数据库以篇章为基本单位，方便用户对皮书内容的阅读需求。用户可进行全文检索，也可对文献题目、内容提要、作者名称、作者单位、关键字等基本信息进行检索，还可对检索到的篇章再作二次筛选，进行在线阅读或下载阅读。智能多维度导航，可使用户根据自己熟知的分类标准进行分类导航筛选，使查找和检索更高效、便捷。

权威的研究报告、独特的调研数据、前沿的热点资讯，皮书数据库已发展成为国内最具影响力的关于中国与世界现实问题研究的成果库和资讯库。

皮书俱乐部会员服务指南

1. 谁能成为皮书俱乐部成员？

- 皮书作者自动成为俱乐部会员
- 购买了皮书产品（纸质皮书、电子书）的个人用户

2. 会员可以享受的增值服务

- 加入皮书俱乐部，免费获赠该纸质图书的电子书
- 免费获赠皮书数据库100元充值卡
- 免费定期获赠皮书电子期刊
- 优先参与各类皮书学术活动
- 优先享受皮书产品的最新优惠

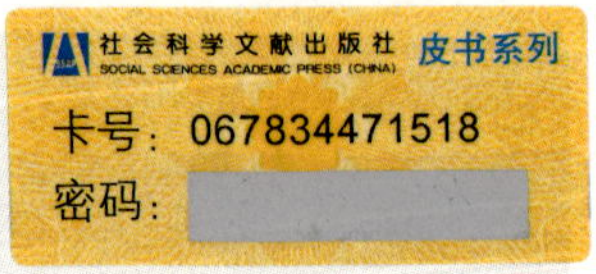

3. 如何享受增值服务？

（1）加入皮书俱乐部，获赠该书的电子书

第1步 登录我社官网（www.ssap.com.cn），注册账号；

第2步 登录并进入“会员中心”—“皮书俱乐部”，提交加入皮书俱乐部申请；

第3步 审核通过后，自动进入俱乐部服务环节，填写相关购书信息即可自动兑换相应电子书。

（2）免费获赠皮书数据库100元充值卡

100元充值卡只能在皮书数据库中充值和使用

第1步 刮开附赠充值的涂层（左下）；

第2步 登录皮书数据库网站（www.pishu.com.cn），注册账号；

第3步 登录并进入“会员中心”—“在线充值”—“充值卡充值”，充值成功后即可使用。

4. 声明

解释权归社会科学文献出版社所有

皮书俱乐部会员可享受社会科学文献出版社其他相关免费增值服务，有任何疑问，均可与我们联系

联系电话：010-59367227　企业QQ：800045692　邮箱：pishuclub@ssap.cn

欢迎登录社会科学文献出版社官网（www.ssap.com.cn）和中国皮书网（www.pishu.cn）了解更多信息

社会科学文献出版社

皮书系列

“皮书”起源于十七、十八世纪的英国，主要指官方或社会组织正式发表的重要文件或报告，多以“白皮书”命名。在中国，“皮书”这一概念被社会广泛接受，并被成功运作、发展成为一种全新的出版形态，则源于中国社会科学院社会科学文献出版社。

皮书是对中国与世界发展状况和热点问题进行年度监测，以专业的角度、专家的视野和实证研究方法，针对某一领域或区域现状与发展态势展开分析和预测，具备权威性、前沿性、原创性、实证性、时效性等特点的连续性公开出版物，由一系列权威研究报告组成。皮书系列是社会科学文献出版社编辑出版的蓝皮书、绿皮书、黄皮书等的统称。

皮书系列的作者以中国社会科学院、著名高校、地方社会科学院的研究人员为主，多为国内一流研究机构的权威专家学者，他们的看法和观点代表了学界对中国与世界的现实和未来最高水平的解读与分析。

自20世纪90年代末推出以《经济蓝皮书》为开端的皮书系列以来，社会科学文献出版社至今已累计出版皮书千余部，内容涵盖经济、社会、政法、文化传媒、行业、地方发展、国际形势等领域。皮书系列已成为社会科学文献出版社的著名图书品牌和中国社会科学院的知名学术品牌。

皮书系列在数字出版和国际出版方面成就斐然。皮书数据库被评为“2008~2009年度数字出版知名品牌”;《经济蓝皮书》《社会蓝皮书》等十几种皮书每年还由国外知名学术出版机构出版英文版、俄文版、韩文版和日文版，面向全球发行。

2011年，皮书系列正式列入“十二五”国家重点出版规划项目；2012年，部分重点皮书列入中国社会科学院承担的国家哲学社会科学创新工程项目；2014年，35种院外皮书使用“中国社会科学院创新工程学术出版项目”标识。

法律声明